江苏第二师范学院学术著作出版基金资助项目
江苏省重点培育智库教育现代化研究院研究成果

# 转型视域中的教师教育研究

黄正平 著

南京大学出版社

**图书在版编目(CIP)数据**

转型视域中的教师教育研究 / 黄正平著. —南京：南京大学出版社，2018.3

ISBN 978-7-305-19979-0

Ⅰ. ①转…　Ⅱ. ①黄…　Ⅲ. ①教师教育—研究　Ⅳ. ①G65

中国版本图书馆 CIP 数据核字(2018)第 047042 号

出版发行　南京大学出版社
社　　址　南京市汉口路 22 号　　　　邮　编 210093
出 版 人　金鑫荣

**书　　名　转型视域中的教师教育研究**
著　　者　黄正平
责任编辑　潘琳宁

照　　排　南京紫藤制版印务中心
印　　刷　常州市武进第三印刷有限公司
开　　本　787×960　1/16　印张 19.25　字数 233 千
版　　次　2018 年 3 月第 1 版　2018 年 3 月第 1 次印刷
ISBN 978-7-305-19979-0
定　　价　50.00 元

网址：http://www.njupco.com
官方微博：http://weibo.com/njupco
官方微信号：njupress
销售咨询热线：(025)83594756

# 序

1897年，南洋公学师范院开办，我国教师教育自此发轫。在120年的发展历程中，中国教师教育既历经辉煌、成就卓著，也遭遇坎坷但弦歌不绝。特别是近20年来，随着教育体制的变革，教师教育发生了前所未有的剧变：三级师范向二级师范过渡，综合性大学办师范学院，师范类院校向综合性大学发展，非师范专业也可获取教师资格……教师教育的转型发展打破了师范学院（学校）办师范专业的封闭式教师培养体系，有效提升了新入职教师的学历层次。但疾风骤雨般的改革也带来了一些问题：中等师范学校被撤并殆尽，师范教育资源流失，师范教育传统断裂；综合性大学鲜有建成系统的师范教育体系，师范教育处于边缘位置；师范院校为综合化而着重开展非师范专业建设，师范教育专业普遍弱化；等等。

针对上述现象，一直关注教师教育改革的顾明远先生大声疾呼"重建师范教育"，认为我国中小学教师的专业水平还不够高，教师教育改革不能照搬美国等发达国家的模式，"教师培养还是以师范院校为主"。2017年1月15日，教育部教师工作司司长王定华在中国教育学会"教师专业发展研究中心"成立大会暨首届全国教师专业发展研讨会上表示，"十三五"期间我国181所师范院校一律不更名、不脱帽，将聚焦教师培养主业，改进教师培养机制、模式和课程，加强教师教育体系建设。应该说，从学界到教育行政部门，都正在对我国教师教育改革进行系统的梳理和深刻的反思，并正在对改革进程中的一些问题进行纠偏。黄正平先生的新著《转型视域中的教师教育研究》正是一部总结、反思并瞻望教师教育转型发展的力作，概括起来有以下特点：

一是总结了教师教育转型发展的历史经验。作者从事教师教育实践、管理与研究近四十年，不仅目睹了改革开放以来中国教师教育发展的历史进程，而且还亲身经历了教师教育改革的若干重大事件，对我国教师教育的改革和发展的历史进程保持着持续的关注和研究。实践者、管理者、研究者多重身份的交叠，让作者在总结教师教育转型发展的历史经验时，具有自己的特点：既有理论的提炼，如基于教师教育的百年发展历史，提出了教师教育必须坚持的基本原则；也有对实践的观照，如对于五年一贯制、“5＋2”等小学教师培养模式的系统回顾与全面总结。在总结教师教育历史经验时，作者目光始终聚焦江苏，这不仅是因为作者工作、生活在江苏，更重要的是，江苏作为近代师范教育的重要发源地（第一所独立设置的公办、民办中等师范学校均在江苏），不仅为中国教师教育提供了源头活水，而且一直勇立潮头，引领着中国教师教育的改革与发展：率先开展专科层次小学教师培养；创新三级师范向二级师范过渡的高等师范教育办学模式；在地方师范院校中率先启动师范生免费教育与定向培养；等等。因此，从某种意义上讲，读懂了江苏教师教育，也就读懂了中国教师教育；江苏教师教育的历史经验，对于全国教师教育的改革与发展具有重要的借鉴意义。

二是反思了教师教育转型发展的现实问题。如前所述，我国教师教育在转型发展过程中产生了很多问题，作者在总结成功经验的同时，并不回避这些现实问题。陶行知认为：“创造始于问题，有了问题才会思考，有了思考，才有解决问题的方法，才有找到独立思路的可能。”“问题”是本书的一个重要关键词，贯穿了全书始终。作者分析了我国教师教育理论的缺失，讨论了当前我国教师教育存在的困惑，梳理了小学教师培养存在的问题，反思了五年制高师改革发展的瓶颈和挑战，审视了免费幼儿师范男生培养试点的困难与问题……值得一提的是，在关注问题时，作者并不是基于二手材料做归纳分析，而是在掌握了大量第一手材料基础上进行深度反思。作者不是坐在书斋里的思辨研究者，而是深度浸入实践的行动研究者。我国教师教育转型发展这二十多年来，作者先后作为师范学校的管理者、全省五年制高等师范教育的管理者全程参与和见证了这一历史变革，这让作者有机会近距离观察教师教育转型发展的现实图景，有机会收集教师教育转型发展的第一手材料。紧贴现实的研究让本书不仅具有极强的现实针对性，而且对问题的梳理全面而系统，对原因的分析准确而深刻，为提出针对性的应对策略奠定了坚实的基础。

三是瞻望了教师教育转型发展的未来图景。基于对历史的回顾和对现实的反思，作者对中国教师教育的进一步转型发展进行了前瞻性的研究，提出了若干极具现实意义的决策建议。其中，既有整体层面的系统思考，如关于我国教师教育基本原则的探讨、未来出路的寻绎，关于小学教师培养发展趋势的瞻望；也有聚焦热点的现实观照，如关于凝练当代教师核心价值观的深度思考，关于基于《专业标准》的小学教师培养的策略探寻，关于地方实施师范生免费教育的政策建议。既有学科建设层面的理论探究，如在完善教师教育理论体系、建立“教师教育学”二级学科的呼声日趋高涨的背景下，作者分析了我国教师教育理论缺失的原因及对策，比较系统地提出了构建教师教育体系的主张；也有基于域外经验的比较研究，如对英国、加拿大安大略省教师教育进行分析并得出相应的启示。在上述前瞻性思考和建议中，不乏不流时俗的真知灼见。譬如，在高等教育大众化的背景下，作者提出：“精英教育既是与大众化阶段、普及化阶段相区别的一个高等教育发展阶段,又是在大众化平台上的一种高层次教育模式。教师教育应当是培养未来优秀教师的精英教育,教师教育精英化是国际教育发展的基本趋势,是时代发展的应然取向和社会进步的现实诉求。”这一论述既切中时弊,又理性客观,对于当前我国教师教育理念的转型具有重要的参考价值。

笔者曾在泰州师范学校、江苏省教育厅师资处工作多年,与教师教育结下了不解之缘,对师范教育,特别是中师教育有着很深的感情。上世纪90年代,因为工作关系,笔者就与黄正平先生熟识,对他勤勉的工作作风、严谨的治学态度印象十分深刻。后来,我们先后来到南京工作,作为同事又相处了十余年,得以有更多的机会探讨我国、我省的教师教育问题,其中不乏对教师教育转型过程中出现的若干问题的忧思。这本《转型视域中的教师教育研究》凝聚了黄正平先生近十余年来关于教师教育转型发展的深度思考,体现了他深厚的理论积淀、系统的专业见解、丰富的实践经验、持久的研究兴趣,以及对于教师教育强烈的使命感和高度的责任心。希望这部聚焦教师教育转型的力作,能引起更多人对于中国教师教育改革与发展的关注和思考,推动中国教师教育沿着科学的轨道平稳前行。

是为序。

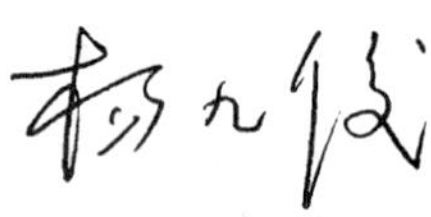

2017年11月

(作者为江苏省教育学会会长,江苏省教育科学研究院、江苏第二师范学院原副院长,研究员、特级教师)

# 目　录

# 第一章　教师教育概述

世界上最初的师范教育产生于17世纪末的德国和法国。历经时代的变迁，世界师范教育制度经历了从无到有、从单一、封闭到形式多样、逐步开放的历程。随着教育普及化程度的逐步提高和理念的更新，以及终身教育思想的影响，师范教育逐渐向高等教育层次发展，其开放程度日益提高，内涵也得到了进一步的拓展和提升。1966年，联合国教科文组织提出了“教师教育”这一概念，将教师的培养分为职前教育、入职教育和在职教育三个连续的阶段，更为准确地界定了新的时代背景下教师教育的含义。2002年2月国家教育部在《关于“十五”期间教师教育改革与发展的意见》中，第一次对教师教育作出了一个相对完整的解释，认为“教师教育是在终身教育思想指导下，按照教师专业发展的不同阶段，对教师的职前培养、入职教育和在职培训的统称”。

“转型”原来是一个生物学范畴，原意指“微生物细胞之间以‘裸露的’脱氧核糖核酸的形式转移遗传物质的过程”。在被移植到社会科学研究的时候借喻为“社会变迁”，英语译成汉语为“社会转型”，它泛指一切社会形态的质变、飞跃。因此当它被用于社会领域的时候，“社会转型是社会形态演进的一种特殊形式，是以社会结构的变迁为主要内容的涉及社会服务领域的全面变革，是推进社会形成演进的重要力量”。按照这个概念，我们可以把教师教育转型理解为教育形态演进的一种特殊形式，是以教师教育结构的变迁为主要内容的、涉及教师教育各领域的全面变革。本书研究的教师教育转型主要是指职前教师教育的转型，包括教师教育的组织机构转型、教师培养模式转型以及招生分配转型等方面的全面变革。

师范院校变革的一个重要结果是走向现代大学制度，对于教师教育而言，它需要一个最终的目标，就是建立现代教师教育制度。正确把握现代教师教育制度的内涵和基本特征，对指导整个教师教育转型或变革具有重要意义。现代教师教育制度是以教师资格证书制度为基础，以现代大学教师培养制度为主体，以教师专业化为核心，以教师专业标准、教师教育机构标准、教师质量保障标准为条件的教师教育者应该遵守的一整套行为规则。它是由各项具体制度组成，用来处理教师教育基本关系的系统。

本章论述的内容：教师是培养人的职业，教育是为人类文化承先启后的事业，关系到国家的前途、民族的未来。有好的教师，才有好的教育。因此，教师教育应当是培养未来优秀教师的精英教育。实施教师教育精英化，需要加强制度设计和政策引导，通过实行教育公务员制度，从根本上提高教师的地位和待遇，增强职业吸引力；积极推进师范生免费教育，吸引优秀青年读师范，鼓励优秀人才当教师；不断完善教师资格制度，严把教师入口关，把真正的优秀人才遴选进教师行列；深化教师教育改革，创新人才培养模式。

随着社会经济的发展，教师教育面临许多新情况、新问题和新挑战，需要我们在理论上思考和实践中探索，深刻理解和把握教师教育必须坚持精英教育、质量为本，政府主导、政策调控，区分层次、分类培养，立德树人、师德为先，实践取向、能力为重，继承创新、符合国情等基本原则。

改革开放以来，我国在教师教育改革方面采取了一系列的政策和措施，取得了一定成效。但随着改革进入深水区，一些矛盾和问题也逐步凸现。面对我国教师教育方面存在的问题与困惑，我们必须依据新发展理念，积极推进教师教育改革，引领教师教育新的发展。坚持政策导向，提高师范生源质量；创新培养机制，改进培养模式；弘扬师范传统，重拾“工匠精神”；优化培养结构，实现供需相对平衡；坚持质量标准，完善教师资格考试制度；开展专业认证，重构教师教育体系，促进教师培养的规范化和专业化。

师范文化是师范教育的灵魂，建设师范文化是教师教育的使命与责任。师范文化对师生的思想和行为具有价值导向功能、凝聚激励功能、行为规范功能和心理优化功能。师范院校要遵循师范文化建设的特点和规律，增强自觉性、坚持方向性、把握整体性、体现渗透性、注重创新性。

## 一、有好的教师　才有好的教育

精英教育既是与大众化阶段、普及化阶段相区别的一个高等教育发展阶段，又是在大众化平台上的一种高层次教育模式。教师教育应当是培养未来优秀教师的精英教育，教师教育精英化是国际教育发展的基本趋势，是时代发展的应然取向和社会进步的现实诉求。通过加强政策引导，实行教育公务员制度，提高教师的地位和待遇，增强职业吸引力；积极推进师范生免费教育，吸引优秀青年读师范，鼓励优秀人才当教师；不断完善教师资格制度，严把教师入口关，把真正的优秀人才遴选进教师行列；深化教师教育改革，创新人才培养模式，不断提高教师培养的质量和水平。

中国的未来在教育，教育的未来在教师。《国家中长期教育改革和发展规划纲要(2010—2020年)》(以下简称《教育规划纲要》)指出:"教育大计、教师为本。有好的教师,才有好的教育。"要"努力造就一支师德高尚、业务精湛、结构合理、充满活力的高素质专业化教师队伍。"教师是培养人的职业,教育是为人类文化承先启后的事业,关系到国家的前途、民族的未来,其重要性怎么强调都不为过,怎么支持都不为多。要建设一支高素质专业化的教师队伍,就必须办好教师教育。要采取切实有效的措施,"吸引优秀人才从事教育工作,支持和鼓励他们长期从教、终身从教"。[①] 因此,教师教育应当是培养未来优秀教师的精英教育,教师教育精英化是时代发展的应然取向和社会进步的现实诉求。

### (一) 教师教育精英化的基本内涵

什么是精英?"精英"一词意为:"精华;出类拔萃的人。"(引自《现代汉语词典》)也就是远远超出同类,在人群中为数极少的优秀人才。可见,"精英"概念是和"大众"相对的,是少数人与多数人,即寡头精英和芸芸大众的关系。由于人类社会中最重要的稀缺资源——权力、财富、知识等并不是均衡分布到每个个体的,因此,少数拥有这些资源的出类拔萃的人就成为这个领域的精英。按精英人物所处社会领域,可划分为政治精英、经济精英和知识精英等。一个良性运作的社会,需要掌握权力的政治精英、拥有财富的经济精英、具有良好知识结构和道德修养的知识精英三者有效地协作,处于均衡状态。政治精英订立规划,建立社会秩序;经济精英制造财富,催生文明;知识精英创造文化和知识,探索真理,三者成为现代社

① 胡锦涛同志在全国教育工作会议上的讲话[M]//《教育规划纲要》工作小组办公室.全国教育工作会议文件汇编[M].北京:教育科学出版社,2010:21—22.

会的支柱。①

精英教育是相对于大众教育而言的。“精英教育”原意是以培养具有高超专门知识技能与强烈责任感和历史使命感的人才的教育；相对于大众化高等教育而称的“精英教育”指的是接受教育的人是“精英”，而之所以是“精英”，仅仅是因为他们只占同龄人的很小一部分。精英教育是一种教育存在和处于一定社会阶段的高等教育领域的现象。马丁·特罗在1973年提出的高等教育发展阶段论，以高等教育毛入学率为指标，将高等教育发展分为“精英、大众和普及”三个阶段，指出：一些国家的精英高等教育，在其规模扩大到能为15%左右的适龄青年提供学习机会之前，它的性质基本上不会改变。当达到15%时，高等教育系统的性质开始改变，转向大众型。如果这个过渡成功，大众高等教育开始快速迈向普及时，它必然创新高等教育模式。可见，精英教育作为一个发展阶段，其逻辑起点是一个量的概念，严格对应15%（18～21岁适龄青年大学入学率）这个具体的数字。按照这个标准，在20世纪中期以前，西方大多数国家的高等教育属于精英教育阶段，而我国直到上个世纪末大学扩招后，才从精英教育阶段逐步过渡到大众化教育阶段。因此，作为发展阶段的精英教育是对高等教育发展过程阶段的划分，即只要高等教育入学率低于15%，则所有跨入高等院校接受高等教育的人都是精英。但事实上，精英教育阶段培养的并非真正意义上的“精英”，更不可能全体都是精英，它更多的只是一种宽泛意义上的精英教育。

高等教育进入大众化阶段以后，精英教育依然存在。“从精英向大众、普及转变，并不是意味着前一个阶段的形式和模式必然消失或得到转变。在大众化阶段，精英高等教育机构

---

① 金一超.论精英和精英教育的逻辑起点[J].高等理科教育，2008(6)：16—17.

不仅存在而且繁荣。……在大众型高校中培养精英的功能仍在继续起作用。”（马丁·特罗）但是，这里的精英教育，已不是教育发展阶段的精英教育，不再具有划分高等教育发展阶段的功能，而是专指存在于高等教育始终的一种人才培养模式。由此可见，精英教育包括两方面的含义：一是把精英教育作为一个高等教育发展阶段，即与大众化阶段、普及化阶段相区别的一个高等教育发展阶段（毛入学率在15%以下）；二是把精英教育理解为一种教育模式，是在大众化平台上的高层次教育。

作为一种教育模式的精英教育，在教育观、教育功能、课程与教学形式、学生经历、领导与决策、学术标准、学术管理、入学与选拔、院校管理等方面都将发生根本变化。这时候，“精英高等教育最主要的标志已是教学与研究具有较高的学术水平和毕业生具备较强的学术能力”。通过创设良好的教学条件和学习环境，培养拥有高深知识、处于知识学习和研究的尖端和前沿，同时具有优秀综合素质的真正意义上的精英人才。精英教育最终要落实到具体的教学过程中，作为精英教育的教学，必须与普通教学有明显的区别，这种区别体现在制定具体的培养方案、小班化教学、导师制、开展专题研究，等等。[①]

教师教育是在终身教育思想指导下，按照教师专业发展的不同阶段，对教师的职前培养、入职教育和在职培训的统称。教师教育精英化应当包含三个方面的内容：一是生源质量高，即优秀学生读师范，优秀人才当教师；二是培养模式好，即精心设计培养方案，由精英来培养，从而培养出精英人才；三是学历层次高，即提高教师培养层次，如由专科提高到本

---

① 金一超.论精英和精英教育的逻辑起点[J].高等理科教育，2008(6)：16—17.

科，将来由学士提高到硕士和博士，采取研究生的培养形式。

教师教育精英化是国际教育发展的基本趋势。在当前国际竞争日趋激烈的情况下，每个国家都高度重视教育尤其是教师教育的发展。国外的研究结果显示，真正决定教育水平的，不在于课堂规模、教科书的编排、教学硬件是否齐全、教学大纲设置是否合理，而在于教师的质量。甚至有研究报告提出，“不管各自的家庭背景怎样，那些同时拥有三四个好老师的孩子往往能够学业优秀，而那些同时由两个较差的老师教的孩子，则可能无法翻身”。要解决基础教育的师资质量，最重要的就是让真正优秀并且希望从事这一职业的人进入这一行业。而最新调查也显示，美国教育质量近年来大幅度下降的一个重要原因，就是美国大多数中小学教师来自最底层三分之一的准大学生。因此，美国教育改革的一个重要举措是，让最优秀的大学毕业生做教师。[①] 英国前首相大卫·卡梅伦、前副首相尼克·克莱格总结出最重要的一条经验是，任何教育体制的质量，都好不过其教师的质量。最成功的国家，从远东地区到斯堪的纳维亚半岛，从事教学的人拥有最高的职业地位，韩国从大学毕业生中最拔尖的5%中选拔教师，芬兰从最拔尖的10%中选拔教师。[②] 国外教师教育精英化的做法值得我们学习和借鉴。

### （二）教师教育精英化的价值探寻

教师是教育事业的第一资源。教育质量最终取决于教师的质量，没有高质量的教师就没有高质量的教育。因此，“要

---

① 唐科莉编译.美国教育改革：让最优秀的大学毕业生做教师[N].中国教育报，2010-11-23.

② 大卫·卡梅伦，尼克·克莱格.教育的质量好不过教师的质量[N].中国教师报，2010-12-01.

把加强教师队伍建设作为教育事业最重要的基础工作来抓”。[①] 教师教育精英化在当前全面建设小康社会、基本实现现代化的进程中，在实施科教兴国、人才强国和可持续发展战略中具有十分重要的意义。

1. 教师教育精英化是社会经济发展的迫切需要

教育是民族振兴、社会进步的基石，是提高国民素质、促进人的全面发展的根本途径。当今世界，经济全球化深入发展，科技进步日新月异，人才竞争日趋激烈，随着工业化、城市化、信息化、国际化进程加快推进，依靠教育提高国民素质和社会文明程度，依靠教育提供人才支持和智力保障，依靠教育推动自主创新和管理创新，依靠教育促进经济转型升级和发展方式转变，依靠教育提升综合实力和国际竞争力，比以往任何时候都更加重要、更为紧迫。国家先后制定了《科学规划纲要》《人才规划纲要》《教育规划纲要》，深入实施科教兴国、人才强国、可持续发展战略对教育提出了更高的要求。提高教育质量，关键是提高教师质量；解决教育发展中的许多深层次矛盾，根本的举措是培养更多优质教师，并优化配置教师资源。“从某种意义上说，教育家可能比科学家更重要，一个好教师，可以影响一批人、一代人的进步，影响一个地方、一个地区教育事业的发展。”教师教育作为教育事业的工作母机，事关教育改革发展的全局和建设更高水平小康社会目标的实现。因此，随着社会经济发展，必然会提高教师职业的入职标准，教师教育向精英化方向发展是必然趋势。

2. 教师教育精英化是办人民满意教育的迫切需要

教育公平是社会公平的重要基础。教育公平的根本措施是合理配置教育资源，向农村地区、边远贫困地区和民族地区

---

① 胡锦涛同志在全国教育工作会议上的讲话[M]//《教育规划纲要》工作小组办公室.全国教育工作会议文件汇编[M].北京：教育科学出版社，2010:21—22.

倾斜，加快缩小教育差距。而缩小教育的校际差距、区域差距以及国际差距，根本上是缩小教师差距。优质教育资源的实质是高质量的教师。

随着我国高等教育扩大招生规模，大学生就业实行"双向选择、自主择业"，教师资格制度全面实施等政策后，教师供给从数量来看，出现供大于求的状况。我国对师资的需求已经进入了一个从满足数量向提高质量转变的历史新时期。另一方面，人民群众的教育需求从"有学上"正在向"上好学"转变。人民群众对优质教育的渴望从来没有像今天这样强烈，对教育公平的关注从来没有像今天这样突出，对多样化教育的需求从来没有像今天这样迫切。因此，教师教育供大于求的现状与人们对高质量教师资源的渴求成为教师教育从规模数量向质量效益转型的根本原因。随着社会经济的发展，教师的学历层次将由目前的专科提高到本科，将来会由学士提高到硕士和博士，采取研究生的培养形式。尽管高学历与高素质并非完全等同的两个概念，但是在有着崇尚学历传统的中国，对教师学历的要求实际上就意味着对教师素质的要求。因此，高等教育大众化背景下的教师教育，必须坚持精英教育取向，有优秀的教师队伍，才能有优质的教育，才能办好人民满意的教育。

3. 教师教育精英化是推进教师专业化的迫切需要

专业化是现代社会的一个重要特征，《中华人民共和国教师法》明确规定："教师是履行教育教学职责的专业人员。"教师专业化表达的最基本的含义就是要把教学视为专业，把教师视为专业人员。作为专业人员，需要长期的专门训练，有着较高的学历要求；需要专门的知识技能为基础，教师不仅要有所教学科的知识，也要有教育专业的知识和能力；需要把教学与研究融为一体，通过行动研究不断提高专业水平；需要有专门的从业资格要求和专门的职业道德规范要求；需要有强烈的事业感，职业投入感强，献身于自己从事的职业。[①] 教师专业化最终要通过教师教育来实现，教师教育的责任就在于培养出训练有素的达到专业标准的教师，以教师的专业化实现教学的专业化，以确保未来学校对师资的需要。

4. 教师教育精英化是改变教师队伍现状的迫切需要

近十多年来，由于对师范生的优惠政策相继取消，使得师范生生源质量呈下降趋势，优秀学生报考师范院校的很少，教师教育质量令人担忧。中国青年报社会调查中心曾对3369人进行的一项调查显示，91.3%的人认为好老师对学生具有重要影响，其中62.8%的人认为影响“非常大”。当问到“哪个阶段的老师对学生成长影响最大”时，“初中老师”排名第一(65.5%)，“小学老师”紧随其后(63.1%)，排在第三位的是“高中老师”(48.7%)。但是，在“公众对当今老师的整体印象如何”这一调查中，55.6%的人认为“一般”，和其他职业没什么不同；26.9%的人感觉“很差”；也有17.3%的人觉得“很好”，老师值得尊敬，感叹好教师不常有的人占大多数。[②] 教育领域中经常出现的一些违反教育规律、违背职业道德的事件和现象，也说明了教师素质方面存在的问题。因此，有识之士呼吁：教育是高度专业化的职业，“教书育人，为人师表”的工作性质决定了教师不是一般的人群，必须具有良好的职业道德、广博的文化知识、过硬的专业技能。普通高等教育可以“大众化”，教师教育绝不能“大众化”，必须走“精英化”之路，让最优秀的人来做教师，担负起培育祖国未来栋梁的重任。[③]

---

① 唐玉光.教师专业发展与教师教育[M].合肥：安徽教育出版社，2008：145—146.

② 王聪聪，甘晓.九成人感叹当下好老师不常有[N].中国青年报，2010-10-19.

③ 陈立武.教师教育：需要我们重新审视与回望[N].江苏教育报，2010-12-16.

因此，教师教育精英化是实现教育家办学的深切呼唤，是改变教师队伍现状的迫切需要。

### （三）教师教育精英化的政策建议

教师教育是国家的事业、政府的责任。实施教师教育精英化，需要我们加强制度设计和政策引导，通过实行教育公务员制度，从根本上提高教师的地位和待遇，增强职业吸引力；积极推进师范生免费教育，吸引优秀青年读师范，鼓励优秀人才当教师；不断完善教师资格制度，严把教师入口关，把真正的优秀人才遴选进教师行列；深化教师教育改革，创新人才培养模式，不断提高教师培养的质量和水平。

1. 实行教育公务员制度，提高教师地位待遇，使教师成为受人尊重的职业

实施教师教育精英化，必须“提高教师地位，维护教师权益，改善教师待遇，使教师成为受人尊重的职业。”在我国，教师职业还没有成为一种让社会尊重而羡慕的职业。社会上有这样一种自相矛盾的现象：人人都希望自己的孩子能够遇到优秀的教师，但是很少有家长愿意送自己的子女读师范。因此师范院校改制以后，特别是学费并轨以后，报考师范的学生更少了。[①] 造成“最优秀”的中学生不愿意报考师范院校、“最有才华”的大学生不愿意当中小学教师的根本原因，是中小学教师的政治、经济、社会地位不高和待遇偏低。

因此，教师的社会地位和待遇如何，直接影响到教师职业能否吸引优秀人才、影响到现有教师队伍的稳定，影响到教育事业的发展和教育质量的提高。我们“要采取更有力的措施，提高教师地位，维护教师权益，改善教师待遇，加强教师培训，关心教师身心健康，依法保证教师平均工资水平不低于或者

---

① 顾明远.谈谈我国教师教育的改革和走向[J].求是，2008(7)：54.

高于国家公务员平均工资水平并逐步提高”。[①] 要建立一套教师优于其他行业的升职提薪制度，如在香港等地区，师范专业毕业生的起薪是所有专业毕业生中最高的，这是吸引优秀学生的一大因素。[②] 要对长期在农村基层和艰苦边远地区工作的教师在工资、职务职称等方面实行倾斜政策。

鉴于我国教师队伍的发展现状，可以参照国外的一些做法，建立独立的教育公务员制度，将取得教师资格证书并获得教师职位的公办普通中小学教师的身份确认为教育公务员，明确其“公务性”与“专业性”的双重身份，使其享有与公职身份相应的权利和义务，并执行相应的收入分配制度，依法对其实施规范监督，保护中小学教师的政治地位和经济利益。从法律上保证中小学教师的工资待遇与公务员一致，才能提高教师职业的吸引力，进而提高其专业地位与整体素质。[③]

2. 积极推进师范生免费教育，吸引优秀青年读师范，鼓励优秀人才当教师

实施教师教育精英化，必须“积极推进师范生免费教育”，吸引优秀青年读师范，鼓励优秀人才当教师。教师培养工作是教师队伍建设的源头，有优秀的生源才能培养出优秀的教师。师范生免费教育体现了教师教育精英化的取向。2007 年起，国家在教育部直属 6 所师范大学实行师范生免费教育已初见成效。工作进展顺利，考生报名踊跃，生源好于往年，反映了国务院关于实行师范生免费教育的决策深得民心。同一年，江苏省南通市在全国地级市中率先启动了五年制师范生免费教育、定向培养的试点工作。由于提供了免费教育、协议

① 胡锦涛同志在全国教育工作会议上的讲话[M]//《教育规划纲要》工作小组办公室.全国教育工作会议文件汇编[M].北京：教育科学出版社，2010：21—22.

② 姜澎.免费师范生　冰火两重天[N].文汇报，2010-04-27.

③ 周洪宇.未来 10 年的教师质量决定着中国教育的成败[J].人民教育，2010(24)：5.

定向的政策保障，并且采取了提前录取的保障措施，因此，2007年以来免费师范生的招收一改前几年师范生源入学成绩步步下滑的颓势，呈现可喜局面。2010年，江苏省免费幼儿师范男生招生面试竞争激烈，录取比例达300：1，竞争激烈程度超过公务员，录取分数线超过当地的四星级高中。由此可见，实行师范生免费教育从总体上看，已经达到了预期效果。

实践表明，在地方师范院校推广师范生免费教育制度，能更好地改变生源质量，培养出思想素质好、职业技能强、业务水平高的"下得去、留得住、用得上、干得好"的教师，能更好地解决农村教育的师资问题。这符合我国国情和基础教育的实际，符合国家倡导教育家办学的导向，是教师教育改革发展的方向。师范生免费教育、定向培养工作的重启，不是制度的回归，而是螺旋式的上升，体现出政府在教育改革与发展的过程中承担了更多的责任。我们要从"师范教育可以兴邦"的战略高度，来充分认识师范生免费教育的重大意义。

在师范生免费教育问题上有一种观点，主张采取大学毕业生到中小学任教后返还学费的方式来吸引优秀人才当教师。① 这虽然也是一个充实教师队伍的办法，但与师范生免费教育是不同的。这里涉及一个核心问题，即教师是否是一个专业，怎样培养造就一批扎根基层的教育家。我们需要吸引更多的人来当教师，更需要吸引更多的真心热爱教育、真正懂得教育，把教师不只是当做一个职业，而是当做一项事业，愿意毕生奉献于教育事业的人来当教师。掌握教育规律、教学规律、人才成长规律，成为一名好老师，不仅取决于知识，不仅是一个学历证书就能解决的问题，它更要靠长期钻研、长期实践、长期养成。在高度重视教育质量的今天，不是具备一定知

① 姜澎.首届免费师范生"上岗"不容易[N].文汇报，2011-02-17.

识就可以当教师的，也不是人人都可以当中小学教师的。[①]

3. 完善教师资格制度，严把教师入口关，把真正的优秀人才遴选进教师行列

实施教师教育精英化，必须“完善并严格实施教师准入制度，严把教师入口关”。教师资格认证制度是国际通行的教师任用制度。随着教师培养机构日益开放化，师资的来源日益多样化，需要在教师教育的入口处加以严格的规范，需要政府或相关机构在教师认证方面作出明确的规定。《教育规划纲要》提出：“国家制定教师资格标准，提高教师任职学历标准和品行要求。建立教师资格证书定期登记制度。省级教育行政部门统一组织中小学教师资格考试和资格认定。”自 1995 年我国根据《教师法》和《教师资格条例》规定实施教师资格制度后，教师入门条件有了法律保障；但还存在制度缺陷，由于我国仍处于教师专业化的初步阶段，教师资格认证制度所规定的入职门槛过低。

根据实施教师资格制度中存在的问题，为全面提升中小学教师队伍整体素质，应当建立“国标、省考、县聘、校用”的教师职业准入和管理制度，打破教师资格“一证定终身”的格局。国家应根据今后 10 年教育发展要求，修订《教师法》和《教师资格条例》，制定国家教师资格考试办法和提高教师任职学历标准。省级教育行政部门应按照国家教师资格考试办法、考试标准、考试大纲统一组织教师资格考试，进行教师资格认定。建立 5 年一个周期的教师资格定期登记制度，依据师德表现、工作实绩、完成培训学分等情况，对通过审核者予以注册登记，真正从入口处保证教师质量。除高校外的所有公办学校教师，都必须由县级以上教育部门从具有教师资格的人

① 袁贵仁.完善免费政策　创新教师教育[N].光明日报，2010－06－21.

员中公开招聘。[1] 同时将修学教师教育课程并完成教育实习作为所有申请人取得教师资格的必要条件之一，切实把好教师入口关。只有通过建立健全“国标、省考、县聘、校用”的教师职业准入和管理制度，适当提高教师职业的入职门槛，才能不断把真正的优秀人才遴选进教师的行列，造就一支高素质专业化的教师队伍，以适应时代与社会的需要。

4. 深化教师教育改革，创新人才培养模式，不断提高教师培养质量和水平

实施教师教育精英化，必须“深化教师教育改革，创新培养模式，增强实习实践环节，强化师德修养，提高教师培养质量”。教育部直属 6 所师范大学紧紧围绕培养优秀教师和教育家的目标制定专门的免费师范生培养方案。在课程设置、教学内容、教学方法和教师养成教育等各个环节上进行了一系列改革。不断优化培养过程，创造最好的条件，把最好的资源，尤其是最好的教师资源用于师范生的培养。如北京师范大学的“名师导航”计划；华东师范大学组建孟宪承书院，打造教师职业养成的教育基地；东北师范大学启动了“优秀教师和教育家培养工程”，坚持课程设计同课改相结合；华中师范大学新增实习基地让学生“下得去”；陕西师范大学实施“2＋2”教师教育人才培养模式改革，免费师范生可按照学校规定在师范专业范围内进行二次专业选择；西南大学将招生、实习、就业一体化，为免费师范生终身学习打造“专业化”等。[2] 这些改革举措充分展现了各自的培养特色，体现了精英教育的思想。

---

① 杨春茂.贯彻落实《教育规划纲要》加强教师队伍建设[J].人民教育，2010(24)：7.

② 陈茜，李斌.6 所教育部所属师范大学免费师范生的培养方式[N].中国青年报，2008－04－25.

温家宝在全国教育工作会议上的讲话中指出："师范教育的目标绝不是造就'教书匠'，而是要造就堪为人师的教育家。师范教育不能仅注重让学生在知识、能力和专业素质方面得到应有的发展，更要注重未来教师气质的培养，最重要的是文化熏陶。师范学校的专门训练，不限于教学的技能，而尤其在于多年的教育文化氛围中涵濡浸渍，使学生对教育实践的兴趣油然而生，对于教育事业的敬仰日益坚定。"为此，我们要积极探索和不断创新教师培养模式。总体而言，教师教育的课程设置和培养方案都应当包括通识教育、学科专业教育、教师专业教育、教育实习四大模块。但是四大模块如何整合，要根据培养目标和教育类型来确定。深化教师教育改革，创新教师培养模式，要以"学思结合、知行统一、因材施教"为原则，当前尤其要注重师范生职业技能训练，深化课程教学改革，加强教育实践环节，把教师教育融入当地的基础教育，实现教师培养培训与基础教育改革发展的零距离对接，这是提高教师教育质量的关键所在。

创新教师培养模式，需要实施分类分层培养。在我国的高等师范院校中，分科教学有着悠久的传统，虽有其学科知识扎实等优点，但日益不能适应素质教育和新课程改革的需要，也不符合小学、中学教育的不同特点和规律。不同的培养目标有其不同的培养模式，要按照中学教师一专多能型、小学（幼儿园）教师全科型教育的要求，进一步探索学科专业教育与教师专业教育、文化基础教育与教师养成教育相融合的培养模式。要根据幼儿园、小学、初中、高中等基础教育阶段不同层次的学校、不同类型的教育对教师专业素养的不同要求，分层次确定培养院校、培养规模、培养专业、培养标准。从现实情况来看，中学教师的来源可以多元化，但小学、幼儿园教师应当由专门的教师教育机构来培养，因此，要从我国国情出发，在实行教师教育开放性的同时，保留师范院校的独立体系，努力构建符合教师教育发展规律的、具有中国特色和时代特点的现代教师教育体系，不断提高教师培养的质量和水平。

## 二、教师教育必须坚持的基本原则

随着社会经济的发展，教师教育面临许多新情况、新问题和新挑战，需要我们在理论上思考和实践中探索，在研究教师教育中培养教师，深刻理解和把握教师教育必须坚持精英教育、质量为本，政府主导、政策调控，区分层次、分类培养，立德树人、师德为先，实践取向、能力为重，继承创新、符合国情等基本原则，不断提高教师教育的质量和水平。

教师教育是在终身教育思想指导下，按照教师专业发展的不同阶段，对教师的职前培养、入职教育和在职培训的统称。自19世纪末20世纪初，南洋公学师范院、京师大学堂师范馆和通州师范学校创立以来，我国近现代教师教育迄今已有110多年的历史。百年师范，薪火相传，积累了丰富的经验，对我国教育事业的发展产生了深远影响，是中国教师教育史上的宝贵财富。

但是，我国教师教育的110多年是在步履维艰中前行、在艰难曲折中发展的，期间一直存在着需要不需要专门办师范教育的争论，也经历了市场经济条件下师范教育被弱化、边缘化的情况，在教师培养方面还存在着模式不当、质量不高等问题，需要我们认真总结和深刻反思。当前，随着社会经济的发展，教师教育呈现出教师培养大学化、教师来源多元化、教师教育一体化、教师职业专业化等新的发展变化趋势，面临许多新的问题和新的挑战。如何适应基础教育改革发展的需要，培养高素质专业化的教师队伍，促进教师教育科学发展，需要我们在理论上思考和实践中探索，在研究教师教育中培养教师，努力把握教师教育必须坚持的基本原则，克服教师教育中存在的问题。

### （一）教师教育必须坚持精英教育，质量为本

在高等教育大众化背景下，是否坚持教师教育精英化，人们的观点不一。因此，就存在着一方面在强调和推进教师专业化，另一方面却出现教师教育大众化的悖论。教师的工作是培养人教育人，是一项崇高的职业，教师的素质如何关系到亿万青少年的健康成长，关系到国家的前途命运和民族的未来。有好的教师，才有好的教育。“历史和现实都说明，教师和教师教育工作怎么重视都不为过，怎么支持都不为多。”[①]徐特立有句名言：“做教育工作的人，一般总是先进分子。”因此，教师应当是优秀人才，是社会精英。教师教育必须坚持精英教育，质量为本。

教师教育精英化，对于20世纪八九十年代在师范院校工作的人来讲，感受很深、记忆犹新。当年的师范生生源好、素质高，是社会公认的。当时的中师生都达到或超过了当地重点中学的录取分数线。因此，师范院校的教师在教育教学工作中很有成就感，这些毕业生如今都是中小学的中坚力量，有的还通过自己的努力继续深造，提升学历层次，有不少当年的师范生现在是高等院校、科研院所和党政机关的骨干力量。

教师教育精英化是近年来笔者一直关注的话题，[②]也得到

---

① 袁贵仁.全面落实以人为本的科学发展观　努力建设高素质教师队伍：在2005年度教师教育工作会议上的讲话[C]//教育部师范教育司.加强与改革教师教育 服务基础教育.北京：高等教育出版社，2005：5.

② 黄正平.有好的教师　才有好的教育：关于教师教育精英化的思考[J].河北师范大学学报（教育科学版），2011(6).

有关专家学者的认同。2011 年 12 月，在教育部教师司召开的构建现代教师教育体系研讨会上，北京师范大学原副校长（现为北京外国语大学党委书记）韩震教授明确提出教师教育必须精英化的观点。我们认为教师教育精英化应当包含三个方面的内容：一是生源质量高，即由优秀学生读师范，优秀人才当教师；二是培养模式好，即精心设计培养方案，由精英来培养，从而培养出精英人才；三是学历层次高，即提高教师培养层次，如由专科提高到本科层次，将来由学士提高到硕士和博士，采取研究生的培养方式。

教师教育精英化是国际教育发展的基本趋势。在当前国际竞争日趋激烈的情况下，每个国家都高度重视教育尤其是教师教育的发展。我们要采取切实有效的措施，坚持政策导向，从根本上提高教师地位和职业吸引力，实现教师教育精英化。

### （二）教师教育必须坚持政府主导，政策调控

教师培养工作是教师队伍建设的源头，有优秀的生源才能培养出优秀的教师。但是，近 10 多年来，随着师范生招生、收费、就业并轨，对师范生的优惠政策相继取消，师范生生源质量总体下降，优秀学生报考师范院校的很少，教师教育质量令人担忧。近年来发生在教育领域的种种反教育现象，个别教师身上暴露出来的师德问题甚至违法犯罪问题，都与当前教师培养的生源质量下降有关，是值得深刻反思的。教师教育是国家的事业和政府的责任，必须坚持政府主导，加强政策调控。

调控师范招生规模，是改善师范生源质量的重要环节。我们要对中小学和幼儿园的师资需求作认真、周密的调查研究，按照学科、城乡需求做好中长期规划和年度招生计划，按照各地、市、县上报的需求进行定向的定单培养，更有利于把

师范生教育的质量与基础教育需求对接起来，实行供需匹配、按需培养、渐序发展。实践表明，教师教育不是靠市场机制能够解决问题的，它需要政府进行政策调控，在调控过程中既要进行教师新岗位需求预测，又要进行师范生供求预测，使中小学教师培养达到一个供需求预测相对平衡的状态。①

调控师范招生规模，建立中小学教师培养的供需求关系，必须“积极推进师范生免费教育”，吸引优秀青年读师范，鼓励优秀人才当教师。2007 年起，国务院决定在 6 所教育部直属师范大学实施师范生免费教育试点。实施以来，师范生免费教育试点工作取得积极进展，成效显著。师范生生源质量明显提高，促进了教师教育创新，人才培养模式改革取得新突破。实施师范生免费教育体现了教师教育精英化的取向。

在国家这一示范性举措推动下，全国有新疆、西藏、上海、云南、江苏、河北、湖南、湖北等省区市也开展了师范生免费教育。但总体而言，各地推进师范生免费教育的进度还不快，力度还不够；一些地方还在等待和观望；有的地方对师范生免费教育还停留在要不要实施的问题上。即使是在实施师范生免费教育的一些地方，其规模不大，数量有限，形成了“免费”与“收费”并存的双轨制，在师范生培养中出现了一般师范生和免费师范生现象。这说明人们对师范生免费教育重要意义的认识、对教师在教育事业发展中的重要作用的认识还存在差距。

2007 年，江苏省南通市在全国地级市中率先启动了五年制师范生免费教育、定向培养的试点工作。由于提供了免费教育、协议定向的政策保障，并且采取了提前录取的保障措施，免费师范生的招收一改前几年师范生源入学成绩步步下滑的颓势，呈现可喜局面。2012 年南通市首届免费师范生毕

① 黄正平.构建现代小学教师教育体系的思考[J].人民教育，2011(2).

业，走上工作岗位，得到教育行政部门和用人单位的一致称好，认为这才是他们所期盼的教师。“免费师范生起点高、质量好、上手快，是基层教师队伍优秀的领头羊”。教育部原副部长、国家总督学顾问、江苏省文联主席王湛称赞说：“10 年、20 年之后，这批孩子必将是南通基础教育界的骨干。”教育部《工作简报》〔2012〕第 20 期，对南通市免费师范生培养工作给予了充分肯定；《人民教育》2012 年第 17 期作了重点报道。人们有理由追问：既然师范生免费教育有利于改善师范生生源质量，能培养出高素质的教师，有利于促进基础教育发展，办好人民满意的教育，是利在当代、功在千秋的事业，我们为什么不去积极实施？既然南通等地能做到的，其他地方为什么做不到？关键还是思想观念问题，还没有真正从“师范教育可以兴邦”的战略高度，来认识师范生免费教育这项举措对我国教育发展，甚至于对国家发展的重大而深远的意义。

实践表明，地方师范院校实施师范生免费教育制度，学生的专业思想巩固，就业定位准确，职业认同感强，更能培养出“下得去、留得住、教得好”的教师，能更好地解决农村教育的师资问题。这符合我国国情和基础教育的实际，符合国家倡导教育家办学的导向，是教师教育改革发展必须坚持的方向。

### （三）教师教育必须坚持区分层次，分类培养

教师教育虽然都是为基础教育培养师资的，但不同学段的教师有其不同的专业特点和专业标准，应当采取不同的培养模式。而现在一些高师院校在小学教师培养方面缺少研究，不考虑小学教育的实际需要，培养方案缺乏针对性，培养模式存在盲目性。一些学者不分学段和层次笼统地主张和倡导“学科知识＋教育知识”即所谓 X＋X 分阶段培养模式，是一种误导，对初中以下师资的培养是不适用的。顾明远先生曾明确指出：“学校是分层次的，有幼儿园、小学、初中、高中多个

层次。各层次学校对教师的要求也是不一样的。与此相对应,师范教育的模式也应该有所区别。"因此,教师教育必须坚持区分层次,分类培养。

在三级师范教育体制中,小学教师由中师培养、县教师进修学校负责培训,初中教师由师专培养、地市级教育学院负责培训,高中教师由本科师范院校培养,省级教育学院负责培训,教师教育体系十分明晰。但是,在推进三级师范向二级师范过渡,小学教师培养被纳入高等教育体系后,由于目前尚处于实践探索阶段,缺乏经验,小学教师培养出现了无序状态。

例如,江苏省目前培养本专科小学教师的院校,除五年制师范学校外,还有 20 多所。其中有些是民办学院、职业技术学院,招收小学教育专业的院校有本三、也有专二。一些院校中小学教育专业的招生人数少,有的每年只招收 1—2 个班的学生,小学教师教育资源缺乏,学科师资不配套,不利于师范生教师职业技能的训练和教师职业情感的培养。客观地说,综合性大学参与教师教育的热情不高,小学教育专业对于他们来讲无关紧要,有些院校近几年已停招小学教育专业。小学教师培养院校的分散,造成教育资源浪费,也影响到小学师资的培养质量。因此,小学教师培养,在教师教育体系转型后成为我国教师培养的政策短板。

在教师培养方面,湖南省坚持区分层次、分类培养的做法值得学习借鉴,他们对培养院校有明确分工,如湖南师范大学培养高中教师,衡阳师范学院培养初中教师,湖南第一师范学院培养小学教师,长沙师范学院培养幼儿园教师。

实践证明,教师是一个专业化的职业,既不是谁都能培养,也不是谁都能培养好的,必须要有专门的教师教育机构来培养。在现实生活中如果我们还允许"综合大学毕业生与师范大学毕业生同台竞争教师岗位",就与教师专业化相悖,这从反面说明教师专业至今仍没有得到合理的认定。因为,允许非专业人员竞争专业岗位，就意味着许多决策者们根本就不认为教师职业是一种专业。① 因此，我们要根据基础教育阶段不同层次的学校、不同类型的教育对教师专业素养的不同要求，即根据幼儿园、小学、中学《教师专业标准》，分层次确定培养院校、培养规模、培养专业、培养标准。要按照幼儿教师活动性教学，小学教师全科性教学，中学教师分科性教学的要求，进一步探索学科专业教育与教师专业教育、文化基础教育与教师养成教育相融合的培养模式。

从小学教育和学前教育的功能特点以及基础教育的实践来看，小学、幼儿园教师培养以初中毕业生为起点，更符合小学教育和学前教育的性质和特点。初中起点学生可塑性强，培养目标明确，有利于师范生专业思想的形成、教师职业技能和艺术素养的培养。在 2012 年举行的江苏省首届师范生基本功大赛中，一些高中起点培养学前教育和小学教育师资的本科院校师范生的教学基本功明显不如初中起点的五年制师范生，就是一个有力的证明。②《中国教育报》2012 年 11 月 1 日刊登记者报道《小学教师培养，“回”到初中起点？》，介绍了山东省在小学教师教育改革方面的做法和经验，值得关注。

### （四）教师教育必须坚持立德树人，师德为先

我国正处于社会转型时期，必然会发生各种价值观念的碰撞、冲突、迷失甚至嬗变。拜金主义、享乐主义、极端个人主义对教师的思想观念、价值取向不可避免地会产生一定影响，使一些教师在现实生活中不能进行科学的价值判断、价值选择和价值追求，在价值观上出现了偏离甚至混乱，迫切需要主流价值观的引领，在多元中立主导、在多样中谋共识，在多变

① 杨启亮.教师专业发展的几个基础性问题[J].教育发展研究，2008(12).
② 黄正平.基于《专业标准》的小学教师培养[J].人民教育，2013(8).

中定方向。教师是人类灵魂的工程师，是青少年学生成长的引路人。党的十九大报告指出："建设教育强国是中华民族伟大复兴的基础工程，必须把教育事业放在优先位置，深化教育改革，加快教育现代化，办好人民满意的教育。要全面贯彻党的教育方针，落实立德树人根本任务，发展素质教育，推进教育公平，培养德智体美全面发展的社会主义建设者和接班人。"将"立德树人"作为教育的根本任务，是对现代教育理念的深化，是对教育发展提出的新要求。因此，教师教育必须坚持立德树人，师德为先。

师德是教师的第一要素。师德是社会良心的重要标志，是社会道德的重要标杆。正因为师范院校在长期的办学实践中坚持立德树人，师德为先，因此培养的毕业生具有高尚师德情怀，在生死攸关的危急关头，将生的希望留给学生，将危险留给了自己，用无私大爱谱写了一曲曲生命的赞歌。涌现出了5·12汶川大地震中拼死护卫学生的以谭千秋（湖南师范大学毕业）为代表的英雄教师群体和以张丽莉（哈尔滨师范大学毕业）为代表的"最美女教师"，以及"科研让生命变得更有意义"的侯伯宇、"永生的博导妈妈"石秋杰、"用生命守望马克思主义阵地"的王强、全国优秀共产党员、全国时代楷模、全国优秀教师黄大年、全国十大教书育人楷模……他（她）们是高尚师德的典范，集中体现了中华民族高尚的道德情操，充分展示了当代人民教师的时代风采。正如温家宝所指出的："师范大学和一般大学有共同点，也有不同点。一是师范大学学习的综合性更强。一般大学的学生学习重点在于对知识本身的研究，为学问而学；而师范大学的学生学习还包括对知识关系的研究，为教育而学。一般大学的学生可以'独善其身'，而师范大学的学生则要'兼善天下'。二是师范大学造就的应是堪称人师的教育家，要学为人师，行为世范。因此，对师范生的道德要求就更高。教育，不仅要言教，还要身教；不仅要立己，还要立人。为此，师范教育必须贯彻教学和科研相结合，学知识、教书、做人相结合。”①

因此，我们要将师德教育纳入中小学教师培养培训体系之中，作为教师教育质量评估的重要依据。各级各类师范院校和举办教师教育的综合大学，都要适应新时代的要求，将教师职业道德教育列为教师职前培养和职后培训的重要内容，作为师范专业学生和在职教师继续教育的必修课程。

## （五）教师教育必须坚持实践取向，能力为重

教育实践是提高未来教师从教能力的重要途径。但是，近年来在师范教育被“边缘化”的背景下，师范生教育实习被削弱，影响了师范院校毕业生的教育实践能力。学生虽然在学校接受了师范训练，但教学技能依然不高，一旦走向工作岗位，就会出现“师范生不会教学”的场面。教师职业是实践性职业，教师是反思性实践者。教师的专业成长是在教育实践中实现的。无论采取怎样的教师教育模式，其实都有共同的价值取向、内容及目标规范，也即培养什么样的教师（目标）、怎样培养教师（内容）、以什么样的思路培养教师（方法）三个密切相连的课题。而这些问题都不能脱离教师教育的实践性。② 因此，教师教育必须重视养成教育，坚持实践取向，能力为重。

坚持实践取向，就是要做到知识教学与技能训练并重，教育理论与教育实践同行。坚持能力为重是教师《专业标准》中要求教师所必须秉持的一个基本理念，强调教师把学科知识、教育理论与教育实践相结合，改善教育教学工作，不断提升专

① 温家宝与师范生座谈：教师是太阳下最光辉的职业[EB/OL].中央政府门户网站 www.gov.cn，2007-09-09.

② 陈永明，等.教师教育学[M].北京：北京大学出版社，2012：25，233.

业能力。

加强教育实践环节是创新教师培养模式的重要取向。通过教学实践,可以使师范生迅速了解中小学的实际状况,使师范生能迅速消化教育理论知识,使教育的理论与实践能很好地结合起来,同时,还可以在实践中培养他们的专业思想和职业情感。因此,要高度重视教育实习,改变过去让学生自己找实习单位的“放羊式”现象,加强教育实习基地建设,延长师范生教育实习的时间,合理安排教育实习内容,把教育实习理解为“观察——体验——教育见习——教育实践——教育总结”等几个连续而有特点的阶段,在实际的专业环境中,提高教育实习的效果。同时,应切实加强对实习环节的指导,选派专门教师对实习过程进行管理,提高教育实习的效率与质量。要通过实习支教和顶岗实习等形式,让学生有更多的实践机会,努力培养师范生的职业情感和从教能力。要充分发挥高等学校、地方政府(教育行政部门)和中小学教师专业发展学校的积极性,探索“三位一体”合作培养师范生的新机制。教育部《关于深化教师教育改革的意见》要求:“加强兼职教师队伍建设,优秀中小学教师占教师教育类课程教师的比例不少于20%。健全优秀中小学教师与高校教师共同指导师范生教育实习的机制。完善教师教育类课程教师分类管理和考核评价办法。承担教师教育类课程的中青年教师,应到中小学从事至少1年的教学工作”。

教师的专业能力是教师教育理念、专业知识的载体,它直接关系到学生学习能力、实践能力和创新能力的形成。专业知识与专业技能都是师范人才培养目标的重要内容。依据教师职业的专业属性,人们普遍认为教师职业素质具有“双学科”性质,即教师任教科目的学科专业知识和教育专业知识,因而教师的专业素质和能力也分为两个方面,一是要掌握“教什么”,即某一类学科专业知识;二是要学会“怎么教”,即掌握教育学科知识和教育教学技能。教师教育教学能力的培养不能仅仅依靠课堂、书本的学习，教师职业是一种实践性较强的专业教育。在师范生的培养过程中，我们既要重视学科专业知识教学，更要重视职业技能训练。教师职业技能是支撑教师走向专业成功的重要支柱，是教师专业化的重要内容，是师范性的重要体现，因此，我们必须坚持实践取向和能力为重，为基础教育培养基础知识扎实、职业技能过硬、能歌善舞、多才多艺的优秀教师。

### （六）教师教育必须坚持继承创新，符合国情

教师教育必须处理好传统与当代、本土与国际的关系，做到不忘本来，吸收外来，面向未来。我国教师教育的精髓和特色，在于深深地扎根于中国优秀传统文化沃土之中的教师养成教育。我国的中师在一百多年办学实践中积累了丰富经验、优良传统、办学特色，被称为“中师模式”，如对学生管理特别严格、对学生职业技能训练特别重视、对学生职业意识培养特别强烈等，形成了独特的小学教师文化，培养了一大批优秀小学教师，受到社会各方面的充分肯定。① 这些传统和经验我们必须认真加以继承和发扬。朱旭东教授指出：对于今天教师教育而言，我们不是去保留中师，而是需要总结中师的历史经验，尤其是中师的教师培养文化的经验，它对于小学教师的培养依然具有强烈的现实意义。中国小学教师必须具有鲜明的中国文化特色，也就是在课堂上一定把中国汉字写得工整、美观，这是中国小学教师与美国小学教师截然不同的文化特征。当然基于小学低年级学生的学习特点，小学教师需要有

---

① 黄正平.构建现代小学教师教育体系的思考[J].人民教育，2011(2).

很好的艺术修养。①

教师教育在继承优良传统的基础上，需要不断创新。如江苏省的初中毕业起点“5＋2”培养本科学历小学教师的模式，②湖南省的初中毕业起点“2＋4”培养本科层次农村小学教师的模式，是在推进小学教师本科化进程中，小学教师培养体制机制的创新，既继承了五年制师范的优良办学传统和经验，又实现了办学层次和水平的有效提升。又如山东省改革中学教师培养模式，采取“大类招生、二次选拔、分段培养”方式，吸引和选拔优秀学生从事教师职业，这些做法和经验值得我们学习、借鉴和推广。

教师教育在继承创新的基础上，还要认真学习借鉴发达国家的经验。我国的师范教育从建立之初学习日本，然后学习美国，转而学习苏联，形成了具有中国特色的师范教育体系。学习借鉴发达国家教师教育经验，必须结合本国实际，我国目前还处在社会主义初级阶段，而且幅员辽阔，地区差异大，城市与农村、沿海与内地、东部与中西部地区的情况都不相同，发展极不平衡，不能搞一刀切。因此，作为教师教育必须遵循的一项基本原则，即必须与本国国情相结合。师范教育的制度必须与本国社会、政治、经济、文化等的发展状况相吻合，否则将有损于师范教育事业的发展。③

例如，在教师教育体系构建上，在我国目前教师还没有成为令人羡慕的职业的情况下，不根据中国国情，过早地开放师范教育，会使生源质量下降，给师资队伍建设造成不应有的损失。因此，在实行教师教育开放性的同时，必须保留师范院校

① 朱旭东.论当前我国教师教育存在的十大问题及其解决途径[J].当代教师教育，2012(3).

② 黄正平.“5＋2”：培养本科学历小学教师的有效模式[J].教师教育研究，2008(1).

③ 林溪.不断创新农村小学教师培养机制[N].中国教师报，2010－05－19.

的独立体系，努力构建符合教师教育发展规律的、具有中国特色和时代特点的现代教师教育体系。

又如，在教师培养模式上，我国长期以来一直由独立的师范院校实行混合培养，随着教师教育的开放，一些学者主张借鉴美国的"X＋X"模式，即学科教育与专业教育相分离的分阶段培养模式。然而，美国的实践表明，这种分离式的教师教育造成了理论训练与教学实践的割裂，导致未来教师知识基础支离破碎和实际专业能力降低。教师教育尤其是本科阶段，几乎不可能实施"X＋X"分离模式，因为把4年的本科学习时间分为两个部分，将会囿于时间因素而使学生既不能学好学科知识，也无法提升教学技能，导致双专业双薄弱，教师的专业发展难以实现。而且师范生职业意识、职业情感、职业技能的养成是一个长期的过程，学科专业知识与教育专业知识的简单叠加，不可能培养出优秀的中小学教师。由于我国当前教师教育是以本科层次为主体，这就注定不能盲目学习美国分离培养模式（因为美国的教师教育已实现以研究生教育为主），而是要根据我国实际，积极完善学科专业教育与教师专业教育相融合的混合培养模式。①

教师教育是教师队伍建设的重要环节，是教育事业的基础工程。我国的教师教育经历了110多年的沧桑演变，记载着多少理想与失望、政策与落空、努力与失败的经验教训，而这些经验教训能否在今天引起人们的重视以及引起何等程度的重视，必将影响或决定我国教育事业的发展。"不变的是原则，万变的是方法。"原则是指人们说话或做事应该依据的法则或标准，是人与人相处及整个社会得以成立的必要规范。没有原则的行为，一定是盲目的行为；没有原则的思想，一定是胡思

① 张学敏，张翔.教师的身份变迁与教师教育演变—兼论我国教师教育走向[J].西南大学学报（社会科学版），2010(5).

乱想。在实践中总结出来的教师教育基本原则弥足珍贵，是必须遵循的，须臾不可背离，否则就会给教师教育乃至整个教育事业造成不应有的挫折和损失。教师教育的这些基本原则是相互联系、相互依存的。我们要“深化教师教育改革，创新培养模式，增强实习实践环节，强化师德修养和教学能力训练，提高教师培养质量”；要按照“不动摇”，“不懈怠”，“不折腾”的要求，以新发展理念为引领，从国情出发，把握国际趋势，与时俱进，改革创新，不断提高教师教育的质量和水平。

## 三、当前我国教师教育的困惑与出路

改革开放以来，我国在教师教育改革方面采取了一系列的政策和措施，取得了一定成效。但随着改革进入深水区，一些矛盾和问题也逐步凸现。当前我国教师教育方面存在的主要问题与困惑是：在构建现代教师教育体系过程中，盲目照搬西方教师教育的一些做法，出现水土不服；在办人民满意教育的期盼下，优秀学生不愿报考师范、优秀人才不愿当教师；在推进教师专业化的形势下，对非师范毕业生参加教师资格考试不设门槛；在师范生源质量总体不高的情况下，开展中小学卓越教师培养；在教师教育市场化的背景下，简单压缩师范生招生规模；在教师教育一体化的目标下，教师职前培养与职后培训仍是两张皮。面对教师教育中存在的问题和困惑，我们必须依据新发展理念，积极推进教师教育改革，引领教师教育新的发展。坚持政策导向，提高师范生源质量；创新培养机制，改进培养模式；弘扬师范传统，重拾“工匠精神”；优化培养结构，实现供需相对平衡；坚持质量标准，完善教师资格考试制度；开展专业认证，重构教师教育体系，促进教师培养的规范化和专业化。

教师教育是培养与培训师资的专业教育，是基础教育的工作母机。习近平总书记在同北京师范大学师生代表座谈时的讲话中指出："要加强教师教育体系建设，加大对师范院校的支持力度，找准教师教育中存在的主要问题，寻求深化教师教育改革的突破口和着力点，不断提高教师培养培训的质量。"在"十三五"开局之年，我们要全面理性地审视我国教师教育的现状，在认真回顾总结"十二五"取得成绩的基础上，客观分析当前教师教育中存在的问题与困惑，采取切实有效的对策与措施，依据新发展理念，深化教师教育改革，为办好人民满意的教育奠定坚实基础。

## （一）当前我国教师教育存在的问题与困惑

改革开放以来，我国在教师教育改革方面出台了一系列的政策和措施，推进了教师教育标准化建设和教师培养大学化进程，开展了教师教育一体化探索，促进了教师教育专业化发展，取得了一定成效。但随着改革进入深水区，一些矛盾和问题也逐步凸现。我们认为，当前我国在教师教育方面存在的主要问题与困惑表现在以下几个方面。

### 1. 在构建教师教育体系过程中，盲目照搬西方教师教育的一些做法，出现水土不服

改革开放以来，我们学习借鉴国际上的先进做法和经验，建设中国特色社会主义，取得了伟大成就。办教育与经济社会发展一样，都必须遵循自身发展规律。教师教育需要学习借鉴西方发达国家的做法和经验，但必须从中国的实际出发，必须植根于中华民族的文化基因，而不能崇洋媚外，照搬照抄。教师教育的基本原理虽然是相通的，但由于各国具体情况不同，教师教育应当与本国实际相结合。然而在构建现代

教师教育体系过程中，我们盲目照搬西方教师教育的一些做法，出现了失误。如在教师教育大学化推进下，过早地取消了中师，结果一些地方出现了中职学校培养小学、幼儿园教师的现象；在教师教育一体化的推进过程中，进修学校和教育学院关停并转，结果使教师培训工作遭到削弱。由此，我国教师教育改革在一定程度上出现了脱离国情、不切实际、不接地气、盲目西化、水土不服的现象。

事实表明，我国教师教育改革之所以走了弯路，从根本上讲，就是因为没有从中国的国情出发，过早地取消中师，过快地实行转型，即所谓三级师范转向二级师范，而且是一刀切，不分东西部，不分城市和农村。这样做的结果是教师专业化水平不仅没有得到提升反而下降了。“我国师范教育转型的目的不明确，科学论证不够，条件准备不足，与提高师资质量的要求背道而驰。”①因而导致当前我国存在师范院校、综合院校、职业院校三轨和中专、大专、本科、研究生多级教师教育体系。顾明远先生指出：“我们的国情不能跟美国、英国相比，因为我们国家大，我们有 1200 万名中小学教师，如果没有专门培养教师的学校不行，还是要把师范院校办好。”②

2. 在办人民满意教育的期盼下，优秀学生不愿报考师范、优秀人才不愿当教师

“善之本在教，教之本在师”。只有优秀的教师，才能培养出优秀的学生，而优秀教师的培养需要有优质的生源来保证。改革开放以来，随着社会经济的发展，人民群众对优质教育的需求越来越迫切，家长都希望自己的孩子受到最好的教育，这是社会进步与发展的标志，无可厚非。改革开放初期，师范院

① 顾明远.中国教育路在何方：教育漫谈[J].课程教材教法，2015(3).

② 李新玲.顾明远历数师范教育改革犯下的错[N].中国青年报，2015-06-29.

校提前录取，师范生源质量比较好，这些毕业生目前都是基础教育领域的骨干教师，即使离开教育领域的，也都是其他行业的精英人才。当下人们怀念的“难忘一代中师生”，就是指当年中师培养的一批优秀师范生，他们文理兼修，体艺兼备，专业功底扎实，综合素质较高。

但随着高等教育大众化的推进，师范院校保护性的优惠政策被取消，师范毕业生就业困难，出现了优秀学生的家长不让其报考师范院校的现象，即“人们一方面希望有好老师教孩子，一方面高考考了高分却又不想上师范类院校”[①]。因而导致师范生生源质量和培养质量总体上呈下降趋势。一些用人单位反映，“如今，新入职教师的学历越来越高，但从专业素养看，他们的‘三字一话’（钢笔字、毛笔字、粉笔字、普通话）、阅读、教育写作等教学基本功，尤其是敬业精神，普遍感觉大不如前。正如有人戏言，这样的教师‘有文凭，少能力；有知识，少文化；有牌子，少里子’”。[②]全国人大代表、北京教科院吴正宪指出：近年来，“实际上来应聘的教师很多，但是师范类毕业的学生供不应求，学校对师范类学生的需求量大，而招上来能够立刻独立顶岗的专任教师不足”。新招上来的教师是非师范院校毕业的，这些老师上手慢，不能独立带班，校长对此很头疼。[③]

3. 在推进教师专业化的形势下，对非师范毕业生参加教师资格考试不设门槛

近年来，教育部相继颁布了《教师教育课程标准》《中小学教师专业标准》，加强教师教育标准化建设，积极推进教师专业化，努力建设一支高素质专业化的教师队伍；而另一方面，

① 袁涛，等.办好教育，师资质量怪圈如何突破[N].新华日报，2015-02-01.
② 周建国.师范教育要真正姓“师”[N].中国教师报，2016-05-11.
③ 刘博智，柯进.47%一个被误读的数据[N].中国教育报，2016-03-05.

教育部又印发了《中小学教师资格考试暂行办法》《中小学教师资格定期注册暂行办法》，要求在试点的基础上，从2015年起全面实施。非师范类毕业生可以与师范类毕业生一样参加教师资格考试(简称“国考”)。但对非师范类毕业生参加“国考”没有设置相应条件，如规定修完一定的教师教育课程学分，参加一定期限的教育实习等。这种制度设计对于教师教育体系无疑是一种致命打击，上不上师范都一样，实际上是摧毁了教师教育体系，师范教育的优势丧失殆尽。我们应该看到“国考”有其积极意义的一面，它对师范毕业生的质量是一种检测，对教师培养院校提高培养质量是一个促进。但人们不禁要问，既然教师与医生都是专业性职业，医学类毕业生的医生任职资格为什么不进行“国考”，非医学类的毕业生为什么不通过“国考”取得医生任职资格证书？这里就涉及一个关键问题，教师是不是一个专业，教育科学理论对教师的专业素质和核心素养是否重要和必要。一个没有经过教师专业课程学习和训练的非师范毕业生仅仅通过笔试和面试就能取得教师职业资格证书，是对教师专业化的否定。它意味着只要达到规定的学历和具有一定的知识就可以当教师。然而“坚持教师教育的开放性，并不是说任何人都能当教师”①。而且教师的职业情感、职业技能、职业素养是需要经过职前和职后的长期培养才能形成，教师不是考出来的。

4. 在师范生源质量总体不高的情况下，开展中小学卓越教师培养

为了改变师范生源质量和教师培养质量总体下降的趋势，2014年教育部印发了《关于实施卓越教师培养计划的意见》。其关键词是“卓越”。对于“卓越教师培养”，可以有两种理解：一是“卓越的教师培养”，二是“卓越教师的培养”。《意

① 顾明远.中国教育路在何方：教育漫谈[J].课程教材教法，2015(3).

见》的印发对于培养院校改革现有教师教育，开展"卓越的教师培养"，改进培养模式，优化培养过程有其积极意义。而对于什么是"卓越教师"，怎样培养"卓越教师"，还需要认真研究并在理论与实践的结合上给予回答。但有一点是肯定的，没有优质的师范生源何来卓越教师？如何培养出卓越教师？正如"没有好的树苗，怎么能长成参天大树"呢？因此，如果没有具体措施改善师范生源质量，培养卓越教师至多只具有初始价值，只是一种理想化的目标而已。

真正培养卓越教师首先需要从生源上考虑，在招生环节通过制定政策、建立制度给予保障，如这几年实施师范生免费教育的院校，通过不断优化培养过程，创造最好的条件，把最好的教师资源用于师范生的培养，开展卓越的教师培养，取得了显著成效；而对于生源二流、三流的培养院校提出培养卓越教师的要求显然是天方夜谭。而且，教师的培养、教师的成长是一个过程，需要经历新任教师、合格教师、优秀教师和卓越教师等阶段。在师范院校的职前培养阶段，最多是培养未来卓越教师的一些潜质，卓越教师更多的是在教育实践中不断成长发展的；而且在师范院校时的优秀并不代表以后就一定优秀，卓越教师的成长是一个凤凰涅槃的过程。因此，将职前教育的培养目标定位为培养专业成熟度很高的卓越教师太过理想化，是不切实际的伪命题，是违背教师养成规律的。我们应将卓越教师培养作为教师教育的终极目标，同时根据教师专业发展不同阶段的特点，提出分阶段的具体目标。①

5. 在教师教育市场化的背景下，简单压缩师范生招生规模

教师教育的市场化、开放化意味着师范生就业必然是供大于求。从保障教师队伍质量的角度来看，教师培养的规模

---

① 王树洲.教师教育效果不佳原因何在[N].中国教育报，2016－01－04.

要适当地大于岗位需求，使招聘教师有更多的选择性，保证这个行业有一定的竞争性。但是师范生就业率的合理区间究竟是多少？这需要研究。前几年就有专家提出师范类毕业生40％在教育系统就业的就业率是可行的。[①] 因为师范类毕业生也面临着越来越多样化的选择，师范类毕业生到其他行业、领域就业并不少见。最近有媒体报道，全国每年毕业的师范生有60多万人，但基础教育的师资需求只有25万人，因此，就提出要压缩师范生招生规模。[②] 同样，在我国高等教育大众化的背景下，非师范类毕业生的就业率也并非是100％，也是供大于求。法学院的学生毕业也不一定当律师，新闻专业的学生可以从事“泛媒体”工作，那么是否可以得出要削减非师范类院校招生规模的结论呢？

我们认为，师范类招生规模是需要调控，但这必须系统设计和整体规划。正如著名学者朱旭东教授指出的，“别小看师范教育调整的复杂性”，[③]它涉及教师教育院校的布局结构、专业的招生结构、师范类专业与非师范类专业毕业生在教育系统就业的比例以及不同学科、不同学段、不同学历、不同区域等方面的结构性问题，情况比较复杂。仅就当前教师队伍的结构性矛盾来看主要表现在三个方面：一是区域性短缺，边远农村地区师资不足、质量不高；二是学科性短缺，边远农村地区存在部分学科师资配置不到位的问题，如音体美、信息技术、外语等学科缺少教师；三是学段性短缺，由于近年来学前教育的快速发展，全国幼儿教师总体数量不足的问题仍没有完全解决。因此，教师教育也需要推进供给侧结构性改革。

---

① 杨丽娟，靳晓燕．师范类毕业生超半数不从教，正常吗？[N]．光明日报，2012-10-31.

② 晋浩天．师范类教育将控规模提质量[N]．光明日报，2015-11-01.

③ 朱旭东．别小看师范教育调整的复杂性[N]．中国教育报，2015-10-15.

### 6. 在教师教育一体化的目标下，教师职前培养与职后培训仍是两张皮

2001年国务院颁布的《关于基础教育改革与发展的决定》提出：要“完善以现有师范院校为主体，其他高等学校共同参与、培养培训相衔接的开放的教师教育体系”。它标志着师范教育从独立走向开放，从培养与培训分离走向培养培训一体化。过去偏重于教师培养和师范院校的“师范教育”概念，逐步转变为包括教师培养培训在内的“教师教育”。从“师范教育”转向“教师教育”，其本意就是要在终身教育理念引领下，实现教师职前培养与职后培训有效衔接的一体化。然而事实上，由于在实践中缺乏有效的机制和平台的支撑，这个问题并没有从根本上得到很好解决，教师的职前培养由师范院校实施，教师的职后培训由教育行政部门策划组织，职前培养与职后培训两段分离，仍然是两张皮，仍然是“各敲各的锣，各打各的鼓”。就是在师范院校内部负责教师职后培训的继续教育学院也没有与负责教师职前培养的教务处进行有效衔接，设计出教师职前职后一体化的培养方案，更不用说师范院校与各地教师进修院校（有的现在整合后称之为“教师发展中心”）之间的融合与对接了，这严重地影响了教师教育的整体性、系统性、连贯性，使教师职后培训工作存在着较大的盲目性和随意性。目前的《中小学教师专业标准》也只是合格教师的标准，对教师专业发展的各个阶段还缺少整体规划和具体要求。

当前我国教师教育存在的这些问题与困惑，究其原因，一是对教师教育在整个教育发展中以及在国家和民族发展中重要战略地位的认识不够清楚，因而重视不够，在实际工作中将教师教育的战略地位变成了“略占地位”。二是对教师专业化没有形成共识，对师范院校的特殊性认识不足，一些人还存在着“什么人都可以当教师，什么机构都可以培养教师”的模糊认识，因而对师范院校的发展支持不够。三是对教师教育的

特点与规律把握不够准确，没有做好教师教育改革的总体规划和顶层设计，而是“头痛医头，脚痛医脚”，缺乏整体性和系统性，存在碎片化和随意性，因而有些改革举措自相矛盾，不切实际，影响了教师教育改革的全面与深化。四是教师教育的有些改革举措设想很好，但是措施不配套，没有在落细、落小、落实上下功夫，没有打通“最后一公里”，缺乏“踏石留印、抓铁有痕”的精神，因而效果很有限。当前我国教师教育中存在的这些问题与困惑，正是我们深化教师教育改革的突破口和着力点。

### （二）我国教师教育改革发展的对策与建议

教师是教育中最核心的因素。没有好的教师群体，就不可能培养出高质量的优秀人才。教师教育承担着教师职前培养和职后培训的重要任务，是发展基础教育第一位的工作。面对教师教育中存在的问题和困惑，我们必须依据新发展理念，遵循教师教育的特点与规律，坚持问题导向和实践取向，坚持在研究教师教育中培养教师，积极推进教师教育供给侧结构性改革，引领教师教育新的发展。

1. 坚持政策导向，提高师范生源质量

教师的素质直接关系到一个国家的教育质量，如果教育吸引不了优秀教师，优秀的人才总想着“逃离”教育，是否应该有所反思？联合国教科文组织发布的《全民教育全球质量检测报告》提出，教育质量绝对不可能超越教师的质量而存在，优质的教师教育体系是高质量教育体系的核心组成部分。报告显示，全球的政策制定者都在关注同一件事，那就是为了吸引和留住优秀教师，除了需要改善教师队伍的培养、合理配置教师以外，还必须以恰当的薪资加强激励，铺设更有吸引力的职业道路。当教师的发展越来越受到全社会关注之时，教师这个职业对于年轻人的吸引力，却并未显示出明显的上升趋势。[①]究其原因既有人们思想观念的因素，但关键还是因为教师的社会地位和经济待遇不高。人们虽然也知道“有好的教师，才有好的教育”，也懂得“教育大计，教师为本”，但还仅仅停留在口号层面，没有真正采取切实有效的措施将其上升为国家战略。如果教育人的人都是二流、三流人才，很可能造成世代累积，使得教育总体水准逐年下降。肯尼迪总统也说过：“一个国家的发展不可能比我们在教育上的进步更快。”世界上没有哪个国家教育先进而经济社会发展是落后的。政府部门要从国家和民族的长远考虑，高度重视和支持师范教育发展，制定相关政策，切实提高师范类生源的质量，努力让最优秀的人才来做教师，这也是社会进步与发展的标志。[②]

增强师范教育的吸引力，关键在于提高教师的社会地位和物质待遇，使教师成为有魅力、受尊敬、受欢迎的职业。因此，“须尽快立法，明确中小学教师的公务员身份，以保障广大中小学教师稳定、优越的身份地位及其各项权益”。[③] 同时，要改进师范招生办法。实施国家招生、定向招生、提前批次招生、按需招生、标准招生、面试招生等多种类、多形式的招生制度，[④]切实提高师范院校生源质量。

2. 创新培养机制，改进培养模式

根据当前师范院校职前培养中的存在问题，切实改进培养模式，优化培养过程。舒尔曼认为，教师教育的知识基础在于如何将学科知识和教学法知识植根于新手教师的心灵。既

① 姜澎，钱钰.优秀人才缘何不愿当教师[N].文汇报，2016-03-11.

② 袁涛，等.办好教育，师资质量怪圈如何突破[N].新华日报，2015-02-01.

③ 顾明远.关于提升我国中小学教师质量的思考：基于世界各国的政策经验[J].比较教育研究，2014(1).

④ 朱旭东.论当前我国教师教育存在的十大问题及其解决途径[J].当代教师教育，2012(3).

要使新手教师懂得“教什么的知识”，又要懂得“怎么教的知识”，即既要掌握本体性知识，又要掌握条件性知识和实践性知识。要以“学思结合、知行统一、因材施教”为原则，优化培养过程，改革课程教学内容和教学方法，增强培养的适应性和针对性。要把教师教育融入当地的基础教育，建立高等学校与地方政府、中小学（幼儿园）联合（简称“U－G－S”模式）培养教师的新机制，推进高等学校内部教师教育资源的整合，促进教师培养、培训、研究和服务一体化，这是优化教师培养过程的关键所在。

改进培养模式，需要提高教育实践质量。教师是一种实践性职业。反思型教师教育观认为，教学是一种情境性的实践，具有复杂、不确定、多变的特点，教师不是简单的知识传授者，是反思型实践者。教育领域体验与临床实践的效果是教师教育成功与否的最重要和最具影响力的因素。因此，要认真贯彻教育部《关于加强师范生教育实践的意见》，采取观摩见习、模拟教学、专项技能训练、集中实习等多种形式，丰富师范生的教育实践体验；要整合教育实践的指导力量，师范院校教师和中小学教师相互配合、取长补短，共同指导师范生的教育见习、实习，提升教育实践效果。

改进培养模式，需要区分层次和类型。不同层次的学校、不同类型的教育对教师专业素养有不同的要求，不同的培养目标有其不同的培养模式，针对当前不同学段教师培养模式存在的同质化倾向，要分层次确定培养院校、培养规模、培养专业、培养标准。①

改进培养模式，需要职前与职后相互衔接。要创新教师教育的体制机制，从机构设置上予以考虑，实现两者的融合，并进行考核和评估；要从制度层面整体规划教师的职业生涯，

① 管培俊.中国教师队伍建设研究[M].北京师范大学出版社，2012：300.

制定各个阶段教师专业发展的标准和要求，并设置相应的课程和学分。

3. 弘扬师范传统，重拾“工匠精神”

我国的师范教育已有一百多年的历史。师范教育在长期的办学实践中积累的具有中国特色的优良办学传统和经验，深深地扎根于中国优秀传统文化沃土之中，是中国教育史上不可忽视的、不可替代的宝贵财富。尤其是当年的中师教育更是师范教育中的瑰宝。在构建现代教师教育体系中，要认真总结发扬中师的历史经验，这对于小学教师的培养依然具有重要的现实意义。

中师的优良传统从本质上讲是一丝不苟、精益求精、追求卓越的精神，也就是李克强总理强调的“工匠精神”。具有工匠精神的教师将教育作为终身事业，专注、执着于教育教学，力求教育教学工作的精细、完美，并在此过程中体验幸福。于漪“一辈子做教师，一辈子学做教师”，是工匠精神；苏霍姆林斯基在《给教师的一百条建议》中提到一位历史老师“对每一节课，我都是用终生的时间来备课”，是工匠精神；甚至于教育教学中的某项绝技，如在黑板上反手画圆、随手画地图、能用二十种语言说“你好”、能在开学一周内记住所有学生的姓名等，也体现了工匠精神。[①] 因此，在教师教育改革中要弘扬师范优良的办学传统，重拾工匠精神。要注重师范生职业情意培养、职业技能训练、行为规范养成以及学校精细管理和师范文化建设，不断提高师范生培养质量。

4. 优化培养结构，确保供需相对平衡

推进教师教育供给侧结构性改革。在基础教育全面普及和教师教育开放化的形势下，中小学教师队伍的供求关系发生了根本性变化，但这些年的师范招生计划总体上讲是处于

① 王加强.教师教育：重拾“工匠精神”[N].中国教育报，2016-04-28.

盲目无序的状态。因此，要在省域范围内对中小学和幼儿园的师资需求作认真、周密的调查研究，按照学科需求、城乡特点制订中长期教师队伍建设规划和编制年度招生计划，把师范生教育的质与量和基础教育需求对接起来，实行供需匹配、按需培养、渐序发展。教师教育是国家的事业、政府的责任，教师教育问题不是通过市场机制能够解决的，而需要政府进行调控。

优化培养结构，实现中小学教师培养的供需相对平衡，就要把有限的教师教育资源真正运用到高质量的教师培养中，需要在政策制度层面进行整体设计。要积极推进地方师范院校实施师范生免费教育，吸引优秀青年读师范，鼓励优秀人才当教师。① 我们要从“师范教育可以兴邦”的战略高度，调整教师教育的政策和制度。当前，在实施国家《乡村教师支持计划(2015—2020年)》中，各地实行订单式定向培养的做法值得肯定和期待。

5. 坚持质量标准，完善教师资格考试制度

教师资格证书制度是19世纪初在工业革命之后的西欧各国中首先实施的。当时由于工业生产发展的需要，各行会实行行业技术资格证和技术职称制度。后来教师行业也随之实行起来。教师资格证书是衡量学校教师的质量与素质、进行教师数量供需调节的重要标准。自1995年我国根据《教师法》和《教师资格条例》规定实施教师资格制度之后，教师入门条件有了法律保障；但教师资格认证制度所规定的入职门槛过低，使教师资格证书在社会上缺乏公信度。为此，教育部印发了《中小学教师资格考试暂行办法》《中小学教师资格定期注册暂行办法》的通知，在试点的基础上，从2015年起全面实施。根据规定，非师范类毕业生可以与师范类毕业生一样参

① 黄正平.构建现代小学教师教育体系的思考[J].人民教育，2011(2).

加教师资格考试，但对非师范类毕业生参加“国考”没有设置相应条件。

发达国家对有志于做教师的学生，要求须学习规定学分的教育课程（包括教育实习）。还有的在读完大学课程后，再学习一年教育课程，即念完 5 年大学课程后才能取得教师资格证书。① 我国的教师资格认证要求和发达国家相比，对实践经验的要求偏低。教师资格考试后还要有配套的上岗培训，以及后续的跟进检测乃至监督淘汰机制，以形成围绕教师资格考试的一整套的教师养成系统。② 这样，才能切实改进目前“只考不育”的教师资格考试制度。

6. 开展专业认证，重构教师教育体系

1999 年，中共中央、国务院《关于深化教育改革全面推进素质教育的决定》明确提出“鼓励综合性高等学校和非师范类高等学校参与培养、培训中小学教师的工作，探索在有条件的综合性高等学校中试办师范学院”。进入新世纪后，我国开始构建开放灵活的教师教育体系，教师教育初步实现了从三级师范向两级师范过渡，进入高等教育行列。但由于缺乏国家层面和省级政府层面的教师职前培养质量标准和评价体系，缺乏教师职前培养的质量保障规范和准入门槛，教师培养院校的办学水平参差不齐。一些综合性院校出于成本和利益考虑也加入教师职前培养行列，有的办学不够规范，质量难以保证；而一些师范院校也在积极推进综合化发展，大力发展非师范类专业，师范专业所占比例越来越小，存在着师范与非师范培养趋同、教师培养目标不明晰、师范教育特色不鲜明等现象，不能主动适应基础教育课程改革和高素质专业化教师队伍建设的需要。尤其是一些中职学校也在培养小学和幼儿园

---

① 苏真.比较师范教育[M].北京师范大学出版社，1991:342.

② 陆一.教师是养成的，不是考出来的[N].中国教育报，2014-05-22.

教师，其生源质量和培养质量可想而知。因此，需要通过专业认证标准规范教师培养工作，引领教师教育专业建设和内涵发展，提高师范院校培养质量。

2012年，教育部出台了《幼儿园教师专业标准（试行）》《小学教师专业标准（试行）》《中学教师专业标准（试行）》等教师职前培养质量评价的相关标准。《标准》从“专业理念与师德”“专业知识”“专业技能”三个维度出发，对我国中小学教师专业标准的13个领域提出了基本要求和规范，为中小学教师培养、准入、培训、考核等工作提供了重要依据。

标准本位教师教育观认为，教师教育的主要目标是培养优质教师，要充分考虑标准导向、政策保障、各方参与、评价测量的作用，以实现教师教育目标，满足社会对优秀师资、优质教育的需求。因此，要根据师范院校的目标任务，从专业定位、课程建设、教育实践、教师素质、办学条件、学生发展以及教师教育（职前培养与职后培训）一体化等方面确定专业认证标准，为推进教师教育现代化建设、实现优质化办学提供保障机制。

专业认证要区分层次。教师教育虽然都是为基础教育培养师资的，但不同学段的教师有其不同的专业特点和专业标准，要根据幼儿园、小学、初中、高中等基础教育阶段不同层次的学校、不同类型的教育对教师专业素养的不同要求，对培养院校分层次进行专业认证。在此基础上实行优胜劣汰，形成科学合理的师范教育办学格局，并根据《乡村教师支持计划（2015—2020年）》提出的要求，“整合高等学校、县级教师发展中心和中小学校优质资源，建立乡村教师校长专业发展支持服务体系”，促进教师培养的规范化和专业化。

## 四、建设师范文化:教师教育的使命与责任

> 师范文化是师范教育的灵魂和精神。振兴新时代教师教育,必须加强师范文化建设,这是教师教育应当追求的价值取向,是教师教育应该担当的使命与责任。以中师教育为例,师范文化的特点是:特别注重未来教师职业道德的养成教育,特别注重未来教师职业情感的体验教育,特别注重未来教师职业技能的实践教育。师范文化对师生的思想和行为具有价值导向功能,凝聚激励功能,行为规范功能和心理优化功能。师范院校要遵循师范文化建设的特点和规律,增强自觉性、坚持方向性、把握整体性、体现渗透性、注重创新性。

习近平总书记在党的十九大报告中指出:"文化是一个国家、一个民族的灵魂。文化兴国运兴,文化强民族强。"①改革开放以来,党和国家高度重视教师队伍建设,取得了显著成绩。但随着高等教育大众化的推进,师范教育一些保护性政策取消后没有相应的政策措施予以配套,一些师范院校纷纷更名、脱帽,向综合性大学看齐,师范教育被边缘化,师范性被淡化,师范文化被弱化,直接影响到师范生的培养质量和未来教师的专业素质。因而今天人们在深入反思的基础上,提出要"重建师范教育","振兴教师教育"。也正因为如此,党的十九大之后,新一届党中央深改小组通过的第一个教育文件就

---

① 习近平.决胜全面建成小康社会夺取新时代中国特色社会主义伟大胜利——在中国共产党第十九次全国代表大会上的报告[M].北京:人民出版社,2017:40.

是《全面深化新时代教师队伍建设改革的意见》，把教师队伍建设作为教育事业最基础、最重要的工作来抓。师范文化是师范教育的灵魂和精神。当前教师教育中存在问题的原因尽管是多方面的，但淡化和弱化师范文化是一个重要因素。因此，振兴新时代教师教育，必须加强师范文化建设，这是教师教育应当追求的价值取向，是教师教育应该担当的使命与责任。

### （一）理解师范文化：内涵特征

人总是生活在文化中。师范文化属于学校文化范畴，是一种具有师范特色的文化；师范特色的文化是指学校文化的“师范性”，是区别于其他教育形式而又发展着的特殊规定性。师范文化是师范院校专业思想、职业道德、行为规范、职业素养等方面在学校教育教学和各种活动中的集中反映，并由此孕育、建构、彰显的学校文化。① 师范文化是一种引领、激励师范生努力成为一名合格教师，自觉履行“教书育人、为人师表”职责的文化。因此，师范院校“对师范生的道德要求就更高。教育，不仅要言教，还要身教；不仅要立己，还要立人。”②

当年的中师教育是被社会所公认的，当时曾有“全国教育学中师”的美誉。中师校风好、学风浓、质量高，培养的学生思想品德优良、专业本领过硬、艺体素质全面，而深受社会欢迎和用人单位好评，成为支撑我国基础教育的骨干力量，为我国基础教育的改革发展和高素质人才培养作出不可磨灭的贡献。以至于这些年来，人们一直有“难忘一代中师生”的回忆和感叹，表达的是一种对中师优良教育传统的向往和诉求。

---

① 王建平.论中师教育传统的当代价值[J].教师教育研究，2016(4).

② 温家宝.温家宝谈教育[M].北京：人民出版社、人民教育出版社，2013：342.

而当年中师教育的优良传统和成功经验之一，就是十分重视师范文化建设，走进中师校园能给人一种为之振奋、催人奋进的感觉，传递的是一种积极进取、奋发向上的正能量。

这里以八九十年代的中师教育为样本，论述师范文化所具有的特点。在当年的师范学校里，师范文化的氛围很浓郁，在物质文化建设方面，重视校园绿化美化和人文环境营造；在制度文化建设方面，加强常规管理，注重管理的规范化、精细化；在精神文化建设方面，注重校风教风学风建设，积淀了深厚的文化底蕴，养成了有利于师范生健康成长和发展的良好风气。其基本特征主要体现在以下三个方面。

一是特别注重未来教师职业道德的养成教育。教师是学生健康成长的指导者和引路人，师范生是未来的教师。因此，师范学校有严明的制度和纪律，特别注重师范生行为规范的养成教育，着力培育师范生的优良品性和教师气质。在师范学校里人们形成共识的师范文化理念是“师范无小事，事事是教育；教师无小节，处处作楷模”。强调“学为人师、行为世范”，对师范生的言谈举止、行为仪表等都有明确具体的要求，制订了师范生日常礼仪规范并检查督促、考核奖惩，努力使学校的常规变成规范、使规范成为习惯、使习惯成为自然。师范学校在办学实践中积极倡导“为人师表今日始，两代师表一起抓”，教师以身作则、言传身教，时时处处为师范生作表率，促进了师范生品德素养的有效提升。

二是特别注重未来教师职业情感的体验教育。职业情感是教师对教育教学工作的一种深厚感情。师范学校的宣传橱窗及走廊里贴满了教育格言、警句和教育家的肖像，隐含着师范生的身份意识与未来成长的潜在方向；通过组织师范生参加各种活动型课程，拓宽知识视野，培养职业意识，巩固专业思想；通过组织师范生参加教育实践，包括定期下小学、教育调查、教育见习和实习等，使他们了解儿童，熟悉小学，体验教育，培养师范生稳固而深厚的教师职业情感和教育性向。师范学校在长期的办学实践中积淀了深厚的文化底蕴，凝练成校训、校风、教风和学风，体现了师生共同的精神向往、价值追求和办学传统，从而成为激励他们自我完善、不断进取的精神力量。

三是特别注重未来教师职业技能的实践教育。教师要具有全面而较强的职业技能，才能全面适应并顺利完成中小学教育的各项任务。中师教育特别注重师范生职业技能的训练，使他们学有所长、学有所专、教人有方。在校园里都会看到“请讲普通话，请写规范字”的温馨提示；要求师范生在艺术方面有所专长，能歌善舞、吹拉弹唱，能适应儿童活泼的天性；要求师范生掌握“三字一话”（即钢笔字、毛笔字、粉笔字、普通话）教学基本功。教室里书声琅琅、艺术楼里歌舞飞扬、书画室里翰墨飘香，是中师里一道独特的风景，彰显着师范生苦练扎实基本功的良好形象。师范生毕业前都要向社会和用人单位进行展示汇报，检阅每一个师范生在校的学习成果和作为一名教师的专业素养。

### （二）认同师范文化：功能探析

文化是一种教育因素。师范文化的重要意义和作用，在于对师范生潜移默化的熏陶和影响。从文化学的角度来看，师范文化反映的是师范院校师生的价值标准，它对师生的思想和行为具有以下四项功能。

一是师范文化具有价值导向功能。师范院校是培养未来教师的场所，师范文化应紧紧围绕师范院校的培养目标、教育特点和人才培养的规律，以社会主义核心价值观为指导，体现社会主流文化的价值取向，体现国家和社会对师范生成长发展的要求和期望。师范文化的价值导向应渗透在师范院校的各个方面，形成一种具有强大约束力的精神氛围，具有鲜明的价值导向功能，它把对师范生的行为规范养成教育、教师专业思想教育、教师职业道德教育寓于各种具体可感的教育教学情景中和丰富多彩的活动中，帮助师范生建立起符合教师职业特点和新时代要求的世界观、人生观和价值观。

二是师范文化具有凝聚激励功能。师范文化的凝聚功能，主要是指通过文化特有的影响力，使师范生对教师职业产生归属感和认同感。师范文化能够凝聚师范生的价值取向，形成明确的发展目标，并在师范生头脑中由浅入深，由感性到理性，逐渐凝聚成较稳定的观念形态和心理定势。师范文化激励功能的发挥，可以有效地激发师范生的职业情感和学习动力，激励他们振奋精神，团结向上，从而促进师范生专业素质的有效提升。

三是师范文化具有行为规范功能。个体的思想信念，道德情操和行为习惯总是在一定的社会环境中形成的。师范文化可以陶冶师范生的情操，净化他们的心灵，养成他们高尚的道德品质和行为习惯。师范文化作为师范生生活于其中的、可知可感、具体生动的一种微观社会环境，有利于陶冶、塑造师范生的高尚情操、优良品德和行为习惯。

四是师范文化具有心理优化功能。从心理学的角度分析，文化育人就是人的文化心理结构的建构，是文化图式的建构。师范文化对于师范生的生理与心理健康具有积极的影响，师范生通过学校和谐的心理氛围、良好的人际交往，得到鞭策和鼓舞，强化道德认同感，增强集体组织强度。师范院校通过加强师范文化建设，能给师范生一种高尚的主流文化享受和催人奋发向上的心理感觉和激励作用。

文化影响人格，人格左右行为。师范文化为师范生人格的形成提供了得天独厚的不可替代的文化资源。重视师范文化建设，充分利用师范文化资源，是发展师范生健康人格的重要途径。因此，经过多年的师范文化的涵濡浸渍“使学生对教育实践的兴趣油然而生，对教育事业的敬仰日益坚定。”①

### （三）建设师范文化：基本策略

振兴新时代教师教育，师范院校要深刻认识建设师范文化的价值、意义和功能，遵循师范文化建设的特点和规律，努力担当起建设师范文化的使命与责任，其基本策略和思路主要有以下五个方面。

一是要增强师范文化建设的自觉性。文化既是一种有，是一种真实的存在，随时随地都存在于我们的周围；但同时文化又是一种“无形”的“有”，是一种弥散性的“有”，看不见，摸不着。文化是一种“隐蔽性”存在。文化既是教育之根，也是教育的手段，师范文化随时随地影响着师范生的成长发展。教育不是一种价值无涉的活动，而是一种广受价值左右的活动，要增强文化自觉、加强价值引领。因此，师范院校要充分认识师范文化的重要性，增强师范文化建设的自觉性。

“时代是思想之母，实践是理论之源”。文化自觉是一种责任担当。要根据我国经济社会发展的新形势、基础教育改革的新要求、教师教育发展的新趋势，切实加强师范文化的理论研究与实践探索，从而形成新时代具有中国特色的师范文化。

二是要坚持师范文化建设的方向性。文化是一种“多样性”存在。由于文化是一定社会经济政治的反映，因此，文化是多元的、多样的，有先进文化与落后文化、东方文化与西方文化、古代文化与现代文化，等等。加强师范文化建设，师范院校要坚持党的领导，确保新时代中国特色社会主义的办学方向，用习近平新时代中国特色社会主义思想武装师范生头脑，不忘初心、牢记使命、砥砺前行。党的十九大报告指出：

---

① 温家宝.温家宝谈教育[M].北京：人民出版社、人民教育出版社，2013：13.

“社会主义核心价值观是当代中国精神的集中体现，凝结着全体人民共同的价值追求。”①因此，在经济全球化、价值多元化、信息网络化的时代，师范院校要弘扬承载民族精神和时代精神的优秀、先进文化，抵制腐朽、落后文化。在多元中立主导，在多变中把方向，在多样中谋共识。

师范文化建设既要传承我国师范教育优良传统，又要学习借鉴发达国家教师教育经验，处理好传统与当代、本土与国际的关系，既不妄自菲薄，也不妄自尊大，做到不忘本来，吸收外来，面向未来，坚持师范文化的中国特色，坚定师范文化的教育自信。

三是要把握师范文化建设的整体性。文化是一个有机的整体，是一种“整体性”的存在。但根据研究、工作、教育的需要，可以对文化进行种种划分。从文化的形态上对其结构进行分析，可划分为物质文化、制度文化和精神文化，其中，物质文化是文化的基础，制度文化是文化的纽带，精神文化是文化的核心。在师范文化建设的物质文化方面，师范院校要注重物态环境的优化美化、文化氛围的营造；在制度文化方面，师范院校要注重建章立制、行为规范；在精神文化方面，师范院校要注重价值引领、人格塑造。但在现实中，文化是一个水乳交融、不可分离的整体，文化形态的三个方面是相互联系、相互渗透的。因此，师范院校要把握师范文化建设的整体性。

四是要体现师范文化建设的渗透性。文化对人的影响是耳濡目染的、潜移默化的，是一种“渗透性”的存在。师范院校要通过加强物质文化、制度文化、精神文化建设，营造浓郁氛围，从而形成师范特色的文化品位和风格，使师范文化“无处

---

① 习近平.决胜全面建成小康社会夺取新时代中国特色社会主义伟大胜利——在中国共产党第十九次全国代表大会上的报告[M].北京：人民出版社，2017：42.

不在、无时不有”，像空气一样渗透在、弥散在校园环境中感染和濡化学生，产生“随风潜入夜，润物细无声”的积极影响。因此，师范院校要注重师范文化建设的渗透性。

五是要注重师范文化建设的创新性。建设师范文化必须坚持传承与创新相结合。文化是精神传承的结果，创新必须在传承的基础上进行。师范文化建设要在传承和弘扬中华民族优秀传统文化和我国师范教育尤其是中师文化优良传统的基础上，与时俱进，在传承中创新、在建设中发展。师范文化塑造的是师范精神，师范精神具有继承和创新相统一的品质，既能从中看到优良的历史传统，又能感受到与时俱进的时代脉搏。当前要以习近平总书记关于“四有”（要有理想信念、道德情操、扎实学识、仁爱之心）好老师、教师要做学生“四个引路人”（做学生锤炼品格、学习知识、创新思维、奉献祖国的引路人）和坚持“四个相统一”（坚持教书和育人相统一，言传和身教相统一，潜心问道和关注社会相统一，学术自由和学术规范相统一）的要求为指导，赋予新时代师范文化建设的新内涵、新要求和新使命。

总之，振兴新时代教师教育，必须重建师范文化。师范院校要以党的十九大精神为指引，以培养担当民族复兴大任的时代新人为着眼点，增强文化自觉、坚定文化自信、充分发挥社会主义核心价值观对师范文化建设的引领作用，把社会主义核心价值观融入师范院校工作的各个方面，转化为师范生的情感认同和行为习惯，内化于心，外化于行。激励师范生努力成为中华民族“梦之队”的筑梦人，为建设教育强国，加快教育现代化，办好人民满意的教育贡献智慧和力量。

# 第二章　当代教师核心价值观研究

建设社会主义核心价值体系是党中央着眼于新时期形成全民族奋发向上的精神力量、团结和睦的精神纽带，着眼于增强民族凝聚力和国家软实力而作出的重大战略部署。从党的十六大至十七届六中全会，经过几次重要的集中论述，基本上已经形成了一整套比较完整的、系统的建设社会主义核心价值体系的思路。

党的十六届六中全会通过的《中共中央关于构建社会主义和谐社会若干重大问题的决定》明确指出，“马克思主义指导思想，中国特色社会主义共同理想，以爱国主义为核心的民族精神和以改革创新为核心的时代精神，社会主义荣辱观，构成社会主义核心价值体系的基本内容。”包括四个方面：统一指导思想、共同理想信念、强大精神力量、基本道德规范。

党的十七大进一步指出社会主义核心价值体系是社会主义意识形态的本质体现、要建设社会主义核心价值体系、增强社会主义意识形态的吸引力和凝聚力。

党的十七届六中全会通过的《中共中央关于深化文化体制改革推动社会主义文化大发展大繁荣若干重大问题的决定》，强调社会主义核心价值体系是兴国之魂、是社会主义先进文化的精髓、决定着中国特色社会主义发展方向，反映了我们党对中国特色社会主义建设规律取得新的重要认识，标志着我们党在把马克思主义基本原理同中国实际和时代特征相结合方面取得新的重要成果，标志着社会主义核心价值体系建设进入一个新的时期。

当时各行各业、各地区、各群体都在凝练具有行业特点、地方特色的核心价值观。如，当代革命军人核心价值观：忠诚于党，热爱人民，报效国家，献身使命，崇尚荣誉；文艺界核心价值观：爱国、为民、崇德、尚艺；载人航天精神：特别能吃苦、特别能战斗、特别能攻关、特别能奉献；青藏铁路精神：挑战极限，勇创一流。一些省区市也凝练了本地精神，如，北京精神：爱国、创新、包容、厚德；上海精神：公正、包容、责任、诚信；江苏精神：创业创新创优、争先领先率先；南通精神：包容会通、敢为人先；等等。

在此基础上，党的十八大提出，倡导富强、民主、文明、和谐，倡导自由、平等、公正、法治，倡导爱国、敬业、诚信、友善，积极培育和践行社会主义核心价值观。这与中国特色社会主义发展要求相契合，与中华优秀传统文化和人类文明优秀成果相承接，是我们党凝聚全党全社会价值共识作出的重要论断。富强、民主、文明、和谐是国家层面的价值目标，自由、平等、公正、法治是社会层面的价值取向，爱国、敬业、诚信、友善是公民个人层面的价值准则，这 24 个字是社会主义核心价值观的基本内容，为培育和践行社会主义核心价值观提供了基本遵循。

本章论述的内容：根据教师职业特点以及教师在教育工作中所要处理的主客体关系，凝练当代教师核心价值观。建构当代教师核心价值观是时代的呼唤、现实的需要，是教师履行教书育人职责的需要，是提升教师素质、促进专业发展的需要。建构当代教师核心价值观，需要厘清教师核心价值观与教育价值观、学校核心价值观、教师文化以及教师职业道德规范的关系。建构教师价值体系是凝练教师核心价值观的前提和基础，教师价值体系内容包括相互联系的价值观念：人生价值观、职业价值观、道德价值观、人际价值观和知识价值观。培育当代教师核心价值观，必须坚持应然与实然、共性与个性、传统与时代、理论与实践相统一的原则；培育当代教师核心价值观，必须坚持重在教育、在认知上下功夫，重在养成、在践行上下功夫，重在激励、在引领上下功夫。当代教师核心价值观与教师职业道德既有区别又有联系，教师职业道德是教师核心价值观的具体引申和展开，是培育当代教师核心价值观的重要基础；教师核心价值观是教师职业道德的基本依据和思想指导。厘清教师职业道德的含义和层次，明确教师职业道德的底线要求，增强教师依法执教的意识，对于弘扬时代主旋律，构建社会主义核心价值观具有十分重要的意义。

## 一、当代教师核心价值观：内涵凝练与依据分析

根据教师职业特点以及教师在教育工作中所要处理的主客体关系，当代教师核心价值观的内涵可提炼为：忠诚教育、关爱学生、教书育人、为人师表、严谨笃学。当代教师核心价值观的科学内涵，是教师职业所特有的，可以从历史与现实、理论与实践的维度得到体认。把握当代教师核心价值观科学内涵需要正确认识和处理好教师核心价值观与教育价值观、学校核心价值观、教师文化以及教师职业道德规范的关系。

党的十七届六中全会通过的《中共中央关于深化文化体制改革推动社会主义文化大发展大繁荣若干重大问题的决定》指出："社会主义核心价值体系是兴国之魂，是社会主义先进文化的精髓，决定着中国特色社会主义发展方向。"要求"把

社会主义核心价值体系融入国民教育、精神文明建设和党的建设全过程，贯穿改革开放和社会主义现代化建设各领域”。党的十九大报告指出：“社会主义核心价值观是当代中国精神的集中体现，凝结着全体人民共同的价值追求。要以培养担当民族复兴大任的时代新人为着眼点，强化教育引导、实践养成、制度保障，发挥社会主义核心价值观对国民教育、精神文明创建、精神文化产品创作生产传播的引领作用，把社会主义核心价值观融入社会发展各方面，转化为人们的情感认同和行为习惯。”教育是育人的事业，教师是特殊的职业。根据教师职业特点和社会主义核心价值体系的要求，凝练和培育当代教师核心价值观，对于贯彻落实党的十九大精神，建设高素质专业化的教师队伍具有十分重要的理论与实践意义。

### （一）当代教师核心价值观的内涵凝练

自教师职业产生以来，教师职业生活都是在其价值观的指导下进行的。因为“人在生活的各个方面都有价值观念，不是这样的价值观念，就是那样的价值观念，总会有一种价值观念为人所把握，总会有价值观念为他解释生活的意义。”教师价值观是教师在长期的教育实践中形成的教育对人的意义、作用、价值的总的看法和根本观点。虽然在不同历史时期和发展阶段的教师价值观有其不同的特点，但总有一些教师价值观的内容是恒久的、普遍的、基本的、共同的。因此，在加强社会主义核心价值体系教育的今天，需要总结提炼指向明确、持久有效、语言简洁的当代教师核心价值观。

根据教师职业特点以及教师在教育工作中所要处理的主客体关系，当代教师核心价值观的科学内涵可提炼为：忠诚教育、关爱学生、教书育人、为人师表、严谨治学。要求教师忠诚于党和人民的教育事业，甘为人梯，乐于奉献；关心爱护全体学生，尊重学生人格，公正对待学生；遵循教育规律，实施素质教育，促进学生全面发展；坚守高尚情操，淡泊名利，自尊自律；崇尚科学精神，诚实守信，终身学习，不断提高专业素养和学术水平。

当代教师核心价值观的这五个方面是相互联系的有机整体，是反映当代教师与教育事业、教育对象、肩负责任、自身要求、治学态度等方面关系最基本、最核心的价值观念，体现了我国教师的优良传统、时代发展对教师的要求以及教师价值追求的统一。其中，忠诚教育是教师核心价值观的前提，关爱学生是教师核心价值观的灵魂，教书育人是教师核心价值观的根本，为人师表是教师核心价值观的关键，严谨治学是教师核心价值观的保证。

### （二）当代教师核心价值观的依据分析

教师价值观的内涵十分丰富，如爱国守法、爱岗敬业、志存高远、奋发进取、终身学习、淡泊名利、团结协作等，都是非常重要的价值观，但有的是属于公民道德的价值范畴，有的是各行各业都应当具有的价值准则和价值取向。当代教师核心价值观的科学内涵，是教师职业所特有的，是可以从历史与现实、理论与实践的维度得到体认的。

1. 当代教师核心价值观的理论依据

（1）基于价值观的基本理论

马克思说："价值这个普遍的概念是从人们对待满足他们需要的外界物的关系中产生的。"价值是指客体对于主体具有积极意义，它能够满足人、阶级和社会的某种需要，成为他们的兴趣、意向和目的。价值是主体和客体之间的一种基本关系。价值观就是人们关于某种事物对人的作用、意义、价值的观点、看法和态度。

核心价值观是社会价值体系中起主导和支配作用的价值观，是一种社会制度长期普遍遵循的基本价值准则，它是整个价值体系中最基础、最核心的部分。从某种意义上看，核心价值观是一个人、一个集团乃至一个国家和民族长期秉承的一整套根本原则。价值观念体系能够成为核心价值观必须具备两个品格：一是必须体现人文精神的时代特征，二是必须赢得社会中大多数人的认同。

从价值观的基本理论来看，当代教师核心价值观的科学内涵是教师价值体系中起主导和支配作用的价值观，是教师这一职业长期普遍遵循的基本价值目标和价值准则，是整个教师价值体系中最基础、最核心的部分。

(2) 基于教师职业的专业属性

教育是传承人类文明的事业，教师是知识的传播者和创造者，是学生健康成长的指导者和引路人。当代教师核心价值观的科学内涵，也是由教师职业的专业属性决定的。

教师是一个专业性的职业。专业化是现代社会的一个重要特征，教师专业化表达的最基本的含义就是要把教学视为专业，把教师视为专业人员。作为专业人员，需要长期的专门训练，有较高的学历要求；需要专门的知识技能，教师不仅要有所教的学科专业知识，也要有教育专业知识和能力；需要把教学与研究融为一体，通过行动研究不断提高专业水平；需要有专门的从业资格要求和专门的职业道德规范要求；需要有强烈的事业感，职业投入感强，献身于自己从事的职业。

教师是一个特殊性的职业。教师职业的特殊性主要表现在，教师的劳动对象是有着千差万别的活生生的人，是可塑性大、模仿性强、尚未成熟的儿童和青少年；教师的劳动任务主要是从学生的心理上去造就完美的个性，塑造高尚的灵魂；教师的劳动“产品”，具有全面性和高质量，既要求每个学生在德、智、体、美、劳诸方面得到全面发展，又要注意因材施教，更好地发展各种类型学生的个性；教师的劳动手段，是以自己的学识、才能、思想水平和道德品质培养学生；教师的劳动过程，是直接处理人与人之间的关系，这些关系处理得如何，直接影响教育教学任务的完成和人才培养的质量。

教师是一个教育性的职业。教师是一种以育人为中心的职业。对于一名教师来说，他的专业性首先体现在教育性上，因为他面临的最大挑战是研究教育对象，研究教与学之间的关系，同所教学科知识的相对稳定不同，教育对象是变化的、动态的、个性化的，一名合格教师的素质主要体现在他的教育教学研究能力上。因此，不管是哪个学科的教师，他首先是一名教师，其次才是一位学科教师。教师职业的首要特点在于其本质是“育人”，以教育他人、培养他人为神圣职责，所教学科的课程体系、课程设置和教学要求都要服务于、服从于育人这个总要求，所以，教师是一种有别于学科研究人员的专门人才。

教师职业的专业性、特殊性、教育性等性质特点，决定了教师核心价值观与其他职业不同，忠诚教育、关爱学生、教书育人、为人师表、严谨治学是教师这一职业内在的本质规定，是当代教师最基本、最核心的价值取向、价值目标和价值追求。

2. 当代教师核心价值观的实践依据

(1) 我国教师价值观的优良传统

核心价值观是建立在民族优秀文化传统之上的，具有民族性。我国自商周以后，教育逐渐成为社会活动的一种特殊形式，教师职业随之产生。孔子是最早较为全面地总结和概括教师人格思想的人，他首先提出“有教无类”、教育平等的主张，认为教育应为大多数人服务，人人都有受教育的权利，不应受到贫富、贵贱、年龄和地区的限制。孔子也是中国教育史上第一个提出身教重于言教、以身作则等教育原则和强调教师人格作用的人。

孟子继承孔子的学说，强调教师以身作则，认为“教者必以正”，他重视教师的道德修养，主张“反求诸己”，鼓励多做“内省”功夫，而“知耻”则是修养的先决条件。

孔子、孟子的儒家思想要求教师应当忠于职守，勤于执教，对待知识学而不厌，甚至废寝忘食，乐以忘忧；对待学生要循循善诱、诲人不倦；对待国家和人民要克己奉公、甘为“孺子牛”。此外，还有强调“经师”与“人师”的有机统一等。这些思想对千百年来教师价值观的形成和发展产生了深刻的影响，对于构建当代教师核心价值观具有十分重要的借鉴意义。

教师作为人类文明的传承者，有着共同的价值观。人们常把教师比喻为“红烛”“人梯”“春蚕”“铺路石”，意在表达教师的无私和伟大。如陶行知先生所说的“捧着一颗心来，不带半根草去”，就是对教师价值观的一种经典表述。

因此，当代教师核心价值观的科学内涵是对我国教师价值观优良传统的继承和发展。

（2）当代教师价值观的实践取向

教师核心价值观不会从天而降，它来源于且只能来源于实践。作为一定社会意识系统的有机组成部分，任何人的价值观都是建构在一定的社会经济基础之上的，是一定时代人们的社会存在、社会实践、生活经历的产物和表现。这正如马克思、恩格斯所说：“思想、观念、意识的生产最初是直接与人们的物质活动，与人们的物质交往，与现实生活的语言交织在一起的。……意识在任何时候都只能是被意识到了的存在，而人们的存在就是他们的现实生活过程”，“观念的东西不外是移入人的头脑并在人的头脑中改造过的物质的东西而已”。

长期以来，广大教师在教育实践中积极倡导和努力践行着教师的核心价值观。2011 年 9 月 10 日，教育部在公布 2011 年度全国教书育人楷模时指出，全国教书育人楷模，集中体现了新时期人民教师忠诚党的教育事业，热爱祖国、服务人民，教书育人、为人师表的高尚师德，是广大教师和教育工作者的杰出代表。

因此，从当代优秀教师的基本经验和价值追求以及人们对教师价值观的实践取向来看，忠诚教育、关爱学生、教书育人、为人师表、严谨治学是其集中体现。

## 二、建构当代教师核心价值观：意蕴探寻与关系辨析

当代教师核心价值观是教师职业所特有的，是社会主义核心价值体系的重要组成部分。建构当代教师核心价值观是时代的呼唤、现实的需要，是教师履行教书育人职责的需要，是提升教师素质、促进专业发展的需要。建构当代教师核心价值观，需要厘清教师核心价值观与教育价值观、学校核心价值观、教师文化以及教师职业道德规范的关系。

党的十七届六中全会将加强社会主义核心价值体系建设放在文化大发展大繁荣统领全局的地位，明确指出："社会主义核心价值体系是兴国之魂，是社会主义先进文化的精髓，决定着中国特色社会主义发展方向。"这一深刻认识和明确要求，充分反映了我们党高度的文化自觉。社会主义核心价值体系的融入与灌输，必然提出进一步凝练与建构社会主义核心价值观的任务。

### （一）意蕴探寻

教育是育人的事业，教师是特殊的职业。教师核心价值观是社会主义核心价值体系的重要组成部分，建构当代教师核心价值观具有十分重要的理论与实践意义。

1. 建构当代教师核心价值观是时代的呼唤、现实的需要

当今世界是一个经济全球化、政治多极化、文化多元化、教育国际化的时代，我国正处于社会转型时期，必然会发生各种价值观念的碰撞、冲突、迷失甚至嬗变。拜金主义、享乐主义、极端个人主义对教师的思想观念、价值取向不可避免地会产生一定影响，使一些教师在现实生活中不能进行科学的价值判断、价值选择和价值追求，在价值观上出现了偏离甚至混乱，如有的中学教师公然向学生灌输“读书是为了挣大钱娶美女”的价值观；有的大学教授公然发表“当你 40 岁时，没有 4000 万身价(家)不要来见我，也别说是我学生……”等言论，在社会上造成了不良影响。因此，必须加强价值引领，明确教师的言论应该张扬的是先进的而不是腐朽的、正确的而不是错误的价值观。青少年学生正处在长身体、学知识、立志向的重要时期，他们极易受到他人和环境的影响。教师必须代表社会，而不是他自己(个人)表明某种社会立场、社会主张，教师不可以用自己“个人”的价值观影响学生。因此，建构当代教师核心价值观是时代的呼唤、现实的需要。

2. 建构当代教师核心价值观是教师履行教书育人职责的需要

教师是知识的传播者、智慧的启发者，是精神的熏陶者、人格的影响者和道德的体现者。教师职业的特殊性要求教师必须具有正确的价值观，因为教师的价值观是直接参与教育过程的因素，对学生的影响是全方位的、巨大而深远的，不是给予正面的、积极的影响，就是给予负面的、消极的影响。把社会主义核心价值体系融入国民教育全过程，离不开教师的文化自觉与教育引导。因此，建构当代教师核心价值观是教师履行教书育人职责的需要。

3. 建构当代教师核心价值观是提升教师素质、促进专业发展的需要

一个人无论从事什么职业，都必须有一个正确的价值观指导，因为没有价值的支撑、没有正确的价值观，人的内心世界就不可能抵御“利”之诱惑与挑战。教师劳动的知识性、专业性、艺术性、复杂性、长期性、示范性与创造性的特点决定了教师素质构成的特殊性。教师素质是顺利完成教学任务、培养人所必须具有的相对稳定的潜在的基本品质。教育是一个放飞理想、追求梦想的事业。教师有了正确的价值观指导，就能够丰富自己的精神、高尚自己的道德、塑造自己的信仰、净化自己的灵魂、提升自己的素质。事实表明，一个人良好知识结构的形成，创新能力的发展都必须有一定的价值承担。而且，决定一个人才真正稳定的、内在的素质是其价值观，而不是表现于外的知识、技能，也不是他所获得的学历和文凭。正如李国杰院士所指出的：“一个人的素质像一座冰山，露出水面的容易被人看到的学历和专业知识只是一小部分，而真正决定一个人能否成功的是责任感、价值观、毅力、协作能力，等等。成小事者靠业务本领，成大事者主要靠德行和综合素质。”[①]因此，建构当代教师核心价值观是提升教师素质、促进专业发展的需要。

## （二）关系辨析

建构当代教师核心价值观，需要厘清教师核心价值观与教育价值观、学校核心价值观、教师文化以及教师职业道德规范的关系。

1. 教师核心价值观与教育价值观

价值观是人们对价值的一般观点和根本看法，是世界观、

① 贺春兰.关注人才[N].人民政协报，1999-01-05.

人生观的重要组成部分，对于人们树立正确的理想信念、思想观念和行为方式具有重要的主导和支配作用。核心价值观是社会价值体系中起主导和支配作用的价值观，是一种社会制度长期普遍遵循的基本价值准则，它是整个价值体系中最基础、最核心的部分。教师核心价值观是教师行为中蕴含着的深层次的价值观念、思维方式、审美情趣、道德风尚，体现的是教师整体精神面貌和生活态度。教育价值观是一种人类对教育功效的追求，具有主观和客观两重性，即教育主体认定的价值观和客观对教育的评定，这两者是统一的。前者表现为主体对教育的需要和渴望，从教育中能获得自我发展，得到自由和幸福。而后者则表现为国家或民族对教育价值的需要，认为通过教育，能使社会（民族、国家）得到发展，培养所需的人才。因此，教育价值观对人来说是对人的发展的一种限定，对社会对国家来说，是对国家价值的一种创造或建构，是为人类发展而设计的一种文化形态。教育价值观是建立在通过培养什么人来实现国家价值以及要按实现什么国家价值来培养什么人的基础之上的，一定的教育价值观又反作用于一定的教育活动。因此，教育价值观是教育思想的核心，是教育的出发点和必然归宿。它反映了国家的办学观点，决定教育的功能、内容、形式和方法，是国家文化模式的真实体现。①

由此可见，教育价值观是人们在一定历史条件下对教育价值的认识和评价，以及在此基础上形成的行为取向和基准。作为人们对于教育的根本看法，教育价值观对整个教育活动起着一种导向作用，直接影响着教育目的、内容、形式和方法的选择、确定，以及教育的规划、结构、布局和体制，等等。我国目前倡导的是"以人为本"的教育价值观，一方面，它以现代人学为基础，强调以人为本位，尊重人的本性，弘扬人的主体

① 冯增俊.教育人类学[M].南京：江苏教育出版社，2001：196—197.

精神，以实现人的价值、丰富人的精神、提高人的生命质量、提升人的生存意义为中心，把学生的知识学习、能力发展、人格完善和精神升华有机地结合起来，而且提出了要注重为学生获得终生学习能力及创造能力及生存能力打好基础的理念；另一方面，是一种超越个体本位论的教育价值观，即在重视人的发展、把人和人的全面发展作为教育及社会发展的核心的同时，它还非常重视人与社会、人与自然的和谐统一性，倡导通过教育促进我国的社会主义现代化建设，加快实现我国从人口大国向人力资源强国的转变，因此，“以人为本”的教育价值观是我国当前教育发展的指导思想。①

教育价值观是国家的教育价值观，是教师核心价值观的上位概念。因此，教师核心价值观受教育价值观的影响、支配和决定，是教师在教育价值观指导下形成的职业活动中应当遵循的价值目标和价值准则。

2. 教师核心价值观与学校核心价值观

学校核心价值观是有关学校这一社会组织的基本功能、作用以及存在意义的系统判断或基本主张，是关于什么是学校、为什么办学校以及怎样才能办好学校的系统观点，它是从多样的学校价值中抽取的带有基础性的或能够为不同价值主体共同选择的价值目标。

近年来，人们从本校实际和学生身心发展需要出发对学校核心价值观进行了理论与实践方面的探索和思考，这对于在学校系统中深入开展社会主义核心价值体系教育，促进学校科学发展、内涵建设具有重要意义。但是，我们不能把学校核心价值观与教师核心价值观等同起来，②两者还是有区别

① 孙玮.人的发现：改革开放以来我国教育价值观的发展历程回顾与反思[J].中国教师，2008(7).

② 罗宗耀.教师核心价值观培育的策略与方法[J].学校党建与思想教育，2011(3)：23.

的。因为学校核心价值观在内涵上是指学校这种培养人的社会组织所应当遵守的核心价值观，从性质上说不是一种个体或群体的核心价值观，而是一种组织的核心价值观。它要激励、维系和约束的并不是学校中哪一个个体或哪一类个体的行为，而是学校中所有成员的行为，是对学校中所有成员行为的期待、要求和规范。[①] 学校核心价值观的表现形式主要通过"校训"体现出来。如，清华大学的"自强不息，厚德载物"；北京师范大学的"学为人师，行为世范"；同济大学的"严谨求实，团结创新"；厦门大学的"自强不息，止于至善"，等等。教师核心价值观是教师在长期的教育实践中形成的对教育价值的总的看法和根本观点，体现的是教师这一群体的精神面貌、价值诉求和生活态度。

学校核心价值观是学校所有成员心灵深处的精神诉求，是所有成员对学校一切人、事、制度等各方面进行判断的价值标准，是凝聚学校全体成员的根本。学校核心价值观源于校本，具有鲜明的学校个性特点，是学校文化的灵魂，对教师核心价值观起着支撑和渗透作用。教师核心价值观是一种群体的价值观，学校核心价值观是一种组织的价值观。同时教师核心价值观与学校核心价值观又是相互关联的，一方面学校核心价值观必须得到教师的价值认同才能得以形成和实现；另一方面学校核心价值观对教师的行为和思维方式有着重要的规范、激励、引领作用。

3. 教师核心价值观与教师文化

价值离不开文化。文化是价值的存在形态和表现形式，价值是文化的内核和灵魂。英国人类学家泰勒认为："文化从广义而言，是一个复杂的综合体，包括知识、信仰、艺术、道德、

① 石中英.论学校核心价值观及其形成[J].中小学管理，2008(10)：4—7.

宗教、风俗习惯，以及人在社会中习得的一切能力和习惯。”① 教师是文化的存在，教师文化是教师存在的沃土与根本。教师文化是教师群体所共有的语言、态度、信仰、价值观和生活方式，以及教师的相互关系。它是学校文化积淀和人文哲学价值底蕴的综合反映，受民族文化、地域文化和外来文化的多重影响，是学校历史传统与现实发展的结合，是现代教师教育专业发展的多元整合与优化。教师文化包括了教师的理念、教师的道德规范、教师的内在修养等内容结构体系和精神文化、制度文化、物质文化的形式结构体系。

现代教师文化是以学校为本的文化，它是以教师的文化人格为基础，以教师教育专业发展为目标，通过诚信共生价值体系的创建、民主和谐对话氛围的营造，以及对传统封闭文化的改造和外来文化的理解，在人文评价机制的激励下所形成的一种特色文化。现代教师文化是学校教师群体素质的综合反映，是教师文化品位、文化人格和文化特色的具体深化。②

文化的核心和灵魂“就是凝结在文化之中、决定着文化质的规定和方向的最深层的要素，就是核心价值观”。③ 教师核心价值观是教师文化形成与巩固的基础和灵魂。教师核心价值观从教育和教学活动的哲学层面决定并反映着教师的职业价值取向、职业伦理道德和职业行为表现，是教师以某种状态从事职业活动的精神动力。教师核心价值观是形成并影响与教师文化相关的学生文化、校园文化、交往文化等其他文化诸方面的精神来源。教师核心价值观是增强教师文化社会影响

---

① 转引自[美]马文·哈里斯·文化·人·自然——普通人类学导引[M].顾建光译.浙江人民出版社，2992：136.

② 赵复查.现代教师文化：理念、特征与建构[J].武汉大学学报（哲学社会科学版），2005(4)：1570—1574.

③ 云杉.文化自觉、文化自信、文化自强：对繁荣发展中国特色社会主义文化的思考[J].红旗文稿，2010，(15)、(16)、(17).

力和传播辐射力的重要因素。因此,教师核心价值观是决定教师文化最深层次的要素。

4. 教师核心价值观与教师职业道德规范

在现实生活中,人们往往将教师核心价值观与教师职业道德规范等同起来,以为构建当代教师核心价值观就是开展教师职业道德教育(简称师德教育)。其实,价值观属于观念形态,教师职业道德属于规范层次,两者是有区别的。规范是指规则、标准或尺度,是人们为实现自己的理想、根据自己的观念制定的、供一个社会群体诸成员共同遵守的行为规则和标准,它限定人们在一定情境中应当怎样行动。

规范和价值又是分不开的。它们都同主体有关而具有主体性,都同实践有关而具有实践性,其目的也都是要调节主体客体之间的关系。但规范和价值并不等同。在价值概念中,占主导地位的是主体的需要、动机、意图和愿望;在规范概念中,突出的因素是主体的义务、责任和强制性的体验。价值是一般的、抽象的,只是暗示人们行为的一般方向;规范则是特殊的、具体的和受具体情况限制的。①

教师职业道德是教师从事教育教学活动时必须遵循的各种道德规范和道德准则的总和,是指导教师从事教育活动的行为规范,是调节教师与学生、教师与教师、教师与其他社会成员之间相互关系的行为准则。教师核心价值观与教师职业道德规范是相互联系的。一方面,教师核心价值观是教师职业道德规范的调节体系,教师职业道德规范都能够在教师核心价值观中找到基础。有什么样的教师核心价值观就必然会有什么样的教师职业道德规范。价值观念的变化也必然带来规范的变化。另一方面,教师职业道德规范是实现教师核心

① 袁贵仁.价值观的理论与实践:价值观若干问题的思考[M].北京:北京师范大学出版社,2006:2—3.

价值观的规则体系，是获得教师价值目标的手段。教师核心价值观要通过规范“引申”为教师在某种情境中如何行动的规则，才能具体指导教师的行动，实现价值指导活动的功能。

需要指出的是，由于教师职业的特殊性，在现实生活中教师职业道德不仅是指道德，也包括世界观、人生观、价值观、政治立场和态度、法纪观念和行为等内容。从教师承担的社会责任、教师的社会角色和社会对教师人格的期望评价，以及众多优秀教师的素质表现看，教师职业道德已远远超出了教师职业和一般道德的范围，而是作为社会的公民和先进分子所应具备的素质。因而有学者将教师职业道德分为三个基本层次，即理想层次、原则层次、规则层次，现在看来这还有值得商榷之处。因为，道德是人类在改造自然和社会的实践中，以善恶为标准，依靠内心信念、社会舆论和传统习惯来评价人们的行为，调整人与人、人与自然环境以及个人与社会之间关系的行为准则和规范的总和，应当是规则层面的内容，而理想、信念、信仰等是价值观层面的内容，是价值观的集中表现形态。因此，将教师职业道德分为三个基本层次，将价值观与规范等同起来，会造成理论上的模糊，在实践上也是有害的，会使人们在现实中感觉到“师德的最大毛病就是大唱高调”，因为志存高远、严慈相济、诲人不倦、终身学习等，基本上可以称为“美德伦理”，不具有可操作性，也就不具有规范的效果。[①] 因此，需要修改和完善现行的教师职业道德规范，将理想和信念方面的内容要求上升到教师核心价值观层面，使其更为科学合理，具有可操作性和针对性。值得关注的是，教育部颁布的《中小学教师专业标准（试行）》中，将教师专业标准三个维度（人们通常指专业道德、专业知识、专业能力）中的专业道德（或职业道德）表述为“专业理念与师德”，将专业理念（即理

① 杨于泽.师德的最大毛病就是大唱高调[N].中国青年报，2011-09-23.

想、信念)与师德加以区分,想必是经过深入思考的。总之,教师职业道德规范与教师核心价值观既有区别又有联系,教师职业道德规范应当是教师核心价值观的具体展开,是践行教师核心价值观的重要保证。

## 三、当代教师核心价值观:体系建构与内涵阐释

建构教师价值体系是凝练教师核心价值观的前提和基础。教师价值体系内容应包括相互联系的价值观念:人生价值观、职业价值观、道德价值观、人际价值观、知识价值观。根据教师职业特点和教师在教育工作中所要处理的主客体关系,当代教师核心价值观的科学内涵可凝练为:忠诚教育、关爱学生、教书育人、为人师表、严谨治学。

党的十七届六中全会将加强社会主义核心价值体系建设放在文化大发展大繁荣统领全局的地位,充分反映了我们党的文化自觉。教育是育人的事业,教师是特殊的职业。教师核心价值观是社会主义核心价值体系的重要组成部分,将社会主义核心价值体系教育融入国民教育全过程,需要发挥教师的教育引导作用,这就要求我们在建构教师价值体系的基础上凝练当代教师核心价值观,为广大教师的教育教学提供思想指导和价值引领,促进教育事业发展和教师队伍建设。

### (一)价值观、价值体系的含义

在研究价值观之前必须考察价值的概念,弄清价值的含义,因为价值观是对价值现象的主观反映,只有价值存在之后才有价值观。马克思说:“价值这个普遍的概念是从人们对待

满足他们需要的外界物的关系中产生的。”[①]在马克思主义看来，价值的本质是事物的性质、属性对人的需要的满足关系，以及人和其创造物对人的需要的满足关系。价值和价值观是两个不同的概念。价值观是人们对价值关系的看法，属于社会意识的范畴，包括价值理念、价值选择、价值评价、价值标准等意识要素。“价值观作为一种意识，其反映的对象不是一般客体，而是客体属性和主体之间的关系，即价值关系。”[②]

价值观是有体系的。体系的含义，根据《现代汉语词典》的解释是指若干有关事物或某些意识相互联系的系统而构成的一个整体。体系是有结构的。结构既是一种观念形态，又是物质的一种运动状态。在哲学上，结构是指不同类别或相同类别的不同层次按程度多少的顺序进行有机排列。

由于受到主体所处的社会历史条件、社会地位、教育水平等诸多因素的影响，因而价值观是具体的、历史的，是一个多对象、多层次的系统。由于人们对待满足他们需要的外界物的作用、意义、价值的观点、看法和态度是不同的，因而不同学科对价值观的结构分析也是有差异的，如哲学、社会学、社会心理学都从各自学科角度对此进行分析。在哲学领域，关于价值观的结构，佩里将其分为 6 类：即认知的、道德的、经济的、政治的、审美的和宗教的。在社会学领域，社会学家帕森斯等人把价值观分为个人取向价值观、集体取向价值观和社会取向价值观。在社会心理学领域，美国心理学家奥尔波特和阜农采用德国哲学家和心理学家斯普兰格《人的类型》一书对人的分类，将价值观分为经济的、理论的、审美的、社会的、政治的和宗教的 6 类。我国学者黄希庭等人把价值观分为人生价值观、政治价值观、道德价值观、知识价值观、职业价值

① 马克思恩格斯全集(第 19 卷)[M].北京：人民出版社，1972：406.

② 韩震.社会主义核心价值体系研究[M].北京：人民出版社，2007：12.

观、人际价值观、婚恋价值观、审美价值观、宗教价值观、自我价值观10类。① 可见，价值观从不同的角度，可以划分为各种类型。

价值体系，是指相互联系的价值观念。在价值体系中有一般价值体系和核心价值体系之分。核心价值体系是指在社会多元价值体系中占据统治地位的价值体系，它能有效制约并引导其他价值体系作用的发挥，不同程度地维护社会的稳定和发展。价值体系可以是多元的，但是在一个社会里占主导地位的价值体系只能是一种，这就是核心价值体系。② 如2006年10月党的十六届六中全会通过的《中共中央关于构建社会主义和谐社会若干重大问题的的决定》明确指出，“马克思主义指导思想，中国特色社会主义共同理想，以爱国主义为核心的民族精神和以改革创新为核心的时代精神，社会主义荣辱观，构成社会主义核心价值体系的基本内容。”作为社会价值体系中的主流价值形态的核心价值体系，它表征着社会意识形态的本质，决定着社会意识的性质与方向。

价值体系是“价值存在体系”和“价值观念体系”的辩证统一。价值存在体系有客观性、对象性和效应性，主要包括人的价值、经济价值、政治价值、文化价值、生态价值等。价值观念体系是指一定主体的价值观念的系统化、理论化和自觉化。一定的“价值观念体系”是以一定主体对“价值存在体系”的主观认识及其追求为基础而形成的。③ 社会意识是社会存在的反映，教师价值观念体系是在教师价值存在体系基础上产

---

① 黄希庭、郑涌.当代中国青年价值观研究[M].北京：人民教育出版社，2005：29.

② 周玉清、王少安.社会主义核心价值体系引领大学文化建设论纲[M].北京：人民出版社，2011：34—36.

③ 孔润年.伦理学视野中的社会主义核心价值体系建设[J].道德与文明，2012(2)：101—104.

生的。

## （二）教师价值体系的建构

建构教师价值体系是凝练当代教师核心价值观的前提和基础。教师作为一个社会人，都有作为人的生存、享受、发展的需要，因而都具有社会成员的一般（或普遍的）价值观，如政治价值观、经济价值观、文化价值观、生态价值观、婚恋价值观、信仰价值观、幸福价值观和审美价值观等；而作为教师这一特殊职业，应当有教师职业自身的群体价值观，即教师价值观。有学者认为，“由于教育教学的内容丰富多彩，学生需要全面发展，因此，教师价值观几乎无所不包”，[①]这是值得商榷的。教师价值观是以教师为主体，在一定的文化传统、历史条件的影响下，基于教师生存和发展的需要对于教师职业所要处理的主客体关系的基本看法和态度。这种教师价值观对教师这一群体所有成员的心理意向、行为模式从总体上发挥着持久稳定的约束和调节作用。价值是一种关系范畴。在教育活动中，教师所要处理的主客体关系主要有：教师与教育事业的关系，教师与受教育者（学生）的关系，教师与教师集体及其他教育工作者的关系，教师与家长的关系，教师与自身发展的关系。因此，我们认为教师价值体系应包括相互联系的价值观念，如人生价值观、职业价值观、道德价值观、人际价值观、知识价值观等方面。

1. 教师人生价值观

人生价值观是人们对人生的内涵、过程、方式、意义、目的的价值判断与选择，是个体对人生与社会、与集体、与他人之间的关系等进行认识和评价时所持的基本观点。教师人生价值观是教师对自己人生的基本看法和态度，教师应把为教育

① 郭翠菊.论教师的价值观及其作用[J].教育学术月刊，2010(3)：80—83.

事业奉献一生作为自己的人生目标和人生幸福，认为真正的教育是关注人的生命、促进人的全面发展的教育，因而淡泊名利、不计得失、作风正派、廉洁奉公。

2. 教师职业价值观

职业价值观是人们衡量某种职业的优劣和重要性的内心尺度，是个人对待职业的一种信念，并为其职业选择、努力实现工作目标提供充分的理由。职业价值观的核心是职业需要，并通过职业评价、职业动机、职业愿望、职业态度、职业理想等形式表现出来。教师职业价值观是教师对其所从事的教师职业的一种态度和评价，是对教育事业及其社会地位的认同和情感。教育事业的发展直接关系到国家和民族的兴旺发达，关系到每个公民的切身利益。教师应以立德树人为根本任务，对教育事业具有强烈的责任和深厚的感情，对自己职业发展有清晰的规划和明确的目标。

3. 教师道德价值观

道德价值观是主体根据自己道德需要对各种社会现象是否具有道德价值作出判断时所持有的内在尺度，是个体坚信不疑的各种道德规范所构成道德信念的总和。教师道德价值观主要表现在教师处理与学生关系的价值取向和内在尺度上，因为教师对待学生的感情只有升华到关心热爱的高度，他对学生的教育行为才能进入“无私”的至高境界。同时也应清楚地认识到，与其他职业相比，教师应具有更高的道德要求，在各方面都要率先垂范，做学生的榜样，以身作则，言传身教，以自己的人格魅力和学识魅力教育影响学生。关心爱护学生，尊重学生的人格，平等、公正对待学生；对学生严慈相济，做学生的良师益友。

4. 教师人际价值观

人际价值观是指在人际交往和人际相处的过程中所体现

出来的，用以区分人际关系的好坏、益损、适当与不当，及符合或违背自己意愿等的观念系统，它通常是充满情感的，并为个体或群体人际关系的行为提供充分的理由。教师人际价值观主要表现在教师处理与教师集体及其他教育工作者的关系、教师与家长的关系的基本态度和行为选择，认为教师应关心集体，谦虚谨慎、团结互助，应尊重同事、尊重家长，自觉维护其他教师在学生中的威信，认真听取家长的意见和建议。

5. 教师知识价值观

知识价值观是主体以自己的需要为基础而形成的对知识重要性的认识。知识价值观具有社会性、历史性和个别差异性，并随着社会历史的发展而变化。教师知识价值观是教师对自身专业发展的基本看法和态度，认为教师只有不断地学习才能胜任教育工作、满足学生发展的需要，教师应当潜心钻研业务，勇于探索创新，树立终身学习的思想；作为以传授知识为职业、以传承文明为己任的教师，应更加尊重知识、更加注重学习，有扎实学识，做到“学而不厌”，成为学习型社会的示范者和引领者。

教师价值体系的五个方面是相互联系、相互渗透、相互影响的，尽管其他职业的从业人员也具有这些价值观，但其内涵是不同的，教师价值体系更能体现教师职业的基本特点和价值取向；教师价值体系中的职业价值观、道德价值观、人生价值观更为重要、更为关键，因为，人生价值观对其他价值观起支配和决定作用，职业价值观、道德价值观更能反映教师价值观的内在本质。价值体系是核心价值观的存在基础、展开形态和重要载体。我们要在教师价值体系的基础上凝练当代教师的核心价值观。

### （三）当代教师核心价值观的内涵阐释

在一个社会的价值体系中，各种价值观的地位并不相同，有些价值观处于主导地位，有些价值观处于从属地位。因此，价值观可以分为一般价值观和核心价值观。要准确界定核心价值观，必须科学把握“核心”一词的含义。在现代汉语中，“核心”一词主要有三种解释：一是中心；二是引申为起主导作用的部分；三是指主要部分。与之相应，核心价值观也应包括三个方面的含义。首先，核心价值观是价值体系的中心。价值观是以核心价值观为原点而展开的有机结构体系。价值体系的结构，就像一颗石子投入水中，由里向外激起层层波纹，呈现为一个多层次的同心圆，在价值观这个同心圆中，核心价值观是中心、是内核、是原点。其次，是引申义，是就核心价值观在价值观结构体系中的作用而言的。核心价值观是在价值体系中起主导作用的价值观，它规定和影响其他价值观的性质和方向，其他价值观从属于核心价值观并受核心价值观的影响和支配。再次，就核心价值观与其他价值观之间的关系来说，核心价值观是价值体系的主要部分，其他价值观则是次要部分。核心价值观上述三个层次的含义是相互联系、相互影响、相互补充的，共同构成一个有机的整体。

根据以上分析，所谓核心价值观就是指人们在长期的价值生活实践中积淀和形成的有关客体对主体效应的根本看法，是人们在处理各种价值问题时所持的根本立场、观点和态度，它在整个价值体系中居于支配地位，起着主导作用，代表着价值观的根本特征，体现着价值观的基本取向，统率并制约其他处于非核心地位的价值观。[①]

教师核心价值观是社会主义核心价值观在教师这一群体中的具体化，是受社会主义核心价值观支配、决定和制约的。教师核心价值观与社会主义核心价值体系、社会主义核心价

① 杨业华.当代中国大学生价值观研究[M].北京：人民出版社，2011：38—39.

值观既有密切的联系,也有不同的指向和旨趣。我们不能把教师核心价值观与作为党和国家意识形态精髓的社会主义核心价值观等同起来。因为,社会主义核心价值观应该是社会主义国家制度对人民的承诺,对历史发展前进方向的体认,对未来世界发展的愿景。在这个意义上,国家的核心价值观,政党意识形态的核心价值观应该是先进与不先进的问题。① 而教师核心价值观是一种职业群体的价值观,是符合不符合教师职业(或行业)特色的问题。因此,需要我们根据教师职业的特点,在建构教师价值体系的基础上凝练教师核心价值观。

某一职业群体的核心价值观,应是基于职业定位和职业特征长期潜移默化、内在生成的职业伦理、准则,虽历经社会发展变化,而最终能沉淀下来的影响职业者思想意识、行为规范的职业理念。自教师职业产生以来,教师职业生活都是在其价值观的指导下进行的。因为"人在生活的各个方面都有价值观念,不是这样的价值观念,就是那样的价值观念,总会有一种价值观念为人所把握,总会有价值观念为他解释生活的意义。"教师价值观是教师在长期的教育实践中形成的教育对人的意义、作用、价值的总的看法和根本观点。虽然在不同历史时期和发展阶段的教师价值观有其不同的特点,但总有一些教师价值观的内容是恒久的、普遍的、基本的、共同的。因此,在加强社会主义核心价值观教育的今天,需要总结提炼指向明确、持久有效、语言简洁、普遍认同的当代教师核心价值观。

根据教师价值体系和教师职业特点以及教师在教育工作中所要处理的主客体关系,当代教师核心价值观的基本内容可提炼为:忠诚教育、关爱学生、教书育人、为人师表、严谨治

① 韩震.展望新年的社会主义核心价值体系建设[N].光明日报,2012-01-07(11).

学。当代教师核心价值观内涵的这一表述是用广大教师所熟悉的、容易理解的语汇，避免用生僻的或者只有少数人才懂的语汇。当代教师核心价值观的科学内涵可表述为：

忠诚教育，是教师职业的基本前提。教师要忠诚于党和人民的教育事业，志存高远，爱岗敬业，甘为人梯，乐于奉献；对教育工作有高度的责任感和强烈的使命感。

关爱学生，是教师职业的本质规定。教师要关心爱护全体学生，尊重学生人格，公正平等对待学生。严慈相济，做学生良师益友。保护学生安全，关心学生健康，维护学生权益。

教书育人，是教师职业的根本任务。教师要遵循教育规律，实施素质教育。循循善诱，诲人不倦，学思结合，知行统一，因材施教。培养学生良好品行，激发学生创新精神，促进学生全面发展。

为人师表，是教师职业的永恒要求。教师要坚守高尚情操，知荣明耻，严于律己，以身作则。衣着得体，语言规范，举止文明。关心集体，团结协作，尊重同事，尊重家长。淡泊名利，自尊自律。

严谨治学，是教师职业的必然诉求。教师要崇尚科学精神，树立终身学习理念，拓宽知识视野，更新知识结构。学而不厌、刻苦钻研，勇于创新、奋发进取，不断提高专业素养和教育教学水平。

当代教师核心价值观与教师价值体系两者具有十分紧密的联系。当代教师核心价值观是教师价值体系中的核心部分，体现着教师的价值本质，表明了教师价值体系的根本性质。同时，当代教师核心价值观也离不开教师价值体系这一基础，否则就成为无源之水、无本之木；但两者之间不能完全等同，内容上也不能一一对应，如敬业奉献、淡泊名利、尊重他人、团结协作、崇尚科学等虽然对于教师价值观的建构也很重要，也有其教师职业的特定内涵，但是其他职业也有这些方面的相关要求，还不能体现教师价值观最本质的内容。而当代教师核心价值观的这五个方面与教师职业联系最紧密，让人一看就明了是对教师这一职业群体而言的，有其特殊性。当代教师核心价值观的这五个方面是相互联系的有机整体。

总之，在建构教师价值体系的基础上，凝练当代教师核心价值观，对于培育和践行社会主义核心价值观，加强教师队伍建设，提升教师整体素质、促进教师专业发展具有十分重要的理论与实践意义。

## 四、培育当代教师核心价值观：基本原则与路径选择

当代教师核心价值观是教师职业所特有的，是社会主义核心价值体系的重要组成部分。当代教师核心价值观的基本内涵可提炼为：忠诚教育、关爱学生、教书育人、为人师表、严谨治学。培育当代教师核心价值观，必须坚持应然与实然、共性与个性、传统与时代、理论与实践相统一的原则。培育当代教师核心价值观必须坚持重在教育、在认知上下功夫，重在养成、在践行上下功夫，重在激励、在引领上下功夫。

习近平总书记在党的十九大报告中指出：社会主义核心价值观是当代中国精神的集中体现，凝结着全体人民共同的价值追求。教师是培养人的职业，教育是传承人类文化的事业，教育系统培养和践行社会主义核心价值观应当对全社会起到示范引领作用。因此，根据教师职业特点和践行社会主义核心价值观的要求，凝练和培育当代教师核心价值观，为广大教师的教育教学提供思想指导和价值引领，对于学习贯彻

党的十九大精神，建设高素质专业化的教师队伍具有十分重要的理论价值与实践意义。

## （一）培育当代教师核心价值观的基本原则

1. 坚持应然与实然的统一

实然与应然在哲学上通常称之为“是”与“应当”。“实然”是指一种事实状态，“应然”是一种理想状态。价值观作为一种意识形态、思想观念，集中表现为理想、信念、信仰等，是在现实活动的基础上产生，是对现实世界的某种价值反映，即意识是对存在的反映；价值观不能脱离现实，否则它就成为无源之水、无本之木，失去了客观的根基。但价值观是对现实中所缺乏的价值的反映，是对“应有”的价值的反映。它既是从今天看待未来，又是从未来看待现在。因此，价值观不是一种“实然”状态，而是一种“应然”状态、反映了“应然”对“实然”、“应当”对“是”的超越，是对未来的价值追求，因而对人们的思想和行为起到引领作用。

教师核心价值观是在现实基础上产生的，它来自现实，也可以指导现实、转化为现实。相对于教师中的先进典型和模范人物，是一种“实然”状态，但对于广大教师来说，是一种“应然”要求，是一种努力方向和目标追求，否则它就失去其存在的价值。因此，教师核心价值观既体现着现实性的价值要求，又包含着理想性的价值诉求。既有大多数教师普遍可以接受并实践的广泛性价值体现，又有感召广大教师不断递升的先进性价值理念。失去现实性，教师核心价值观便无法在现实中生存；失去理想性，以日常生活遮蔽、否定最高价值追求，教师将不可能获得进步和发展。因此，培育当代教师核心价值观，需要符合教师实际、把握价值尺度，坚持应然与实然的统一。

2. 坚持共性与个性的统一

共性与个性的关系也即普遍性与特殊性的关系。价值和价值观的主体是人，人可以分为类、群体和个体。因此，价值观就有类价值观、群体价值观、个体价值观。共性存在于个性之中，并通过个性体现共性。由于教师个体的知识水平、生活经历、情感态度、价值取向等差异，对价值观都有各自的认识和理解，因此，教师个体的价值观是丰富多样的，但总有一些为大家普遍认同的价值观。

而且，教师作为一个社会人，都有作为人的生存、享受、发展的需要，因而也具有社会成员的一般（或普遍的）价值观，如政治价值观、经济价值观、文化价值观、生态价值观、婚恋价值观、信仰价值观、幸福价值观和审美价值观等；而作为教师这一特殊职业，应当有教师职业自身的群体价值观，即教师价值观。教师核心价值观是在广大教师的实践基础上概括提炼出来的，是得到广大教师接受和认同的，它存在于教师的个体价值观之中；同时教师个体价值观也需要在共同的教师核心价值观的指导和引领下才能形成和发展。

价值是主体和客体之间的一种基本关系。在教育实践活动中，教师所要处理的主客体关系主要有：教师与教育事业的关系，教师与受教育者（学生）的关系，教师与教师集体及其他教育工作者的关系，教师与家长的关系，教师与自身发展的关系。教师核心价值观就必然具有教师职业的个性，体现教师职业的特点，与其他职业相区别。因此，培育当代教师核心价值观，需要兼顾共性、体现个性，坚持共性与个性的统一。

3. 坚持传统与时代的统一

任何价值观的形成都有特定的社会场域，教师核心价值观不是凭空产生的，它是对中国传统教师价值观的继承和发展，承载着深厚的教师传统文化。我国自商周以后，教育逐渐成为社会活动的一种特殊形式，教师职业随之产生。孔子是最早较为全面地总结和概括教师人格思想的人，他首先提出“有教无类”、教育平等的主张和身教重于言教、以身作则的教育原则，强调教师人格的作用。孟子继承孔子的学说，强调教师以身作则，认为“教者必以正”，他重视教师的道德修养，主张“反求诸己”，鼓励多做“内省”功夫，而“知耻”则是修养的先决条件。孔子、孟子的儒家思想要求教师应当忠于职守，勤于执教，对待知识学而不厌，甚至废寝忘食，乐以忘忧；对待学生要循循善诱、诲人不倦；对待国家和人民要克己奉公、甘为“孺子牛”。此外，还有强调“经师”与“人师”的有机统一等。这些思想对千百年来教师价值观的形成和发展产生了深刻的影响，对于培育当代教师核心价值观具有十分重要的借鉴意义。

作为一定社会意识系统的有机组成部分，任何人的价值观都是建构在一定的社会经济基础之上的，是一定时代人们的社会存在、社会实践、生活经历的产物和表现。这正如马克思、恩格斯所说：“思想、观念、意识的生产最初是直接与人们的物质活动，与人们的物质交往，与现实生活的语言交织在一起的。……意识在任何时候都只能是被意识到了的存在，而人们的存在就是他们的现实生活过程”，[①]“观念的东西不外是移入人的头脑并在人的头脑中改造过的物质的东西而已”。[②]教师核心价值观必须体现时代特征，适应中国现实发展的要求。长期以来，广大教师在教育实践中积极倡导和努力践行着教师的核心价值观，涌现出了像殷雪梅、孟二冬、方永刚、景荣春、黄大年、李吉林等一大批先进典型和模范人物，他们是广大教师和教育工作者的杰出代表。建构当代教师核心价值观，需要认真总结优秀教师的典型事迹、基本经验和价值追

---

① 马克思恩格斯全集（第1卷）[M].北京：人民出版社，1995.72.

② 马克思恩格斯选集（第2卷）[M].北京：人民出版社，1995.112.

求，使之适应当今社会时代发展的要求。因此，当代教师核心价值观是传统与时代相结合的产物，培育当代教师核心价值观应坚持传统与时代的统一。

4. 坚持理论与实践的统一

理论是实践的产物，是为实践服务的。教师核心价值观不会从天而降，它来源于且只能来源于实践。意识是存在的反映，实践是价值观的源泉。教师价值观是教师在长期的教育实践中形成的教育对人的意义、作用、价值的总的看法和根本观点。教师价值观的形成离不开教育实践，教师的教育实践也需要价值观指导。教师职业生活都是在其价值观的指导下进行的。因为“人在生活的各个方面都有价值观念，不是这样的价值观念，就是那样的价值观念，总会有一种价值观念为人所把握，总会有价值观念为他解释生活的意义。”①同时，意识对存在具有反作用，价值观作为一种思想、理论、精神，对实践具有指导作用，价值观理论只有转化为实践，才能对改造客观世界起推动作用，也才能体现理论的意义和价值。当代教师核心价值观是否正确，归根到底需要经过实践检验、完善，尤其需要通过广大教师的自觉实践去实现。因此，培育当代教师核心价值观，需要理论指导、实践体验，坚持理论与实践的统一。

### （二）培育当代教师核心价值观的路径选择

1. 重在学习，在认知上下功夫

培育当代教师核心价值观，认知是前提。朱熹曾说过：“知与行，工夫须著并到，知之愈明，则行之愈笃；行之愈笃，则

① 兰久富.社会转型时期的价值观念[M].北京：北京师范大学出版社，1999：161.

知之益明，二者皆不可偏废。”[①]因此，要使教师核心价值观内化于心、外践于行，就必须加强理论学习，在认知上下功夫，做到学以立德，提高境界；学以增智，开阔眼界；学以致用，改造世界。要认真学习邓小平理论、“三个代表”重要思想、科学发展观和习近平新时代中国特色社会主义理论，学习国家有关教育法律法规，如《中华人民共和国教师法》和《国家中长期教育改革和发展规划纲要》等，学习党和国家领导人有关教育和教师工作的重要讲话。通过理论学习，深刻理解和掌握价值观的基本理论和社会主义核心价值体系的基本思想。要把学习与教师的本职工作结合起来，通过学习研讨，使广大教师正确认识当代教师核心价值观与社会主义核心价值体系、教师职业道德、我国传统教师价值观、教师教育教学工作的关系，正确认识当代教师核心价值观的时代价值、基本原则、科学内涵。

在认真学习的基础上，组织开展当代教师核心价值观大讨论，澄清在价值观问题上的各种模糊认识，明辨价值观念、价值追求上的是非界限；针对存在问题，加强教育引导，切实用当代教师核心价值观引领广大教师多样化的思想观念和人生追求，使广大教师真正信奉当代教师核心价值观，自觉将其作为理想信念来追求、作为道德情操来修养、作为行为准则来恪守。通过学习教育活动，统一思想，形成共识，提升境界，进一步解决好“培养什么人、怎样培养人”这一教育的根本问题。

2. 重在养成，在践行上下功夫

培育当代教师核心价值观，践行是关键。当代教师核心价值观为广大教师确立了引领思想、规范行为的价值观念，包括价值理想、价值准则、价值理念、价值标准，等等。只有通过生动具体的实践，才能使当代教师核心价值观转化为广大教

① 黎靖德.朱子语类(卷十四)[Z].北京：中华书局，1986:281.

师的自觉行动。

唯物辩证法告诉我们，事物在发展过程中，内因是变化的根据，外因是变化的条件，外因只有通过内因而才能起作用。践行当代教师核心价值观，涉及价值观的内化与外化。内化，是外部的客体的东西转化为内部的主体的东西，是人对外部事物通过知识转化为内部思维的过程。外化，是内部精神动作向外部物质动作转化。行为外化是教育最理想的目标，是个体知识、情感、意志和信念完全一致前提下产生的个体自觉的行为。

人的价值观不是先天就有的，而是在一定的社会环境、社会活动中形成的。培育当代教师核心价值观必须要有载体和形式，坚持理论与实践相结合，将当代教师核心价值观内化为信念、外化为行为。因此，培育当代教师核心价值观要与教师教育教学工作结合起来，与师德建设结合起来，与推进社会主义核心价值体系建设结合起来，引导广大教师立足本职岗位，静心教书，潜心育人，成为当代教师核心价值观的自觉践行者。

3. 重在激励，在引领上下功夫

培育当代教师核心价值观，引领是保证。社会认同原理认为：人们通常会根据他人行动取向和环境暗示来决定自己应该怎样办，这也就是人们常说的“从众效应”或“行为模仿”。我们应该让社会更多些道德“正能量”氛围，让更多的好人、好事、好舆论，影响更多人的行为选择。事实表明，价值观念的现实影响和作用，往往通过理想人格典范的确立以及对这种人格典范的模仿、效法而实现。因此，我们要通过组织开展教师座谈、名师访谈活动，了解当代教师价值观的现状，学习宣传优秀教师和先进典型践行社会主义核心价值体系、教书育人、为人师表的事迹和经验，营造践行当代教师核心价值观的良好生态环境。

如从2010年起，教育部会同有关中央新闻媒体组织开展全国教书育人楷模推选活动。每年评出10位教师，授予全国教书育人楷模荣誉称号。目的是教育引导广大教师向教书育人楷模学习，学习他们忠诚使命、修身立德、无私奉献、教书育人的高尚品德，切实履行党和人民赋予的神圣职责，当好人类灵魂的工程师。我们应当结合教育战线的具体实际，不断创新培育当代教师核心价值观的有效形式，完善激励机制，使当代教师核心价值观内容和要求深入人心，从而凝聚共识、形成合力、提升素质，推动教育事业科学发展。

## 五、当代教师核心价值观与教师职业道德

“教书育人、为人师表”是当代教师核心价值观，“关爱学生，严谨笃学，淡泊名利，自尊自律”是当今教师职业道德的时代内涵。厘清教师核心价值观与教师职业道德的关系具有十分重要的现实意义。教师核心价值观与教师职业道德既有区别又有联系，教师职业道德是教师核心价值观的具体引申和展开，是培育教师核心价值观的重要基础；教师核心价值观是教师职业道德的根本依据和思想指导。

教育是培养人的活动，教师是“传道、授业、解惑”者。当前，在凝练教师核心价值观的过程中，需要厘清教师核心价值观与教师职业道德（即师德）的关系，这对于贯彻落实党的十九大精神，培育和践行社会主义核心价值观，加强师德建设，促进教育事业改革发展具有十分重要的意义。

### （一）当代教师核心价值观的内涵凝练

建设社会主义核心价值体系是党中央着眼于新时期形成全民族奋发向上的精神力量、团结和睦的精神纽带，着眼于增强民族凝聚力和国家软实力而作出的重大战略部署。从党的十六大至十七届六中全会，经过几次重要的集中论述，基本上已经形成了一整套比较完整的、系统的建设社会主义核心价值体系的思路。党的十八大对加强社会主义核心价值体系建设作出重要论述，提出“要深入开展社会主义核心价值体系学习教育”、“积极培育社会主义核心价值观”等新部署、新要求，这充分体现了我们党高度的文化自觉和理论自信，为新时期进一步推进社会主义核心价值体系建设，巩固全党全国各族人民团结奋斗的共同思想道德基础指明了正确方向。

在一个社会的价值体系中，各种价值观的地位并不相同，有些价值观处于主导地位，有些价值观处于从属地位。因此，价值观可以分为一般价值观和核心价值观。核心价值观是指人们在长期的价值生活实践中积淀和形成的有关客体对主体效应的根本看法，是人们在处理各种价值问题时所持的根本立场、观点和态度，它在整个价值体系中居于支配地位，起着主导作用，代表着价值观的根本特征，体现着价值观的基本取向，统率并制约其他处于非核心地位的价值观。[①] 教师核心价值观是教师行为中蕴含着的深层次的价值观念、思维方式、审美情趣、道德风尚，体现的是教师整体精神面貌和职业态度。

教师核心价值观是社会主义核心价值体系的重要组成部分，是社会主义核心价值观在教师这一群体中的具体化，是受社会主义核心价值体系支配、决定和制约的。

---

① 杨业华.当代中国大学生价值观研究[M].北京：人民出版社，2011：38—39.

在开展社会主义核心价值体系建设中，各行业、各系统、各领域都在凝练符合自身特点的核心价值观或精神价值，通过凝神聚气来践行社会主义核心价值观。如当代革命军人核心价值观："忠诚于党、热爱人民、报效国家、献身使命、崇尚荣誉"；政法干警核心价值观："忠诚、为民、公正、廉洁"；交通运输行业核心价值观："人便于行，货畅其流，服务群众，奉献社会"；等等。作为以传授知识为职业、以传承文明为己任的教师，作为一个特殊的职业群体，应当有其体现教师自身职业特点的核心价值观。

随着学习实践社会主义核心价值体系的深入，一些学者开始思考和研究当代教师核心价值观，研究成果也陆续在报纸杂志上发表。但由于个体的知识水平、生活经历、职业生涯、情感态度、价值取向等差异，对教师核心价值观都有各自的认识和理解，因此，需要在多元中立主导、在多样中谋共识，凝练出当代教师的核心价值观，为广大教师的教育教学提供思想指导和价值引领就显得更为必要。在研究之初，我们将教师核心价值观概括为五个方面，即忠诚教育、关爱学生、教书育人、为人师表、严谨治学。[①] 但随着研究的逐步深入和认识的不断深化，我们课题组在访谈调研和问卷调查的基础上，进行了认真的研讨，认为"教书育人、为人师表"这八个字的表述最能体现教师职业特点以及教师在教育工作中所要处理的主客体关系，是反映当代教师与教育事业、教育对象、肩负责任、自身要求、治学态度等方面关系最基本、最核心的价值观念，体现了我国教师的优良传统、时代发展对教师的要求以及教师价值追求的相互统一，具有与其他职业、行业相区别的本质特征。教书育人是教师最核心的职责与任务。教书是育人

① 黄正平.凝练当代教师核心价值观的思考[J].人民教育，2012，(7)：19—21.

的主要手段，育人是教书的根本宗旨。为人师表是古往今来对教师的永恒要求。“为人师表”就是要求教师言传身教，以身立教。教育家叶圣陶说：“教育工作者的全部工作就是为人师表”。需要指出的是，将“教书育人、为人师表”作为当代教师核心价值观，与党的十九大提出的“要全面贯彻党的教育方针，落实立德树人根本任务”的要求也是相一致的。

### （二）当今教师职业道德的时代内涵

教师职业道德，是教师在从事教育教学活动时所应遵循的行为规范和必备的品德。[1]教师行为规范是指教师在从事劳动教育中必须遵守的教育思想和进行教育活动的基本准则，是国家为教师规定的教育原则、教育规划、言行标准、职业修养和各项纪律。教师必备的品德是指教师应具备的道德品质，一般称为教师的品格、品行、品性或德性，是教师教书育人塑造完美人格的必备条件。因此，教师职业道德包括外化的师德规范和内化的道德品质两部分，教师职业道德规范是教师职业道德的重要组成部分。

改革开放以来，我国于 1984、1991、1997、2008 年先后四次颁布和修订了《中小学教师职业道德规范》，经历了一个从继承、总结到不断完善与发展的实践过程，师德建设取得了显著成效。党和国家领导人十分重视教师队伍建设，对提高教师的思想道德和业务素质提出要求、寄予厚望。2002 年 9 月 8 日，江泽民在庆祝北京师范大学建校一百周年大会上的讲话中，对全国广大教师提出三点希望：志存高远、爱国敬业，为人师表、教书育人，严谨笃学、与时俱进。2007 年 8 月 31 日，胡锦涛在全国优秀教师代表座谈会上的讲话中，对全国广大教师提出四点希望：爱岗敬业、关爱学生，刻苦钻研、严谨笃学，

---

① 王兰英，黄蓉生.教师职业道德[M].北京：高等教育出版社，2000:35.

勇于创新、奋发进取，淡泊名利、志存高远。2010 年 7 月发布的《国家中长期教育改革和发展规划纲要（2010—2020 年）》在加强教师队伍建设一章中，对教师师德的要求是“关爱学生，严谨笃学，淡泊名利，自尊自律”。① 2011 年 4 月 24 日，胡锦涛在庆祝清华大学建校 100 周年大会上的讲话中也指出：“广大高校教师要切实肩负起立德树人、教书育人的光荣职责，关爱学生，严谨笃学，淡泊名利，自尊自律，加强师德建设。”②2014 年 9 月 9 日，习近平总书记在与北京师范大学师生代表座谈时的讲话中指出：“全国广大教师要做有理想信念、有道德情操、有扎实学识、有仁爱之心的好老师，为发展具有中国特色、世界水平的现代教育，培养社会主义事业建设者和接班人作出更大贡献。”③立足当前我国教育发展的实践，准确把握时代要求，从新的视角研究和探讨新时代教师职业道德规范的基本内容和要求，对于增强广大教师教书育人的责任感和使命感，加强师德建设，推动我国教育事业的健康发展具有十分重要的意义。因此，我们认为“关爱学生，严谨笃学，淡泊名利，自尊自律”是当今教师职业道德规范的时代内涵。

关爱学生是教师特有的道德情操。教师要关心爱护全体学生，尊重学生人格，平等公正对待学生，具有仁爱之心。要严格要求学生，善于理解学生，做学生的良师益友。要保护学生安全，关心学生健康，维护学生权益。

严谨笃学是教师职业的基本特征。教师要崇尚科学精神，树立终身学习理念，拓宽知识视野，更新知识结构，具有扎实学

---

① 国家中长期教育改革和发展规划纲要（2010—2020 年）[N].人民日报，2010-07-30.

② 胡锦涛.在庆祝清华大学建校 100 周年大会上的讲话[N].人民日报，2011-04-25.

③ 习近平.做党和人民满意的好老师——同北京师范大学师生代表座谈时的讲话[N].光明日报，2014-09-10.

识。要秉持学术良知，恪守学术规范；勤奋学习、刻苦钻研，诚实守信、力戒浮躁，勇于创新、奋发进取，不断提高专业素养和教育教学水平。

淡泊名利是教师职业的崇高美德。教师要忠诚于党和人民的教育事业，志存高远，爱岗敬业，甘为人梯，乐于奉献；对教育工作有高度的责任感和强烈的使命感。

自尊自律是教师职业的内在要求。教师要有理想信念，树立正确的世界观、人生观、价值观，尊重自己的人格，注重道德修养，严于律己，言行一致，表里如一；要品清行洁，廉洁从教。

### （三）厘清当代教师核心价值观与教师职业道德关系的现实意义

在建构和凝练当代教师核心价值观过程中，必然会涉及教师核心价值观与教师职业道德的相互关系问题。在实践中有人认为培育当代教师核心价值观就是开展师德建设，把两者简单地等同起来，忽视其内在的区别。因此，厘清教师核心价值观与教师职业道德的关系具有十分重要的现实意义。

应当指出的是，由于教师职业的特殊性，在现实生活中教师职业道德是一种广义的师德，不仅是指道德，也包括世界观、人生观、价值观、政治立场和态度、法纪观念和行为等内容。从教师承担的社会责任、教师的社会角色和社会对教师人格的期望评价，以及众多优秀教师的素质表现看，教师职业道德已远远超出了教师职业和一般道德的范围，而是作为社会的公民和先进分子所应具备的素质。因而，人们对教师职业道德一直存在质疑和困惑。有的认为，“师德的最大毛病就是大唱高调”，因为师德规范的一些内容，如志存高远、严慈相济、诲人不倦、终身学习等，基本上可以称为“美德伦理”，不具有可操作性，也就不具有规范的效果；[①]也有的认为，在师德的定位上最突出的问题莫过于一直以来过分倡导教师当蜡烛式的圣人，片面强调教师的爱心和奉献，要求教师成为全社会的楷模，成为敬业的化身、爱心的使者、利他的模范、固穷的榜样，希望每一个教师都变得崇高和伟大。这种定位过分地把教师“神化”，忽视了教师作为普通人的需求，显然使教师难负其重。建议师德建设要从云端走向大地。[②]

据此，有学者将教师职业道德分为“师道”与“师德”：凡涉及教师的教育价值追求与敬业精神的称为“师道”，而专指教师行为准则或因准则要求而产生的行为是“师德”。[③] 师道是教师应持守和追求的教师职业的终极真理，是“隐含在教师伦理中的价值观念”，教师职业的教育精神与价值追求，也就是崇高的教师职业信念。这就表明，师道是属于教师价值观层面的内容，而师德是属于教师行为规范层面的要求；师道强调的是“应当如何”的应然存在，而师德是“已经如何”的实然存在。

也有不少学者呼吁师德建设应当从强调师德的崇高性转向探讨底线师德的边界及内容。如有学者提出教师职业道德只是一种底线道德，主张关注教师职业道德的普适性和低调性，认为教师职业道德只需要起码的规范要求来确保教师教育行为的道德性。[④] 有的学者将教师职业道德区分为崇高师德与底线师德，并指出崇高师德具有抽象性，底线师德具有具

---

① 杨于泽.师德的最大毛病就是大唱高调[N].中国青年报，2011－09－23(02).

② 杜素华.师德建设：从云端走向大地[J].新课程研究，2012，(3).

③ 陈桂生.师道实话[M].上海：华东师范大学出版社，2009：1.

④ 甘剑梅.教师应该是道德家吗：关于教师道德的哲学反思[J].教育研究与实验，2003(3)：25—30.

体性,可操作性强等特点。[1] 我们认为,崇高师德是一种"理想师德",属于教师价值观层面的内容,而底线师德则是一种"规范师德",属于教师职业道德规范的要求。因此,应将教师职业道德中理想信念方面的内容纳入教师价值观层面,这有助于理清关系,解决人们在师德建设中的各种困惑。

值得关注的是,《国家中长期教育改革和发展规划纲要(2010—2020年)》在"加强师德建设"的条目中指出,要"加强教师职业理想和职业道德教育,增强教师教书育人的责任感和使命感"。这里把职业道德与职业理想加以区分,是因为理想是价值意识的高级形式,是价值观的最高层次。2012年,教育部颁布的《中小学教师专业标准(试行)》中,将教师专业标准三个维度(人们通常指专业道德、专业知识、专业能力)中的专业道德(或职业道德)表述为"专业理念与师德",将专业理念(即理想、信念)与师德加以区分,想必是经过深入思考的。因此,将教师价值观与教师职业道德相区分是势所必然。

值得借鉴的是,2012年3月中国文联向社会发布了"文艺界核心价值观"和《中国文艺工作者职业道德公约》,[2]倡导文艺界人士"爱国、为民、崇德、尚艺","坚持爱国为民、弘扬先进文化、追求德艺双馨、倡导宽容和谐、模范遵纪守法"。这里将"爱国、为民、崇德、尚艺"作为文艺工作者的核心价值观,将"坚持爱国为民、弘扬先进文化、追求德艺双馨、倡导宽容和谐、模范遵纪守法"作为文艺工作者的职业道德规范,正确阐明了两者之间的关系。这是观念上的进步和理论上的创新,为我们厘清当代教师核心价值观与教师职业道德的关系提供了有效借鉴和现实依据。

---

① 李敏,檀传宝.师德崇高性与底线师德[J].课程、教材、教法,2008,(6):74—78.

② 文艺家有了自己的职业道德公约[N].光明日报,2012-03-03(02).

### （四）当代教师核心价值观与教师职业道德的关系辨析

教师核心价值观与教师职业道德是相互区别的。价值观属于观念形态，是抽象的，职业道德属于规范层次，是具体的。规范是指规则、标准或尺度，是人们为实现自己的理想、根据自己的观念制定的、供一个社会群体诸成员共同遵守的行为规则和标准，它限定人们在一定情境中应当怎样行动。马克思说："价值这个普遍的概念是从人们对待满足他们需要的外界物的关系中产生的。"价值是指客体对于主体具有积极意义，它能够满足人、阶级和社会的某种需要，成为他们的兴趣、意向和目的。价值是主体和客体之间的一种基本关系。价值观是指人们关于某类事物价值的基本看法、总的观点，表现为人们对该类事物相对稳定的理想、信念、信仰，包括价值理念、价值选择、价值评价、价值标准等意识要素。可见，价值观是一种内在追求，而职业道德是一种外在要求。

教师核心价值观与教师职业道德又是相互联系的。一方面，教师核心价值观是教师职业道德的调节体系，教师职业道德都能够在教师核心价值观中找到基础。有什么样的教师核心价值观就必然会有什么样的教师职业道德。"教书育人、为人师表"的当代教师核心价值观，必然要求教师具有"关爱学生，严谨笃学，淡泊名利，自尊自律"的教师职业道德。价值观念的变化也必然带来道德规范的变化。教师核心价值观对教师职业道德具有支配和决定作用。如果一名教师确立了正确的价值观，就会使他更好地从事教育活动，促使他更深入地掌握教师职业道德规范，认清遵守它们的必要性，从而把教师职业道德内化为自己的行为准则，自觉地调节自己与他人、教育机构整体的利益关系。如"让每一个学生都获得良好的发展"；"教育应保护学生的自信，教育应关注学生的生活，教育应唤醒学生的潜能"；"没有不合格的学生，只有不合格的教师”;“没有教不会的学生,只有不会教的老师”;“教师最大的成功与快乐是培养出值得自己崇拜的学生”;等等。教师的这些价值观念对其教育态度和教育行为都有直接的影响。人民教育家陶行知之所以能放弃大城市优厚的生活条件,投身于乡村教育,就是因为他有(我的信条)“捧着一颗心来,不带半根草去”的价值观念。因此,教师要有高尚的职业道德就离不开价值观的指引、推动、激励和鼓舞。

另一方面,教师职业道德是实现教师核心价值观的规则体系,是获得教师价值目标的手段。教育工作是一种以人格来培育人格、以灵魂来塑造灵魂的劳动,是一种人与人之间全面接触、相互作用的劳动,是一种“做人”与“育人”密切联系、内在统一的劳动,教师必须要有正确的价值观。价值观是客观存在的,但它是潜在的;价值观是极其宝贵的,但它不是与生俱有的。教师价值观要通过教师的教育态度和教育行为表现出来的,要通过规范“引申”为教师在某种情境中如何行动的规则,才能具体指导教师的行动,实现价值指导的功能。“教书育人、为人师表”的教师核心价值观,必须通过“关爱学生,严谨笃学,淡泊名利,自尊自律”的教师职业道德去具体体现与实施。因此,教师核心价值观的培育和践行离不开教师职业道德建设。

总之,教师核心价值观与教师职业道德既有区别又有联系,教师职业道德是教师核心价值观的具体展开,是践行教师核心价值观的重要基础;教师核心价值观是教师职业道德的根本依据和思想指导。因此,我们要厘清当代教师核心价值观与教师职业道德之间的相互关系,在凝练当代教师核心价值观的基础上,修改和完善教师职业道德规范,使其更为科学合理,具有可操作性和针对性,并以当代教师核心价值观为指导,推进师德建设,提高师德水平。

## 六、依法执教：教师职业道德的底线

> 在灾难到来的瞬间教师扔下学生独自逃生，这是玩忽职守，是对教师职业道德的公开挑战。因此，厘清教师职业道德的涵义及层次，明确教师职业道德的底线要求，增强教师依法执教的意识，认真学习抗震救灾英雄教师的典型事迹和崇高精神，对于弘扬时代主旋律，培养和践行社会主义核心价值观具有十分重要的意义。

在这场特大地震灾害面前，中华民族的勇敢、坚毅、团结和拼搏得到了最生动的体现。特别是我们的人民教师以他们的行动和生命向世人展示了为人师表的精神风貌和崇高的人性光辉。然而，在灾难面前，也出现了一些不和谐的音符，四川都江堰光亚学校教师范美忠在灾难到来的瞬间扔下学生独自逃生。事后他在天涯论坛上写下了《那一刻地动山摇——"5·12"汶川地震亲历记》一文，表示自己"是一个追求自由和公正的人，却不是先人后己勇于牺牲自我的人！在这种生死抉择的瞬间，只有为了女儿我才可能考虑牺牲自我，其他人，哪怕是我母亲，我也不会管的"，因此被网友称为大地震中"最无耻教师"，取名"范跑跑"。范美忠的言行有损教师形象，与抗震救灾精神是格格不入的，因而引起了国内外舆论的广泛关注和不小的争论，也遭到人们的谴责和批判。范美忠的言行是对教师职业道德的公开挑战，是对社会道德和价值观的一种误导，由此引发人们的思考：作为一名教师，范美忠的行为有没有错？教师职业道德的底线是什么？认真回答这些问题、明辨是非、以正视听，对于弘扬时代主旋律和践行社会主义核心价值观具有十分重要的意义。

### （一）教师职业道德的涵义及层次

道德是人类所特有的，是调节人与人、人与社会、人与自然之间关系的行为规范。社会主义道德的基本内容有三个层次：一是社会主义理想信念教育，二是社会主义道德的核心、原则和重点，即为人民服务、集体主义和诚实守信，三是道德规范要求，即社会公德、职业道德和家庭美德。"职业道德是所有从业人员在职业活动中应该遵循的行为准则"。[①] 教师职业道德，简称师德，是教师在社会的要求和影响下，通过学习、体验、修养和实践等方式，认同、内化或创设的在教育工作中处理各种关系的道德准则和规范。教师职业道德直接决定着教师的工作态度、工作效果，是教师的立身之基、立教之本；加强师德建设是提升教师素质的关键所在。

有学者根据职业道德的基本功能、理想主义与现实主义相结合的原则以及古今中外构建教师职业道德规范的基本经验和历史教训，将教师职业道德的基本体系和内容概括为四种基本关系范畴和三个基本层次。[②] 这四种基本关系是：教师与教育事业的关系；教师与受教育者（学生）的关系；教师与教师集体及其他教育工作者的关系；教师与家长的关系。三个基本层次是：理想层次、原则层次和规则层次。理想层次着眼于从较高层次的理想状态对教师职业道德定位，它代表教师职业道德的发展方向和基本的价值导向，是社会对教师伦理行为的最高要求，体现教师应该努力的方向。原则层次着眼于从理想主义与现实主义相结合的角度对教师职业道德进行定位，它既表达了现实社会特别是教育工作对教师的基本道德要求，同时又考虑到我国教师现有的道德水平以及如何推

---

① 中共中央.公民道德建设实施纲要[N].人民日报，2001-10-24.

② 傅维利.教师职业道德教育指南[M].高等教育出版社，2002.

动教师职业道德向更高层次迈进。规则层次则体现了对教师职业道德的底线要求,是每一个教师在教育工作中必须遵守的基本伦理要求。这些要求一般直指教师的外显行为特征,有很强的可观察性和可操作性。

在这场特大自然灾害面前,灾区广大教师以灾情为命令,视时间如生命,为保护灾区学生生命安全,为抗震救灾作出了重大贡献,涌现出了谭千秋、瞿万容、吴忠红、张米亚、汤宏、刘继军、向丽、向倩、苟晓超等一大批英雄人物。在生死关头,老师们舍生忘死,挺身而出,用自己的血肉之躯拼死保护学生的生命;在危难时刻,老师们不顾个人和家人安危,始终把学生的生命安全放在首位,义无反顾奋力抢救危难中的学生;在困境之中,广大教师强忍悲痛,坚守岗位,竭尽全力,顽强拼搏,历尽艰险,迅速组织受困学生安全转移,投身灾后重建,恢复正常教学。他们的英雄事迹可歌可泣,令人震撼,催人奋进,集中体现了新时期人民教师的光辉形象、崇高的师德风范和时代精神,在全社会产生了极大反响,赢得了高度赞誉,在地震废墟中矗立起令世人景仰的师魂丰碑。这些英雄教师们用生命诠释师德,以大爱见证师德,展示的是师德的最高层次。加强教师职业道德建设,我们要"坚持把先进性要求与广泛性要求结合起来"。既要关注和倡导师德的崇高性,也要明确和把握师德的底线要求。

### (二)教师职业道德底线的界定

教师的职业道德与其他劳动者的职业道德,就其重要性而言没有什么不同。但是职业道德作用的性质是不同的。医生的医德很重要,缺少医德,对病人不负责任,就可能贻误治疗,甚至致人死亡。但医德是作为条件起作用的。同样,其他各种专业劳动者的职业道德,是顺利完成其专业劳动的必要条件。而教师的师德不仅是作为实施教育的条件起作用,而且是作为教育过程要素、教育资源发挥作用。这是因为教师所从事的是一种复杂的脑力劳动，教师的劳动对象是身心正在成长中的、具有个性特点和年龄特点的儿童和青少年，教师劳动的手段是用自己的知识、才能、品德，在和劳动对象的共同活动中去影响他们。教师作为劳动的实施者，与劳动手段融为一体。这种职业性质决定了教师的任职资格、工作要求、道德水准，特别是师德水准必须走在社会前列；教师在道德方面应当用社会楷模的标准要求自己。这是对教师职业整体而言的高要求。但对教师个体的职业道德要求，要考虑大多数教师应当和可能达到的实际水平，考虑到对教师个人进行道德评价的可操作性。师德的底线应当是绝大多数教师都能够达到的，如果达不到“底线”要求，就要受到相应的处罚，包括影响职务晋升、工资提升直至失去教职等。类似于师德楷模、师德标兵那样的高要求，可以提倡，但不应在教师队伍管理方面的法律、法规和规范中对其作出硬性规定。教师在其职业活动中，只要职业道德行为高于“底线”，其合法权益就应当受到保护。

在地震发生的危急时刻，作为一个人，一个普通的人，范美忠的临“震”脱逃可以理解为本能，理应得到宽容。然而，我们可以宽容范美忠，却无法原谅范美忠老师，[①]在地震发生的那一刻，范美忠不是一个普通的人，而是一位课堂上的老师。任何一个人都是普通人，但在特定场景下可能负担有特别的责任。士兵是普通人，上了战场就不是；警察是普通人，面对出警任务就不是；消防员是普通人，到了火场就不是；官员也是普通人，在必须担当公务使命的情况下就不是。具体的情景规定了哪些人不再是普通人，应当担当起职业的责任。这既是道德的要求，也是职务的要求。一个教师在上课的时候

① 王玉初.宽容范美忠，却无法原谅范老师[N].北京青年报，2008-05-26.

觉察到了地震，自顾跑掉，把学生丢在一边，这跟士兵听见枪响就开溜、警察遇到有人行凶杀人就逃跑是同样的性质。

在地震发生的那一刻，教师有保护学生的责任，这种责任也是法律所明确规定的。《中华人民共和国未成年人保护法》第四章第四十条规定："学校、幼儿园、托儿所和公共场所发生突发事件时，应当优先救护未成年人。"当地震突发时，学校、教师无疑承担着优先救护学生的法律责任。《教师法》规定，教师应"关心、爱护全体学生，尊重学生人格，促进学生在品德、智力、体质等方面全面发展"，并"制止有害于学生的行为或者其他侵犯学生合法权益的行为"。地震袭来，制止灾害发生是不可能的，但应该组织学生撤离、教给学生避难办法、提醒学生逃生，范美忠老师没这样做。事后，范美忠并没有忏悔自己逃跑的不恰当，反而大谈自己心中的自由与公正。对没有牺牲精神的人而言，心中的自由与公正永远是无基的城堡，一触即溃。同在震区，一位怀孕的女老师抓紧黑板跪在讲台上，也没有先于学生逃走，而是按照学校的要求行事，指导学生疏散。还有更多的老师"双臂张开着趴在课桌上，身下死死地护着学生"、"用身体为孩子挡横梁"、"四进四出救出幼儿园里的孩子"。范美忠玩忽职守的行为与这些英雄教师们的形象形成了强烈的反差。2008 年，教育部在修订《中小学教师职业道德规范》中，首次明确教师要"保护学生安全"。[①] 因此，依法执教是对教师的最低要求，是师德的底线。

范美忠率先逃跑的行为于情、于理、于法都是说不通的，即使在西方国家也是不允许的。如美国在对地震时老师的表现有着严格的规定。在地震较频繁的加州，《民法》第 3100 条规定所有公职人员是灾难服务人员，"此公职人员包括教师，

---

① 教育部 中国教科文卫体工会全国委员会.关于重新修订和印发《中小学教师职业道德规范》的通知.(教师[2008]2 号).

因此，当灾难发生时，美国教师有疏散学生的职责。”[①]一位定居美国的华人也撰文指出，像范跑跑这样的人，在美国连做教师的资格都没有。据《国际先驱导报》报道，如果日本出现了“范跑跑”，那他肯定会被马上解雇，而且在社会上永远无法抬头。地震发生时，学校教师应该如何做？在日本都有明确的规范，“老师不能离开学生”。[②] 据媒体报道，香港凤凰卫视《一虎一席谈》节目邀请范美忠现场辩论，而同期在凤凰网进行的一项调查，似乎也暗示着多数中国人的态度。这项名为“你怎样看待范美忠率先逃跑的行为”的调查共吸引了高达245888位网友的投票。其中有58.9%的人认为范美忠“已经不适合继续做教师了”，有17.1%的人对范美忠“不管是言论还是行为都不赞成”，而赞成范美忠言行的仅占4.5%。[③] 这也充分体现了人们对范美忠率先逃跑行为的基本态度和是非判断。

### （三）教师要增强法制意识、守住道德底线

教师职业道德的内容很丰富，它不仅含有道德，也含有世界观、人生观、价值观、政治立场和态度、法纪观念和行为等。教师职业道德需要底线，这是师德体系发挥职业性功能的前提和基础。教师的职业生活需要底线师德予以保证，以确保教师能够在伦理上达到起码的要求。关于师德的底线人们根据自己的理解、经验和体验，从不同角度进行界定。如有的认为是公正、公平，有的认为是关爱学生，有的认为是教师的良心，有的认为是爱岗敬业，有的认为是事业心和责任感，等等。

---

① 海外激辩“范跑跑”事件[EB/OL]. http://news.xinhuanet.com/world/2008-06/09/content_8329247.htm.

② 日本规定地震时老师不能离开学生[EB/OL]. http://news.sina.com.cn/w/2008-06-19/090615775789.shtml.

③ 海外激辩“范跑跑”事件[EB/OL]. http://news.xinhuanet.com/world/2008-06/09/content_8329247.htm.

这些观点都有一定道理，但从师德内容的层次看，依法执教是对教师的最低要求，应当成为师德的底线。近年来，为了规范教师的职业道德行为，一些教育行政部门和学校制定了中小学教师行为规范“十不准”或教师“八要八不”等。明确规定了教师不准体罚或变相体罚学生，不准从事营业性家教，不准收受学生及其家长的钱物，不准利用职务之便谋取私利，不准剽窃他人教科研成果，不准参与赌博、迷信等违法活动，等等。这些行为规范就属于师德的规则层次，是师德底线要求的具体化，违反了这些规则就要受到相应的处罚。而公正、公平，关爱学生，教师的良心，爱岗敬业，事业心和责任感等，虽然都是师德的重要内容，但不具有外显行为特征，如果做不到也是无法加以处罚的，因此，不能作为师德的底线。

从道德与法律的关系来看，道德是最高的法律，法律是最低的道德。因此，法律是道德的底线，道德是法律的升华。法是统治阶级意志的体现，是由国家制定或认可，并由国家强制力保证实施的行为规范的总称。道德是人类在改造自然和社会的实践中，以善恶为标准，依靠内心信念、社会舆论和传统习惯来评价人们的行为，调整人与人，人与自然环境以及个人与社会之间关系的行为准则和规范的总和。道德与法律都是调整人与人之间关系的最重要的行为规范，它们互相联系，彼此补充，成为维护社会秩序稳定的两种手段。道德的调节范围的确要比法律广泛得多，然而法律作为国家意志的体现，更直接、更充分，在规范的明确性、统一性和可操作性等方面也是道德所不能及的。因此，法律作为道德的底线，法制教育同样也是道德教育的基础。所以，在师德教育中，应始终把法制教育摆在重要位置，使教师不仅掌握一些重要的基本的法律知识，而且要树立依法执教的意识。

1997 年国家修订的《中小学教师职业道德规范》增加了“依法执教”的内容，并列在首位。2008 年教育部修订的《中小学教师职业道德规范》，要求教师“自觉遵守《教师法》等法律法规，依法履行教师职责和义务。”[①]因此，教师除了作为公民应当遵守《宪法》《民法》《刑法》等法律外，更要遵守与教师职业行为有关的法律法规，如《教育法》《教师法》《未成年人保护法》等。依法执教作为师德的底线，是对教师最最基本的要求。教师只要注意律己，是不难做到的。同时，依法执教的师德底线也是教师从教行为对与错、是与非的分界线。事实上，师德的底线要求，有的已被写进国家的法律、法规，在《义务教育法》《教育法》《教师法》以及《未成年人保护法》中都有明确规定。因此，我们要充分利用这次抗震救灾中的正反两方面典型，在教师中深入开展依法执教的师德教育，组织教师认真学习和宣传有关的教育法律法规，增强法制意识，守住师德底线。

总之，师德是教师的立身之本，依法执教是教师职业道德的底线要求，是教师提升素质、做好工作的基础。沧海横流方显英雄本色，地动山摇更显壮士情怀。我们要认真学习抗震救灾英雄教师的典型事迹和崇高精神，以他们为榜样，以对学生的挚爱、对教育事业的责任，以人民教师的人格魅力和学识魅力，教书育人，为人师表，做人民满意的教师，办人民满意的教育。

---

① 中小学教师职业道德规范[N].中国教育报，2008-09-04.

# 第三章　小学教师培养研究

从20世纪初开始，我国的小学教师一直由中等师范学校来培养，但随着师范教育层次的不断提升，师资队伍整体学历水平也得到不断提高。20世纪末和21世纪初，随着我国小学生生源趋于稳定，小学师资的供求已经基本达到平衡，因此提高小学师资队伍的整体学历水平，已经成为我国教师培养体制发展的趋势之一。

1980年6月，第四次全国师范教育工作会议上进一步明确师范教育的三级培养体制（高师本科培养中学师资、师专培养初中师资、中师培养小学师资），并通过了《关于办好中等师范学校的意见》，充分肯定了中等师范学校的重要地位，强调中等师范学校主要培养农村小学师资的办学方向，提出能否面向农村培养合格的小学师资是关系到农村能否普及初等教育的关键。

为了适应经济与社会发展对高质量基础教育的需求，我国提出了提高小学教师合格学历的要求。培养专科程度小学教师的探索，首先是从北京、上海、江苏、广东等中心城市和沿海经济发达地区开始的。1984年，江苏南通师范学校招收初中毕业生，学制五年，培养专科层次的小学教师，是为这一探索工作的发轫。其中，又有不同的具体情况，一种是一部分中等师范学校升格为高等师范专科学校，比如，1985年7月，上海市政府根据本市对高学历小学教师培养的需要，决定撤销上海市第四师范学校，建立上海师范高等专科学校，成为全国第一所正式建制的专门培养专科程度小学师资的高等师范学校。同年，北京第三师范学校、北京通县师范学校、南京晓庄师范学校、无锡师范学校、广州师范学校及稍后的大连师范学校等亦分别举办大专班，开始培养专科层次小学教师的试验。这些探索在我国师范教育发展史上具有开创性的意义。

20 世纪 90 年代中期之后，随着我国经济和社会发展的步伐越来越快，随着科教兴国战略的逐步实施，在专科学历小学教师探索已经取得丰富经验的基础上，许多地方纷纷提出进行本科学历小学教师培养试点工作的要求。1998 年 9 月，南京师范大学晓庄学院和杭州师范学院在教育学专业下分别招收了少量学生，开始培养本科学历小学教师的试验。1999 年，首都师范大学、上海师范大学、天津师范大学、南京师范大学晓庄学院、东北师范大学、四平师范学院和杭州师范学院等院校小学教育专业获得批准，并于同年开始正式招生，使小学教育专业真正成为我国高等教育体系中的一个专业。

1999 年 3 月 16 日，教育部在《关于师范院校布局结构调整的几点意见》中，提出对师范教育结构进行调整，逐步实现三级师范教育向二级师范教育的过渡；办好一批层次高、规模大、综合实力强的师范大学；积极稳妥进行中等师范学校的调整工作，把部分中等师范学校合并到高等师范院校；少数条件好、质量高的中师可通过联合、合并、充实、提高组建成师范专科学校，其余中师可以改为教师培训机构或其他中等学校。随着这种调整、改革的进程，原来的中等师范教育被逐步取消。调查数据显示，从 1999 年到 2010 年，中等师范学校由 815 所减少到 141 所（包括 40 所幼师），而本科师范院校从 87 所增加到 107 所。

2012 年小学教育本科专业被正式列入教育部颁布的《普通高等学校本科专业目录（2012）》。尽管小学教师的培养在我国已有百年历史，但高等教育体系下进行本科学历小学教师培养在我国还是一个亟待开拓的崭新领域。

本章论述的内容：小学教师培养首先要认识儿童、认识小学教育，明确小学教育特性，是小学教师培养的逻辑起点，是决定小学教师培养方式和要求的前提与基础。2012年，教育部颁布了《小学教师专业标准》，明确了一名合格小学教师专业素质的基本要求，开展小学教师教育的院校要将《专业标准》作为小学教师培养的主要依据，切实提高小学教师培养质量。创新小学教师培养模式，要坚持全科综合培养，注重专业技能训练，加强教育实践环节，这是提高小学教师培养质量的关键所在。初中毕业起点的“5＋2”培养模式与高中毕业起点四年制培养模式相比具有明显的优势，是培养本科学历小学教师的有效模式。江苏省“五年一贯制”培养模式1984年起试点，植根于丰厚的中师资源，经历了艰辛的探索，经受了实践的考验，在小学、幼儿园教师培养方面形成了自身的优良传统和独特经验。在新的机遇和挑战面前，要创新体制机制，加快内涵发展，提升培养层次。进入新世纪以来，我国已经逐步完成了三级师范向两级师范过渡，小学教师培养取得了显著成绩，但也存在不少问题，需要加以改进完善。随着社会经济发展，未来小学教师培养将呈现出本科化、专业化、全科化和规范化的发展趋势。

## 一、构建现代小学教师教育体系

随着我国小学教师培养纳入高等教育序列后，构建现代小学教师教育体系就成为教师教育改革发展的一项重要而紧迫的任务。现代小学教师教育体系的内涵主要包括三个方面：培养什么样的小学教师（即培养目标），由谁来培养小学教师（即培养机构）和怎样培养小学教师（即培养模式）。构建现代小学教师教育体系，需要调整布局结构，重组小学教师教育资源；改革管理体制，加强省级政府统筹力度；控制招生规模，积极推进师范生免费教育；创新培养机制，继承中师优良办学传统。

《国家中长期教育改革和发展规划纲要（2010—2020年）》（以下简称《教育规划纲要》）指出：要“加强教师教育，构建以师范院校为主体、综合大学参与、开放灵活的教师教育体系。深化教师教育改革，创新培养模式，增强实习实践环节，强化师德修养和教学能力训练，提高教师培养质量。”中央领导在全国教育工作会议上的讲话中也强调：“建设一支高素质的教师队伍，必须办好师范教育。”并指出要“加快完善教师培养培训体系”，有好的教师，才有好的教育。小学教育是整个教育体系的基础。我们要根据小学教育的性质特点和小学教师的规格要求，努力构建科学合理的现代小学教师教育体系，这对于培养高素质专业化的小学（幼儿园）教师队伍具有十分重要的意义。

教师教育是培养与培训师资的专业教育。教师教育体系的内涵从狭义上讲，通常指由多层次、多类型的教师教育机构所构成的系统；从广义上讲，教师教育体系是指一个自上而下的系统，是教师职前、入职、职后教育的统合，是由教师教育政策、培养和培训机构、培养和培训模式、课程体系、教师制度等要素构成的相互联系的整体。小学教师教育体系是整个教师教育体系的重要组成部分，但目前还缺乏系统的理论研究与实践积累。构建现代小学教师教育体系的内容很丰富，包括教师教育政策体系、教师教育机构体系、教师教育培养和培训模式体系、教师教育课程体系和教师教育制度体系等。教育的“核心是解决好培养什么人、怎样培养人的重大问题”。因此，构建现代小学教师教育体系，在当前亟须解决三个关键问题：一是培养什么样的小学教师，即培养目标体系；二是由谁来培养小学教师，即培养机构体系；三是怎样培养小学教师，即培养模式体系。

## （一）培养什么样的小学教师

培养目标是指专业的具体培养要求或具体质量规格，它既是专业教育的核心，也是专业教育工作的出发点和归宿。确立正确的培养目标是小学教师培养的前提，也是检验小学教师培养质量的标准，更是培养合格小学教师的重要保障。

小学教师培养目标是由小学教育的性质特点决定的。小学是对儿童实施初等教育的学校，它是给儿童以全面的基础教育的场所。小学教育在人一生的发展过程中起着重要的奠基作用。小学教育虽然也是基础教育，但与中学教育有不同的特点；小学教师虽然也是教师，但与中学教师有不同的专业特性。

在专业情意上，由于小学生具有依赖性和向师性强的特点，要求小学教师具有善待孩子的专业伦理，具有正确的儿童教育观、人才观，能够始终如一地、用多种方法为小学生提供一个鼓励性培养的环境，激励小学生以饱满的学习情绪、浓厚的学习兴趣投入到学校教育活动中去，并从中使小学生的身心健康成长。

在专业技能上，由于小学教育具有活动性、趣味性和艺术性的特点，对小学教师的教学技能技巧、音、体、美技能的要求，比中学教师、大学教师更高。小学教师要具有全面而较强的专业技能，才能全面适应并顺利完成小学教育的各项任务，因此，“三字一话”（即钢笔字、毛笔字、粉笔字、普通话）是每个师范生必须具备的基本功。

在专业知识上，由于小学教育具有基础性、全面性和综合性的特点，对小学教师专业知识的要求更为综合。小学教师不一定要求掌握某一门学科的高深知识，不要求成为某一门学科的专家，但要求成为通晓人文、自然等多种学科知识以及在音、体、美方面有一定特长的综合性、全能性的人才，成为儿童教育的专家。

小学教育的性质特点决定了小学教师具有与中学教师、大学教师所不同的培养规格与要求。我们要认真研究小学教师专业化的特点，在专业化视野下和高等教育框架内探究小学教师教育的理念，思考和构建小学教师教育体系。

### （二）由谁来培养小学教师

在三级师范教育体制中，小学教师由中师培养、县教师进修学校负责培训，初中教师由师专培养、地市级教育学院负责培训，高中教师由本科师范院校培养，省级教育学院负责培训，教师教育体系十分明晰。但是，在推进三级师范向二级师范过渡，小学教师培养纳入到了高等教育序列后，由于目前尚处于实践探索阶段，缺乏经验，小学教师培养出现了无序状态。实践证明，小学教师不是谁都能培养的，也不是谁都能培养好的，必须要由专门的教师教育机构来培养。要根据不同层次的学校、不同类型的教育对教师专业化的不同要求，确定培养院校、培养规模、培养标准。

我国教育学者成有信先生指出：即使实行了教师职业证书制以后，幼儿教育高师和小学教育高师类学校仍应保留。在这方面日本的经验值得注意：日本是在实行了小学教师的非定向培养方式后于20世纪70年代又重新恢复了小学教师定向培养的方式，——这是通过师范教育培养的方式。这由小学（幼儿）教师不同于中学及其以上学校教师的特殊性决定的：幼儿教师和小学教师要有担任多学科教学的综合知识和综合能力；教育理论、教育知识、教育技能和教育艺术对低年级学生的教育较之对高年级学生的教育具有特殊的重要性，即幼儿教师和小学教师掌握和运用低年级儿童认知、行为习惯和人格形成的规律性知识和相应技能在教育中的作用更大。一些实际工作者也提出：目前的师范本科或专科除了招生生源不理想外，毕业的学生也不适应小学教育特别是不适应农村小学教育。建议小学教师应该由专门机构——五年一贯制师范来培养。因此，从目前的实际情况来看，中学教师的来源可以多元化，但小学、幼儿园教师应当由专门的教师教育机构即有中师背景的本专科师范院校来培养。教育部师范教育司原司长管培俊指出："培养高中以上的教师，可能综合大学和高水平师范大学更具实力，更有后劲，因为他具备学科优势和多学科综合的优势、师资力量的优势；而初中以下，尤其是小学和幼儿教育，其他师范院校培养的毕业生似乎则更有优势，不仅过去、现在，将来也是。"

### （三）怎样培养小学教师

完整的培养模式应当由纵向学习时限模式和横向培养过程模式构成。从纵向时限模式看，目前我国培养本、专科小学教师的模式有：初中毕业起点的五年制专科、以及"5＋2"、"2＋4"，高中毕业起点的三年制专科、四年制本科等。随着师范生免费教育在地方师范院校的逐步推进，义务教育阶段教师绩效工资的实施，师范生源必将得到有效改善。在此背景下，人们更加关注和重视优化小学教师的培养过程。温家宝同志指出："师范教育的目标绝不是造就'教书匠'，而是要造就堪为人师的教育家。师范教育不能仅注重让学生在知识、能力和专业素质方面得到应有的发展，更要注重未来教师气质的培养，最重要的是文化熏陶。师范学校的专门训练，不限于教学的技能，而尤其在于多年的教育文化氛围中涵濡浸渍，使学生对教育实践的兴趣油然而生，对于教育事业的敬仰日益坚定。”为此,我们要积极探索文化基础教育与教师养成教育相融合的小学、幼儿园教师培养模式。总体而言,教师教育的课程设置和培养方案都应当包括通识教育、学科专业教育、教师专业教育、教育实习四大模块。但是四大模块如何整合,要根据培养目标和教育类型来确定。由于小学教育专业在学制上与培养中学教师不同,是单专业教育。因此,我们要根据《教育规划纲要》精神、小学教育的性质特点及其对小学教师的规格要求,积极吸收和借鉴传统中等师范教育的丰富经验,重点在四个方面推进小学教师培养过程模式的创新——坚持全科综合培养,注重专业技能训练,深化课程教学改革,加强教育实践环节,这是提高小学教师教育质量的关键所在。

构建现代小学教师教育体系,对于提高小学教师培养质量,适应基础教育改革发展和推进小学教师本科化具有重要意义。但是,构建现代小学教师教育体系是一项艰巨而复杂的系统工程,教师教育属于公共产品,是国家的事业、政府的责任。因此,要根据社会经济和基础教育发展对教师教育的新要求,按照“小学教育要做精、学前教育要做大、职后培训要做强”的发展战略,通过调整布局结构,改革管理体制,调控招生规模,创新培养机制,为小学教师培养提供政策保障和有力支撑。

1. 调整布局结构,重组小学教师教育资源

调整师范布局结构是构建现代小学教师教育体系的基本前提。自从20世纪末,国家“鼓励综合性高等学校和非师范类高等学校参与培养、培训中小学教师的工作”,实行教师教育开放化以来,由于没有小学和幼儿教师培养准入制度,出现了一些并不具备条件的非师范院校也在培养中小学教师的现象;一些地方取消了中师,却出现了中等职业学校培养小学、幼儿园师资的情况,全国每年还有20万之多的中师毕业生,因此,我国三级师范向二级师范过渡的任务还没有真正完成。

一些院校中由于小学教育专业的招生人数有限，小学教师教育资源缺乏，学科师资不配套，课程设置不合理，不利于师范生教师职业技能的训练和教师职业情感的培养。

因此，要组织开展小学和幼儿园教师培养工作的专项评估和机构资质认证，根据实际情况调整师范布局结构，重组小学教师教育资源。在这方面，江苏省和湖南省的做法值得借鉴。2005年江苏省在调查研究和充分论证的基础上，将五年制师范挂靠江苏教育学院，成立了12所分院，从而把整个教师教育纳入高等教育体系，把中师丰富的小学教师培养经验和高师具有的师资、设备优势及高校的学术气氛有机地结合起来，既保存了中师教育的优质资源，又完成了三级师范向二级师范的过渡，同时也为二级师范向一级师范过渡奠定了基础。2006年湖南省经过严格评估，确定若干所高师院校作为培养小学、幼儿园教师的基地，这些小学教师培养机构资格认证的师范院校均有中师的办学背景，从而继承和发扬了中师的优良办学传统，明确了师范院校的合理分工。实践表明，不同类型学校的教师由相应的教师教育机构来培养，更能体现小学教师的专业特性和规格要求。

2. 改革管理体制，加大省级政府统筹力度

改革管理体制是构建现代小学教师教育体系的关键所在。教师教育的发展，根本靠改革，关键是体制。在原有的行政管理体制下，一些培养小学、幼儿园师资的师范学校采取省属市管的体制，人、财、物都在当地。随着省管县行政体制改革的实施，必然带动教育体制改革。《教育规划纲要》指出：要“进一步加大省级政府对区域内各级各类教育的统筹。”鉴于小学教师培养已纳入高等教育序列，进入现代大学，推进小学教师本科化也势在必行，再加上各地对小学教师需求的数量也有限，在这种形势下，小学、幼儿园师资的培养由省里统筹规划，培养小学、幼儿园师资的师范院校由省里统一管理，既

是必要的，也是可行的。要坚持包容性发展的基本思路，通过整合提升，组建省级小学教师教育基地（集团），加大投入、加强建设。

湖南省从 2010 年起在国内率先启动初中毕业起点本科层次的农村小学教师培养。按照“自愿报名、择优录取、定向培养、公费教育、定期服务”的原则，采用二·四分段分专业方向模式。学生入学后前 2 年按中职学生注册学籍，学习基础文化课程；2 年期满参加当年普通高校招生对口升学考试，考试成绩达到省当年划定录取控制分数线的，升入本科层次学习 4 年。本科修业期满，成绩合格者由湖南第一师范学院颁发初中起点本科文凭及学士学位证书。2010 年江苏省启动免费师范生教育试点，将 300 名招生计划安排在 3 所五年制高等幼儿师范学校，实行定向招生、定向培养、定向就业的一体化机制。湖南和江苏的做法是省级政府统筹管理师范教育的一种有效尝试。

3. 调控招生规模，积极推进师范生免费教育

调控招生规模是构建现代小学教师教育体系的重要环节。在基础教育全面普及和全面提高的新形势下，小学教师队伍的供求关系发生了根本性变化，全国小学教师队伍已经供过于求。因此，我们要在每个省域范围内对中小学和幼儿园的师资需求作认真、周密的调查研究，按照学科、城乡需求做好中长期规划和年度招生计划，按照各地、市、县上报的需求进行定向的定单式培养，这样做更有利于把师范生教育的质与量和基础教育需求对接起来，实行供需匹配、按需培养、渐序发展。总之，教师教育不是市场机制能够解决问题的，它需要政府进行调控，在调控过程中既要进行教师新岗位需求预测，又要进行师范生供求预测，使小学教师培养达到一个供需求预测相对平衡的状态。

调控师范招生规模，建立小学教师培养的供需求关系，把

有限的教师教育资源真正运用到高质量的教师培养中，必须按照《教育规划纲要》的要求，“积极推进师范生免费教育”，吸引优秀青年读师范，鼓励优秀人才当教师。从 2007 年起，国家在教育部直属 6 所师范大学实行师范生免费教育已初见成效。工作进展顺利，考生报名踊跃，生源好于往年，反映了国务院关于实行师范生免费教育的决策深得民心。同一年，江苏省南通市在全国地级市中率先启动了五年制师范生免费教育、定向培养的试点工作。由于提供了免费教育、协议定向的政策保障，并且采取了提前录取的保障措施，因此，2007 年以来免费师范生的招收一改前几年师范生源入学成绩步步下滑的颓势，呈现可喜局面。从 2008 年起，南通市教育局每年组织一次定向培养师范生素质发展公开汇报活动。在向社会公开汇报活动中，定向师范生全方位展示了在文化素养、道德情操、职业技能、特长发展等方面的成长历程和阶段成果。书写、朗诵、绘画、演唱、舞蹈等职业技能表演，古诗和英语名篇背诵抽测，现场命题即兴演讲，充分展示了定向师范生的培养成果，受到社会各界的广泛好评，国家教育部原副部长、国家总督学顾问、江苏省文联主席王湛感慨地说：“10 年、20 年之后，这批孩子必将是南通基础教育界的骨干。”江苏省 2010 年免费幼儿师范男生招生面试竞争激烈，录取比例达到 300 ∶ 1，竞争激烈程度超过公务员，录取分数线超过当地的四星级高中。

事实表明，在地方师范院校实施师范生免费教育，能改变生源质量，能培养出思想素质好、职业技能强、业务水平高的“下得去、留得住、用得上、干得好”的教师，能更好地解决农村教育的师资问题。这符合我国国情和基础教育的实际，符合国家倡导教育家办学的导向，符合教师教育改革发展的方向。因此，师范生免费教育、定向培养工作的重启，不是制度的回归，而是螺旋式的上升，体现出政府在教育改革与发展的过程中承担了更多的责任。我们要从“师范教育可以兴邦”的战略高度，调整教师教育的政策和制度，整体构建现代教师教育体系。

4. 创新培养机制，承续中师优良办学传统

创新培养机制是构建现代小学教师教育体系的根本要求。在新形势下，小学教师培养如何适应小学教育的特点和小学教师专业化的要求，加强小学教育专业建设，确保人才培养的规格和质量，需要创新培养机制。在我国，招收初中毕业生、培养五年一贯制专科学历小学教师，是国家教育部批准和倡导的，1984 年从江苏省南通师范学校开始试验。五年制师范是在原中师基础上发展起来的，在长期的办学实践中，积累了丰富的培养小学教师的传统和经验，如对学生管理特别严格、对学生职业技能训练特别重视、对学生职业意识培养特别强烈等，形成了独特的小学教师培养文化，培养了一大批优秀小学教师，受到社会各方面的充分肯定。顾明远先生认为，我们可以借鉴"法国或者我国台湾地区那样采取渐进的方式：逐步延长中师的学制，从提高中师学生的科学文化知识水平做起；保留中师的建制，提高毕业生的工资待遇，逐步过渡到小学教师达到本科学历水平。"他所主张的就是在中师基础上发展起来的五年一贯制培养小学教师的模式。五年一贯制师范教育是一种成熟的小学教师培养模式。国务院《关于当前发展学前教育的若干意见》指出：要"积极探索初中毕业起点五年制学前教育专科学历教师培养模式"。2010 年江苏省免费师范生教育试点首先从 3 所五年制高等幼儿师范学校开始，也说明了政府和教育行政部门对五年制师范在培养小学、幼儿园教师方面具有独特优势的充分肯定。

近十多年来，由于对师范生的优惠政策相继取消，使得师范生生源质量呈下降趋势，优秀学生报考师范院校的很少，本专科师范的生源质量普遍下降，尤其是师范专科生，一般都是在高等教育大众化形势下高考队伍中学业成绩较差的一部分学生，只达到专科的录取分数线，其进入高校以后，学习能力、

可塑性和艺术素养等大都不如初中毕业起点的师范生。实践证明，小学教师培养以初中毕业生为起点，他们年龄小，可塑性大，可以培养掌握艺术技能的适合幼儿和小学儿童教育的教师。江苏省的初中毕业起点“5＋2”培养本科学历小学教师的模式，湖南省的初中毕业起点“2＋4”分段培养本科层次农村小学教师的模式，是在推进小学教师本科化进程中，小学教师培养体制机制的创新，既继承了五年制师范的优良办学传统和经验，又实现了办学层次和水平的有效提升。与此同时，五年制师范要积极探索与当地本科师范院校合作，联合培养高中毕业起点的本科学历小学教师，培养方案整体设计，前两年培养以五年制师范为主，后两年培养以本科师范院校为主，实行资源共享、优势互补，使师范性与学术性得到最佳结合。

## 二、基于《专业标准》的小学教师培养

教育部颁布的《小学教师专业标准》，明确了一名合格小学教师专业素质的基本要求，是我国教师专业化进程中的重要里程碑。我们要认真学习《小学教师专业标准》，正确认识小学教师专业特性；深刻领会《小学教师专业标准》，客观分析小学教师培养现状；贯彻实施《小学教师专业标准》，不断提高小学教师培养质量。

教师是教育事业发展的基础，是提高教育质量、办好人民满意教育的关键。教师专业标准是规定从教人员所应具备的基准性专业品质，是教师专业化的必要条件。教育部颁布的《小学教师专业标准》（以下简称《专业标准》），明确了一名合格小学教师专业素质的基本要求，这是小学教师开展教育教学活动的基本规范，是引领小学教师专业发展的基本准则，是

小学教师培养、准入、培训、考核等工作的重要依据。《专业标准》的颁布是我国教师专业化进程中的重要里程碑。我们要在认真学习《专业标准》的基础上，正确认识小学教师专业特性，深化教师教育改革，不断提高小学教师培养质量。

教师专业标准的制定，首先是基于对教师专业地位和特性的确认。小学教育是整个教育的奠基工程，是一个人人生发展的重要阶段；小学教育虽然也是基础教育，但与学前教育、中学教育有不同的特点；小学教师虽然也是教师，但与其他类型教师有不同的专业特性。小学生成长的特殊地位、特殊规律和特殊需求，需要小学教师形成不同于其他教师的专业态度与行为，专业知识与能力。因此，我们要深刻理解和"认同小学教师的专业性和独特性"。

分析小学教师专业特性必须以教师专业素质结构为取向，主要包括专业道德（或称之为专业精神、专业情意）、专业知识和专业能力。为此，《专业标准》从三个维度对小学教师的"专业理念与师德""专业知识""专业能力"进行了细致、专业的梳理和规范，厘定小学教师的从教规格，进一步凸显了小学教师职业的专业特性。

## （一）小学教师职业的专业特性

### 1. 小学教师专业理念的先进性与师德的崇高性

小学教师必须要有先进的专业理念和崇高的职业道德（即师德）。在教育实践中，师德的所有问题都是围绕着师生关系展开的，师生关系的核心是教师的情感问题，也就是要关心、热爱学生，树立以学生为本的教育理念。根据小学生的依赖性和向师性等特点，小学教师专业理念的先进性与师德的崇高性主要表现在特别有童心和爱心，最重要的是对儿童的感情和热忱、个人优秀的道德品质、正确的教育理想和信念以及对教育工作的使命感与责任感。

因此,《专业标准》把立德树人作为教育的根本任务,从职业理解与认识、对小学生的态度与行为、教育教学的态度与行为、个人修养与行为四个领域对“小学教师的专业理念与师德”提出具体要求,大到献身教育事业、遵纪守法,小到个人修养、言谈举止。蕴含着对小学教师情感、态度、价值观的要求和教育理想与信念的培育,特别是在对待小学生的态度方面,本着“教师的爱是小学教师的灵魂”这一理念,着重要求小学教师“富有爱心、责任心、耐心和细心”,“具有良好的职业道德修养,为人师表”。并将保护小学生生命安全放在首位,将师德作为首要条件。

2. 小学教师专业知识的综合性

小学教育是整个教育事业的基础,是为小学生一生的发展奠定基础,是为国家和民族培养各类人才奠定基础。根据小学教育基础性和全面性等特点,小学教师在专业知识方面不同于其他教师,更多地表现为一种综合性。小学教师不一定要求掌握某一门学科的高深知识,不要求成为某一门学科领域的专家,但要努力成为通晓人文、自然等多种学科知识以及在音体美等方面有一定特长的综合性、全能性的人才,成为儿童教育的专家,如斯霞、霍懋征、李吉林等优秀教师。

因此,《专业标准》从小学生发展知识、学科知识、教育教学知识、通识性知识四个领域对“小学教师的专业知识”提出具体要求。要求小学教师在了解和掌握小学生发展的知识和多学科知识的基础上,掌握所教学科的知识体系、基本思想与方法。也正是基于小学教育综合性的特点,《专业标准》还特别要求小学教师关注所教学科与社会实践、少先队活动以及与其他学科的联系;要求教师掌握小学教育教学基本理论,关注通识性知识的重要价值。

3. 小学教师专业能力的全面性

小学生的认知、情感在很大程度上带有具体形象性特征,容易受外部具体事物的影响。对于小学生来说，一旦对某种活动产生了兴趣，便可以直接转化成推动其介入活动的内在动力，主动、积极地发展自己。小学生对教学活动外在表现的兴趣远远大于对教学内在内容的兴趣，因而，对小学教师的教学技能技巧、现代教育技术以及音体美技能的要求，比中学教师、大学教师更为全面。

因此，《专业标准》从教育教学设计、组织与实施、激励与评价、沟通与合作、反思与发展五个领域对“小学教师的专业能力”提出具体要求。如根据时代发展的需要，要求教师“帮助小学生建立良好的同伴关系”“将现代教育技术手段整合应用到教学中”等。关注小学教师专业能力建设过程中的独特性，如增加了体现小学教师教育教学特殊性的一项新能力要求，即“合理设计主题鲜明、丰富多彩的班级和少先队活动”；针对小学教育的特点，小学教师要“较好使用口头语言、肢体语言与书面语言，使用普通话教学，规范书写钢笔字、粉笔字、毛笔字”，这是《专业标准》中对小学教师提出的特殊要求。

小学教师的专业特性是通过专业教育、终身学习、自主研究和专业发展获得的。因此，开展小学教师教育的院校要将《专业标准》作为小学教师培养的主要依据，“重视小学教师职业特点，加强小学教育学科和专业建设。完善小学教师培养培训方案，科学设置教师教育课程，改革教育教学方式；重视小学教师职业道德教育，重视社会实践和教育实习；加强从事小学教师教育的师资队伍建设，建立科学的质量评价制度”，切实提高小学教师培养质量。

### （二）切实提高小学教师培养质量

#### 1. 更新教师教育理念

思想是行动的先导。贯彻实施《专业标准》规定的，小学教师的培养要始终坚持“学生为本、师德为先、能力为重、终身学习”的教育理念。“学生为本”就是以“儿童的发展为本”，这是小学教育教学的终极目标。坚持“学生为本”强调小学教师要“尊重小学生权益，以小学生为主体，充分调动和发挥小学生的主动性；遵循小学生身心发展特点和教育教学规律，提供适合的教育，促进小学生生动活泼学习、健康快乐成长。”

“师德为先”既是《专业标准》倡导的基本理念，是社会对教师的普遍要求，也是实现“学生为本”的必要条件。坚持“师德为先”就是要求小学教师“热爱小学教育事业，具有职业理想，践行社会主义核心价值观，履行教师职业道德规范，依法执教。关爱小学生，尊重小学生人格，富有爱心、责任心、耐心和细心；为人师表，教书育人，自尊自律，做小学生健康成长的指导者和引路人”。

教师的专业能力是教师教育理念、专业知识的载体，直接关系到学生的学习能力、实践能力和创新能力的形成和发展。坚持“能力为重”就是强调小学教师要“把学科知识、教育理论与教育实践有机结合，突出教书育人实践能力；研究小学生，遵循小学生成长规律，提升教育教学专业化水平；坚持实践、反思、再实践、再反思，不断提高专业能力。”

终身学习是当代社会的重要特征，是教师专业化的根本要求，是小学教师的一种生活方式和精神追求。坚持“终身学习”，小学教师应当“学习先进小学教育理论，了解国内外小学教育改革与发展的经验和做法；优化知识结构，提高文化素养；具有终身学习与持续发展的意识和能力，做终身学习的典范”。总之，“学生为本、师德为先、能力为重、终身学习”这四个基本的教育理念，既是小学教师作为专业人员在专业实践和专业发展中应当秉持的价值导向，也是小学教师培养院校必须始终坚持的价值标准与价值追求。

2. 创新教师培养模式

贯彻实施《专业标准》，需要创新教师培养模式。完整的培养模式应包括纵向学习时限模式和横向培养过程模式两个方面。从纵向时限模式看，目前我国培养本专科小学教师的模式有：初中毕业起点的五年制专科、以及“5＋2”、“2＋4”，高中毕业起点的三年制专科、四年制本科等。在这些培养模式中，“5＋2”虽然是培养本科学历小学教师的有效模式，但这毕竟是一种过渡模式，随着小学教师本科化的推进将会逐渐被其他培养模式所替代，而“2＋4”（或“3＋4”）是值得推广的培养模式。实践证明，小学教师培养以初中毕业生为起点，他们年龄小，可塑性大，可以培养成为掌握艺术技能的适合小学儿童教育的教师。在江苏省师范生基本功大赛中，一些高中起点培养学前教育和小学教育师资的本科院校师范生的教学基本功明显不如初中起点的五年制师范生，就是有力的证明。《中国教育报》（2012 年 11 月 1 日）刊登记者报道：《小学教师培养，“回”到初中起点？》，介绍山东省在小学教师教育改革方面的做法和经验，值得关注。

随着尊师重教社会风尚的进一步形成，教师教育优先发展地位的确立，教师职务（职称）制度改革的推进，教师绩效工资的实施，经济待遇和社会地位不断提高，教师职业的吸引力将显著增强，师范院校的生源质量将会得到有效改善。在此背景下，人们更加关注和重视优化小学教师的培养过程。我国小学教师的培养模式，在学科方向上主要有综合型、大文大理型、先综合后分方向、分方向（如小学语文、数学、英语、科学、音乐、体育、美术、现代教育技术）等四种。根据小学教师专业知识综合性的特点，借鉴发达国家和地区的经验以及小班化教学的趋势，需要积极探索本科学历小学教师全科综合培养模式，即由高等师范院校专门培养的、掌握教育教学基本知识和技能、学科知识和能力结构合理、能承担小学阶段国家规定的各门或多门课程教学工作的小学教师。如我国台湾地区文化课实行包班教学，称为级任教师，音体美等技能学科的教师称为科任教师，担任一个年级的学科教学任务。我国小学的师生比与国外差不多，实施小班化教学的难度就在于缺乏全科型师资。教育部印发的《关于深化教师教育改革的意见》中明确提出“完善小学教师全科培养模式”的要求，并将进行改革试点。这几年，我国的湖南、山东、浙江等省已开始探索培养全科小学教师，值得借鉴。因此，我们要积极探索大学文化基础教育与教师专业养成教育相融合的综合培养模式，既要注重学生在知识、能力和专业素质方面的发展，更要注重未来教师气质的培养和文化熏陶。

3. 加强学科专业建设

贯彻实施《专业标准》，需要加强学科专业建设。学科专业建设是高师院校建设的根本，学校的水平和地位都取决于其学科水平。学科以专业为基础，专业以学科为依托。因此，师范院校要以学科建设为中心，以专业结构调整为指引，根据学科和专业发展的目标，依托学科营造良好的学术环境。小学教师的专业特性决定了小学教育专业的学科基础不同于培养中学教师的各个学科专业，小学教育专业的学科基础不是单一的任教学科或教育学科，而是由多种相关学科共同支撑的。

小学教育专业应将初等教育学以及小学各科课程与教学论作为重点建设学科，依托师范院校的学科优势，增强发展的后劲和活力。初等教育学是彰显小学教师专业特性、支撑小学教师专业化发展的基础理论。初等教育学学科建设应当从研究小学生和小学教育的特点入手，立足于儿童心理学、儿童哲学以及小学教育特有的养成教育理论，探寻初等教育自身的内在逻辑和丰富的实践智慧，以此增强小学教育专业的学科意识，组建具有本专业特色和优势的学科队伍。

要通过加强师范院校校际间的学科学术组织建设，实现资源共享，优势互补，为学校之间、教师之间开展教研活动、学术研讨提供平台，逐步形成多学科协调发展、特色和优势明显的学科体系。要建立科学的质量评价制度，促进重点学科和特色专业建设，进一步强化育人是根本、质量是生命、教学是中心的意识，不断提高小学教师教育的质量和水平。

4. 深化课程教学改革

贯彻实施《专业标准》，需要深化课程教学改革。课程是实现培养目标的关键因素，课程方案影响到人才培养的规格与质量。教师教育改革的核心是课程改革。要根据基础教育课程改革的目标要求，落实教育部《关于大力推进教师教育课程改革的意见》以及《教师教育课程标准(试行)》，修改完善小学教育专业培养方案，构建体现先进教育思想、开放兼容的教师教育课程体系。

深化课程教学改革，要注重学思结合、知行统一、因材施教，把教师教育融入当地的基础教育，实现小学教师培养与基础教育改革发展的零距离对接。改革传统的小学教育学、心理学和教学法等教师教育课程结构，更新教学内容，改进教学方法和手段，采取模拟课堂、现场教学、情境教学、案例分析等多种方式，增强师范生学习兴趣，提高教学效果。加强教师职业道德教育和养成教育，加强现代教育技术的开发和应用，着力培养师范生的社会责任感、创新精神和实践能力。

教师教育课程在广义上包括教师教育机构为培养和培训幼儿园、小学和中学教师所开设的公共基础课程、学科专业课程和教育类课程，而目前颁布的《教师教育课程标准(试行)》是专指教育类课程，因此要根据小学教师专业特性、培养模式，抓紧研究制订小学教育专业的“公共基础课程”、“学科专业课程”的课程标准，便于统一教学要求与开展教学质量评估。

教师职业是实践性职业。在小学教师培养过程中，既要重视学科专业知识教学，更要重视职业技能训练，为小学教育培养出基础知识扎实、职业技能过硬、能歌善舞、多才多艺的优秀小学教师。要坚持教师教育的“实践取向”，高度重视教育实习实践环节，要建立长期稳定的教育实习基地和优秀小学教师共同指导师范生教育实习制度，实行“双导师制”。要落实师范生到小学教育实践不少于一个学期制度，要借鉴临床医学教育模式，以“临床教学”作为教育实习的基本模式，使师范生真正融入实习学校的教学工作中，比较综合地将理论与实际、知识与技能结合起来，培养师范生的职业情感和教学实践能力。

5. 强化师资队伍建设

贯彻实施《专业标准》，需要强化教师教育师资队伍建设。有好的教师，才有好的教育。加强学科专业建设、深化课程教学改革的关键取决于教师教育师资队伍。要根据《专业标准》要求，通过加强特色专业、精品课程和教学团队建设，不断提升教师的教育科研水平和教学业务能力。要坚持培养与引进兼顾，教学与科研并重，加强高端教育人才队伍建设。要完善重师德、重能力、重业绩、重贡献的教师考核评价标准，引导教师潜心教书育人。

开展小学教师教育院校的教师必须坚持面向小学、了解小学、研究小学，积极开展小学教育教学改革实验，担任教育类课程的教师要经常深入小学，具有小学教育服务工作的经历和能力。加强兼职教师队伍建设，师范院校要积极主动地与小学建立合作伙伴关系，聘请小学名特优教师担任学科教学论课程的教学，定期为师范生开设专题讲座、上示范课等，形成与小学联合培养教师的新机制。

## 三、小学教师培养模式：特性分析与创新思路

分析小学教师培养现状，正视其存在问题，对于探索小学教师培养模式具有现实意义；明确小学教师专业特性，是构建小学教师培养模式的逻辑起点；创新小学教师培养模式，要坚持全科综合培养，注重专业技能训练，加强教育实践环节，这是提高小学教师教育质量的关键所在。

在三级师范教育体制中，小学教师由中师培养、初中教师由师专培养、高中教师由师院（或师大）培养，并在长期的办学实践中形成了各自的培养模式。随着经济社会的发展，本世纪初，我国逐步推进三级师范向二级师范过渡，取消了中师层次，小学教师教育纳入高等教育的体系。但由于目前尚处于实践探索阶段，缺乏经验，在小学教师培养方面还存在一些不容忽视的问题。因此，分析小学教师培养的现状，研究如何在高等教育体系内，根据小学教师的专业特性，创新小学教师培养模式，培养适应小学教育需要的高素质师资，在当前具有十分重要的理论和实践意义。

### （一）分析小学教师培养现状：探索小学教师培养模式的现实需要

模式是指某种事物的标准形式或使人可以照着做的标准样式。培养模式或人才培养模式是学校为学生构建的知识、能力、素质结构，以及实现这种结构的方式，它从根本上规定了人才特征并集中地体现了教育思想和教育观念。简而言之，培养模式，实际上就是人才的培养目标、培养规格和基本

培养方式。顾明远先生指出:“学校是分层次的,有幼儿园、小学、初中、高中多个层次。各层次学校对教师的要求也是不一样的。与此相对应的,师范教育的模式也应该有所区别。”①小学教育不同于初中、高中教育,有其自身的特点。但现在一些高师院校在小学教师的培养方面缺少研究、不考虑小学教育的实际需要,培养方案缺乏针对性,培养模式存在盲目性。一些学者不分学段和层次笼统地主张和倡导“学科知识+教育知识”即X+X分阶段培养模式,是一种误导,对初中以下师资的培养是不适用的。小学教师专业化与中学教师专业化是有区别的,因此,教师教育要根据培养不同学段、不同学科教师的不同要求,研究探索不同的培养模式。

近年来,随着教师教育体系的开放,一些高等院校也参与到培养中小学教师的行列,但由于缺乏培养小学教师的经验,没有建立和形成具有小学教育专业特性的课程体系和小学教师文化;有些高师院校仍然按照培养中学教师的模式来培养小学教师,出现了“中学教师化”的偏向。一些地方出现了“小学教师的学历整体提高了,专业化水平反而下降”的尴尬局面。因此,一些用人单位经常会产生“高师毕业生为何站不稳三尺讲台”的困惑和感慨;许多小学校长反映,现在专科或本科毕业的小学老师反而不如中师毕业生那样适应小学教育。②认为现在不少大学本科的师范毕业生难以胜任岗位,敬业精神和教学技能都欠缺。他们非常怀念以前的中师毕业生,师德好、技能好,有上进心,还非常稳定。③ 顾明远先生也明确指出:“近几年来师范教育的机构改革进行得非常神速,而教师专业化水平并未有多大提高。……这些改革的后果是什么

---

① 顾明远.谈谈我国教师教育的改革和走向[J].求是,2008,(7):55.

② 顾明远.我国教师教育改革的反思[J].教师教育研究,2006,(6):4.

③ 李益众.高师毕业生为何站不稳三尺讲台[N].中国教育报,2007-05-21.

呢？说得极端一些、激进一些是削弱了师范教育体系，降低了教师专业化水平，其中损失最大的是小学教师。”①

教育实习是提高未来教师从教能力的重要途径。但是，近年来在师范教育被“边缘化”的背景下，师范生教育实习被削弱，其表现有二：一是实习时间短，一般仅为3个月左右；其二是没有严格的制度保障。如让学生自己找实习单位或回生源地自行实习，存在“放羊式”的现象，实习过程缺乏有效的组织与指导使之流于形式。所有这些都严重削弱了教育实习的价值，影响了师范院校毕业生的教育实践能力。学生虽然在学校接受了师范训练，但教学技能依然不高，一旦走向工作岗位，就会出现“师范生不会教学”的场面。

尽管高等院校培养小学教师质量不高的原因是多方面的，既有体制机制方面的因素，也有生源质量方面的原因，但培养模式不当确是问题的关键。针对这种情况，2005年教育部《关于规范小学和幼儿园教师培养工作的通知》（教师[2005]4号）指出：“各级培养小学教师的学校要不断深化教育教学改革，强化质量意识，加强教学管理，加强小学教育专业建设，严格执行教学计划，突出教育实践环节，积极推进现代信息技术在课堂教学中的应用，积极吸收和借鉴传统中等师范教育的丰富经验，积极探索小学教师培养特点和规律，不断提高人才培养质量。”小学教师需要的是宽广而综合的人文、科学和艺术等方面的知识、能力、性格和情感素养，其工作的情商要求甚至超过智商要求，特别是在艺术方面，最好能有所专长，能歌善舞，能适应儿童活泼的天性，富于爱心、童趣、亲和力与教育情意等。然而，高等院校的性质及其专业分科、课程设置和专深知识教学目标的导向，其重视理论知识灌输而忽视临床实习实践和操作技能培养的传统，与中师重视素

① 顾明远.我国教师教育改革的反思[J].教师教育研究，2006,(6):4.

质培养模式有很大不同，既有悖于当前国际教师教育综合化的潮流，也不符合小学教师教育的要求，不利于优秀小学教师的培养。因此，有专家指出：小学教育师资队伍的发展与评价需要明确定位，绝不是高学历的人就一定能够培养出好的小学教师。[①] 作为培养小学教师的高等院校，应首先要熟悉、了解和研究小学教育，明确小学教师的专业特性，掌握小学教师培养的特点和规律，从而为建构小学教师培养模式提供理论支撑和实践基础。

### （二）明确小学教师专业特性：构建小学教师培养模式的逻辑起点

唯物辩证法认为，事物既是普遍联系的，又是相互区别的。我们既要把握矛盾的普遍性，又要懂得矛盾的特殊性，不知道一事物与他事物的区别，就不能掌握事物发展的规律、把工作做好。小学教育虽然也是基础教育，但与中学教育有不同的特点；小学教师虽然也是教师，但与中学教师有不同的专业特性。因此，在分析小学教师培养现状的基础上，弄清楚小学教育的特点和小学教师的专业特性，是小学教师教育的前提，是构建小学教师培养模式的逻辑起点。

#### 1. 小学生的依赖性和向师性，对小学教师专业情意的要求更为鲜明

小学生从家庭生活进入学校生活，在家庭里由血缘关系产生的依恋感、归属感是生物性的亲社会情感，学校应通过建立亲密和谐的师生关系、伙伴关系，利用其中的异质同构机理，帮助儿童增加新的社会经验，把上述生物性的亲社会情感扩展和提升为更加高级的社会精神性情感。因此，“小学教师

---

① 李玉华，林崇德.从教师专业化视角看我国小学教师教育发展[J].教师教育研究，2006，(3)：16.

特别需要用目光、笑容、肤触及各种体态语言向儿童传递爱的信息，使小学生建立对学校及老师的依恋、信任的关系”。①

由于小学生的自我意识发展水平较低，他们的独立自主性差，对教师的依赖性强。小学生进入小学后，教师就成为他成长中的重要他人，他们把对父母的依恋迁移到教师身上，在小学生的心目中教师具有至高无上的地位。他们往往是根据学校教师对自己的评价来评价自己，所以，小学教师的态度对小学生的影响很大。这就特别要求小学教师具有善待孩子的专业伦理，具有正确的儿童教育观、人才观，能够始终如一地、用多种方法为小学生提供一个鼓励性培养的环境，激励小学生以饱满的学习情绪、浓厚的学习兴趣投入到学校教育活动中去，并从中使小学生的身心健康成长。叶澜教授指出：“在小学阶段，尤其需要高水平的教师，需要尊重、关爱学生，善于发现孩子的差异和潜能，愿意付出自己的宝贵时间和精力，用自己善良的心灵、聪慧的才智和教育的艺术与孩子们一起创造幸福、快乐的童年生活和有意义的学校生活的好教师”。可见，小学生的依赖性和向师性，对小学教师专业情意的要求更为鲜明。

2. 小学教育的趣味性和艺术性，对小学教师专业技能的要求更为全面

小学教师要具有全面性的专业能力，才能全面适应并顺利完成教书育人的各项任务。现代教育思想主张学生应该自主地学、愉快地学。对于小学生来说，一旦对某种活动产生了兴趣，便可以直接转化成推动其介入活动的内在动力，主动、积极地发展自己。小学生的认知、情感在很大程度上带有具体形象性特征，容易受外部具体事物的影响。因而小学生对教学活动外在表现的兴趣远远大于教学内在内容的兴趣，如

---

① 朱小蔓.认识小学儿童，认识小学教育[J]，中国教育学刊，2003，(8)：6.

教师讲课的表情、教学组织形式、教具以及师生关系等都将对教学效果产生很大的影响。他们往往会爱屋及乌，因为喜欢这位教师，就喜欢上这位教师的课；因为喜欢教师某堂课采取的教学形式和手段，就喜欢听这堂课的内容。由于小学生的思维具体形象性和小学教育趣味性的特点，对小学教师的教学技能技巧、现代教育技术的要求更高。

人自幼小时候即表现出对艺术的感知力。由于艺术在人的人生道路和发展过程中具有特殊的价值，因而在小学教育阶段，音乐、美术等艺术学科被纳入学习课程之中，借此陶冶小学生的情操。在小学教育阶段，小学生的心理形式和机能处于发展的初级水平，认识和意向特点决定了外部信息的直接灌入难以激起学生的主动反应和积极参与。“没有一条富有诗意的、感情的和审美的清泉，就不可能有学生全面的智力发展”。① 因此，在小学教育过程中都应该展现出教育的艺术性。从这一意义上说，小学教师应该多才多艺。琴棋书画皆通，天文历法都懂，耐心爱心具备，严肃幽默全会。对小学教师的音、体、美技能的要求，比中学教师、大学教师更高。可见，小学教育的趣味性和艺术性，对小学教师专业技能的要求更为全面。

3. 小学教育的基础性和全面性，对小学教师专业知识的要求更为综合

小学教育是整个教育事业的基础，为国家和民族培养各类人才奠定基础；小学教育最重要的特性是基础性。小学教育是向小学生实施德、智、体、美全面发展的教育，不是升学教育的基础，而是素质教育的基础，在人类倡导构建学习化社会的时代，它是终身教育的奠基阶段，是为人生的发展奠定基础

① 苏霍姆林斯基.教育的艺术[M].肖勇译.长沙：湖南教育出版社，1983：161.

的。小学教育的全面性,是孕育现代人应具备的健全的人格、开放的头脑、豁达的性情、出奇的创意这些综合素质的保证。因此,小学教师在专业知识方面不同于中学教师,更多地表现为一种综合性。小学教育是启蒙教育,中学教育是在小学教育的基础上所进行的普通教育,较之小学教育是一种继续加深的教育,高等教育更是一种培养专业人员的教育。因而,对中学教师和大学教师的学科专业知识要求更高,而对小学教师的通识、通才要求更高。小学教师不一定要求掌握某一门学科的高深知识,不要求成为某一门学科的专家,但要求成为通晓人文、自然等多种学科知识以及在音、体、美方面有一定特长的综合性、全能性的人才,成为儿童教育的专家。可见,小学教育的基础性和全面性,对小学教师专业知识的要求更为综合。

总之,小学生的特点和小学教育的性质决定了小学教师具有与中学教师、大学教师所不同的培养规格与要求。因此,有学者指出:"教师专业性相对不同层次的大学、中学、小学教师来说,又有不同的要求。学科专业知识的要求从大学、中学到小学教师依次而降,而对于掌握教育心理理论和教育艺术的要求则是从大学、中学到小学教师依次而升"。[①] 这也正是一些国家和地区小学和幼儿园教师并不是通过 X+X 分阶段培养模式,而是采用在"专门学院"(一般是教育学院),通过三年(或四年)连续培养,并且特别重视临床教学见习、实习,来培养他们的教育、教学能力的原因之所在。[②] 我们要认真研究小学教师专业化的特点,在专业化视野下和高等教育体系内探究小学教师教育的理念,思考和构建小学教师的培养模式。

---

① 詹小平,等.教师专业化视角中的小学教师培养[J].当代教育论坛,2004,(2):29—31.

② 丁锦宏.关于当前我国小学教育本科专业人才培养策略的思考[J],教师教育研究,2007,(2):39.

### （三）创新小学教师培养模式：提高小学教师教育质量的关键所在

完整的培养模式应当由纵向学习时限模式和横向培养过程模式构成。从纵向时限模式看，目前我国培养本、专科小学教师的模式有：初中起点的五年制专科、高中起点的三年制专科、四年制本科，以及“5＋2”专转本等。随着师范生免费教育在地方师范院校的逐步推进，义务教育阶段教师绩效工资的实施，师范生源必将得到改善。在此背景下，人们更加关注和重视优化小学教师的培养过程。总体而言，教师教育的课程设置和培养方案都应当包括通识教育、学科专业教育、教师专业教育、教育实习四大模块。但是四大模块如何整合，要根据培养目标和教育类型来确定。由于小学教育专业在学制上与培养中学教师不同，是单专业教育。因此，要根据小学教育的特点及其对小学教师的要求，积极吸收和借鉴传统中等师范教育的丰富经验，重点在三个方面推进小学教师培养过程模式的创新，即坚持全科综合培养，注重专业技能训练，加强教育实践环节，这是提高小学教师教育质量的关键所在。

1. 坚持全科综合培养

小学教师综合培养主要体现在两个方面：一是培养过程的综合性，即学科专业与教育专业的有机融合，在本专科师范生培养中，都不能搞“学科专业＋教育专业”的分阶段培养；二是课程设置、教学内容的综合性，即全科型教育。教育部原副部长陈小娅指出：“在小学教师培养方面，要继承我国中师教育的优良传统并将其发扬光大，小学教师的培养质量不能简单地用学科知识量来衡量。优秀的小学教师不能仅在某一学科领域对学生进行强化，更重要的是如何引导学生健康、全面成长，不仅要会单科教学，更要会一种全科教育。”①

① 陈小娅.教师教育改革的几点思考[J]，人民教育，2006，(15—16)：9.

教师职业所依据的专业知识和专业能力具有双重的学科基础，即教师任教科目的学科知识专业和教育专业的学科知识，也就是说，教师职业具有“双专业”的性质：一是学科专业，二是教育专业。教师专业化要求教师既要有深厚的学科专业知识，又要通晓教育科学知识、了解教育规律、掌握教学技能。教育科学是教师专业的学科基础，是教师有别于其他职业的专业性标志。在课程设置上，学科专业课程则是培养未来教师执教科目的课程，即解决未来教师“教什么”的课程；教育专业课程是培养教师专门职业的基本知识、技能、方法与研究的课程，该类课程体现了教师教育专业的特点，即解决未来教师“怎么教”的课程。教师教育的“X＋X”分阶段培养模式所设计的教师专业知识基础是“学科专业知识＋教育专业知识”，两种知识处于分离的平行状态。其理论假设是任何具有足够学科知识的人只要懂得普通教育理论和原则，就一定能够将这些理论和原则应用到具体学科水平、知识点和情境的教学之中，并能提高教学实效，从而凸显教师的专业性。分阶段培养模式最突出的就是它会带来教师教育中学科教育与教师专业教育的分离，造成了理论训练与教学实践的割裂，导致未来教师知识基础的支离破碎和实际专业能力的落后，实际上是缩短了学生在大学生涯中接受从师育人思想培育的时间。[①]师范生职业意识、职业情感、职业技能的养成是一个长期的过程，学科专业知识与教育专业知识的简单叠加，不可能培养出优秀的小学教师。

随着教师专业化的推进，灵活开放的教师教育体系的建立，中学教师的培养将采取学科专业教育与教师专业教育相分离的模式，但是，小学教师的培养则要根据小学教育的专业

① 何齐宗，等.高师教育改革与教师发展[M].北京：中国社会科学出版社，2006：6—7.

特性和对小学教师专业发展的要求，还要考虑小学教师的经济社会地位等因素，探索建立与之相适应的培养模式。在教育发展落后和教师待遇较低的情况下，人们不愿意当教师，如果采用开放式制度培养教师，基础教育的师资质量就很难得到保证。教育部师范司原司长管培俊明确指出：要创新教师培养模式，实施分类分层培养。按照中学教师一专多能型的要求，试行学科专业教育与教师专业教育相分离的或“分阶段”培养模式。按照小学幼儿园教师全科型教育的要求，总结我国中师经验，进一步探索大学通识教育与教师专业教育相融合的综合培养模式，提高培养层次和水平。①

由于小学教育更具基础性、综合性，要求小学教师必须具有全面的素质。特别是在基础教育课程改革中，小学课程主要以综合为主，要求小学教师必须具备复合的知识结构。因此，小学教育专业建设应该跳出单一学科专业的框架，更要强调宽广的知识面，更应加强学科融合的通识教育，这些与中学教师的培养显然不同。所以，小学教育专业是我国高等教育体系中一个以培养高素质小学教师为目标的综合性专业，小学教师的培养过程模式应该是：“综合培养、有所侧重”。所谓“综合培养”，就是根据小学教育发展的需要，加强学生的通识教育和综合素质的培养，使学生整体素质结构合理，具有较强的社会适应性。它不仅着眼于学生德、智、体、美、劳的全面发展，而且就其文化素养而言，也充分考虑到小学教育专业本、专科程度的综合性。所谓“有所侧重”，是指在综合培养的基础上，师范生根据自己的专长与兴趣确定一个学科专业方向，为使其将来在这一学科的教学研究领域有所建树并成为学科带头人奠定坚实的学科基础。为此，小学教育专业可以设立

---

① 管培俊.我国教师教育改革开放三十年的历程、成就与基本经验[J].中国高教研究，2009，(2)：10.

综合文科、综合理科以及英语、艺术、体育、信息技术等选修方向。由于农村小学一般规模较小，小学教师往往要承担两门以上学科的教学甚至包班制教学，因此，培养模式应当是全科型教育、以综合培养为主；而城市小学的规模相对较大，需要在综合培养的基础上有所侧重，实行主辅修教育模式也是合适的。

2. 注重专业技能训练

师范生综合素质的培养，应当包括专业技能的训练。师范生专业技能是师范生专业素质的重要组成部分。教师专业素质是"教师拥有和带往教学情境的知识、能力和信念的集合，是在教师具有优良的先存特性的基础上，经过正确而严格的教师教育所获得的"。综合有关优秀教师素质结构的研究表明，一个优秀或成功的教师应该具备多方面的专业要求，主要包括三个方面：专业知识、专业技能和专业情意。专业知识是基础，它包括普通文化知识、所教学科的专门知识和教育科学知识；专业技能是关键，它包括基础技能、教学技能、教育技能和教研技能；专业情意是前提，它包括专业理想、专业情操、专业性向和专业自我。教师的专业发展既有赖于专业知识的充实与专业情意的培养，更有赖于专业技能的提高。因为没有专业技能的培养，专业知识就无法得到运用，专业情意也无法得到表达；同时，与专业知识、专业情意相比，专业技能的提高更需要经过长期严格的训练。所以，师范生专业技能不仅是师范生专业素质的重要组成部分，而且是支撑师范生成为优秀教师的三大支柱之一。①

小学教师要具有全面而较强的专业技能，才能全面适应并顺利完成小学教育的各项任务。概括地说，小学教师应具

① 董泽芳，陈文娇.一个值得高度关注的教育话题：新政策背景下的师范生专业技能培养[J].教育研究与实验，2008，(2)：41.

有以下专业技能：一是小学教师基本功。小学教师需要在艺术方面有所专长，会唱善跳，能适应儿童活泼的天性，因此，传统的“三字一话”(即钢笔字、毛笔字、粉笔字、普通话)，仍应是每个师范生必须具备的基本功。二是班主任和少先队工作能力。包括了解和研究学生能力、培育班集体能力、个别教育能力、协调各种教育力量能力、心理辅导能力等。三是教学能力。除了以备课、授课、批改、辅导为主要内容的传统教学能力外，还要有运用现代信息技术能力、教学中人际交往能力(教学中的倾听技能、教学中的沟通技能、教学中的合作技能)、学习指导能力、课程资源开发与利用能力和发展性评价能力。四是教育研究能力。包括教学研究能力和教育科研能力。五是艺体、科技、劳动技能。师范生专业技能训练是高师院校在小学教师培养模式中的薄弱环节，要继承和发扬中师注重师范生专业技能训练的优良传统，要通过完善机制、营造氛围、加强考核，建立师范生专业技能训练测试中心等，强化师范生专业技能的培养。①

3. 加强教育实践环节

教师职业是应用性职业。教育实习是小学教师培养模式的重要组成部分，是提高未来教师从教能力的重要途径。加强教育实践环节是创新小学教师培养模式的重要取向。通过教学实践，可以使师范生迅速了解小学教育的实际状况，使师范生能迅速消化教育理论知识，使教育的理论与实践能很好地结合起来，同时，还可以在实践中培养他们的专业思想和职业情感。因此，要高度重视教育实习，加强教育实习基地建设，延长师范生教育实习的时间，合理安排教育实习内容，把教育实习理解为“观察——体验——教育见习——教育实

① 黄正平.“5＋2”：培养本科学历小学教师的有效模式[J].教师教育研究，2008，(1)：30.

践——教育总结”等几个连续而有特点的阶段，在实际的专业环境中，提高教育实习的效果。要强化教育见习。必须结合课堂教学不间断地进行教育见习，一方面让学生结合未来教师的身份去观察小学，积累一些对小学教育、教学活动的感性经验；另一方面结合教学内容去挖掘一些典型案例，加深对小学课堂教学、学生辅导、学校管理的具体了解。要加强教育实习。借鉴临床医学教育模式，以临床教学作为教育实习的基本模式，使师范生真正融入实习学校的教学工作中，比较综合地将理论与实际、知识与技能结合起来，形成初步的教育教学能力。同时，应切实加强对实习环节的指导，选派专门教师对实习过程进行管理，提高教育实习的效率与质量。要通过实习支教和顶岗实习等形式，让学生有更多的实践机会，努力培养师范生的职业情感和从教能力。

教师职业是实践性职业。教师不仅需要掌握足够的理论知识，还需要了解学生，理解教育教学的本质，掌握处理师生关系的技巧，有解决学生碰到的疑难问题的能力，等等。要建立师范院校与小学的合作伙伴关系，高度重视小学在师范生培养中的作用。过去我们也建立了师范院校的附属学校，但由于体制等原因，绝大多数的师范附属学校都形同虚设，有名无实，没有真正发挥其在小学师资培养中的作用，不利于师范生实际教学能力的提高。因此，在教师教育改革中，高等院校应注重培养师范生的教师专业实践能力，通过体制创新吸引小学积极参与到教师培养的过程中来，从而提高小学教师培养的质量。近年来一些师范院校聘请小学特级教师、学科带头人担任学科教学论课程的教学、定期开设小学教育方面的系列讲座等做法是值得倡导的。

## 四、"5+2":培养本科学历小学教师的有效模式

培养高学历小学教师是社会经济和教育发展的必然要求。选择招收初中毕业生的"5+2"培养模式与高中起点四年制培养模式相比具有明显的优势,可以把中师丰富的小学教师培养经验和高师具有的师资、设备优势及高校的学术气氛有机结合起来。实施"5+2"培养本科学历小学教师模式,必须切实加强课程教材建设、学科专业建设、职业能力建设和师资队伍建设。

我国的师范教育已经走过百年的历程。随着社会经济的发展、基础教育课程改革的深入,三级师范向两级师范过渡的完成,培养本科学历的高素质小学教师,已经成为人们的普遍共识和小学教育的必然要求。面对新形势,我们要"积极推进教师教育人才培养模式和课程教学改革,全面提高教师教育质量。鼓励教师教育院校根据不同教育对教师素质的不同要求,探索多种培养模式"①。2005年教育部在《关于规范小学和幼儿园教师培养工作的通知》(教师[2005]4号)中指出:"各级培养小学教师的学校要不断深化教育教学改革,强化质量意识,加强教学管理,加强小学教育专业建设,严格执行教学计划,突出教育实践环节,积极推进现代信息技术在课堂教学中的应用,积极吸收和借鉴传统中等师范教育的丰富经验,积极探索小学教师培养特点和规律,不断提高人才培养质量。"那么,采取何种培养模式才能真正培养出素质优良的适

① 管培俊.积极开拓创新　推进高素质专业化教师队伍建设[J].中国高等教育,2007(7).

合新时期小学教育需求的教师呢？根据近年来的实践和探索，我们认为，“5＋2”是培养本科学历小学教师的有效模式。

## （一）“5＋2”培养本科学历小学教师模式的逐步形成

培养模式或人才培养模式是学校为学生构建的知识、能力、素质结构，以及实现这种结构的方式，它从根本上规定了人才特征并集中地体现了教育思想和教育观念。简而言之，培养模式，实际上就是人才的培养目标、培养规格和基本培养方式。“5＋2”培养模式，是指在初中起点的五年制专科基础上，经过选拔考试后继续攻读两年本科学历的师范教育培养小学教师的一种模式。“5＋2”培养本科学历小学教师模式的形成经历了一个理性思考和实践探索的过程，这一模式的开始是培养五年一贯制专科学历小学教师。

在我国，招收初中毕业生、培养五年一贯制专科学历小学教师，是 1984 年从江苏省南通师范学校开始的。2002 年 9 月，教育部在《关于加强专科以上学历小学教师培养工作的几点意见》中指出：“招收初中毕业生，实行‘五年一贯制’专科教育，有利于小学教师职业道德、知识、能力和素质的综合培养，有利于提高教师专业化水平，是当前我国培养专科学历小学教师的重要补充。”由于五年一贯制培养专科学历小学教师这种模式符合我国国情，适应当地经济社会发展的需要，因此在我国的许多省份还将存在相当一个时期。如 2005 年 6 月，中共江苏省委、江苏省人民政府在《关于加快建设教育强省率先基本实现教育现代化的决定》中明确指出：要“积极发展五年制专科教师教育，为小学、幼儿园补充合格教师”。

在培养五年一贯制专科学历小学教师的基础上，开通专转本，采用“5＋2”模式培养本科学历层次的小学教师，是社会经济和教育发展到一定阶段后的必然要求。它能较好地满足五年制师范毕业生继续学习深造、提高自身素质的需要。近年来,在一些经济发达地区小学教师的本科化已提上了议事日程,它们已将新进入小学教师的门槛定为本科学历。

江苏省教育厅审时度势,2003 年在苏州大学、徐州师范大学、江苏教育学院三所高校进行"5+2"培养本科学历层次小学教师的试点工作,2004 年起委托江苏教育学院一家承担。实践表明,学生在已有 5 年文化学习和师范生职业技能训练的基础上,到高师院校进行两年的系统化学习和教学科研能力的培养,使他们成为一名适应基础教育改革发展需要的具有较高专业化水平的新一代教师,既是必要的,也是可行的。从实施情况来看,由于"5+2"模式把中等师范学校和高等师范院校的资源有效地整合起来,培养出来的小学教师综合素质高,深受用人单位的欢迎。

在此期间,2005 年江苏省在调查研究和充分论证的基础上,将五年制师范挂靠江苏教育学院,成立了 12 所分院,从而把整个教师教育纳入高等教育体系,把中师丰富的小学教师培养经验和高师具有的师资、设备优势及高校的学术气氛有机地结合起来,既保存了中师教育的优质资源,又完成了三级师范向两级师范的过渡,同时也为两级师范向一级师范过渡和实施"5+2"模式培养本科学历的小学教师奠定了基础。

### (二)"5+2"培养本科学历小学教师模式的比较优势

在我国,培养本科学历的小学教师除"5+2"培养模式外,还有高中起点四年制的培养模式。高中起点四年制培养本科学历的小学教师是从 20 世纪 90 年代开始的。应当说,高中起点培养本科学历小学教师模式,在开始试验阶段由于招生人数较少,生源素质和培养质量都比较高,效果也较为显著。但是随着高等教育大众化和高中起点四年制培养本科学历小学教师工作的大面积铺开,便逐渐显露出它的不足和缺憾。近年来一些高等师范院校也在不断缩小本科小学教育专业的招生规模。在教育实践中，一些用人单位经常会产生“高师毕业生为何站不稳三尺讲台”的困惑和感慨；许多小学校长反映，现在本科毕业的小学老师反而不如中师毕业生那样适应小学教育①。认为现在不少大学本科的师范毕业生难以胜任岗位，敬业精神和教学技能都欠缺，上不好课、带不好班。他们非常怀念以前的中师毕业生，师德好、技能好，有上进心，还非常稳定②。因此，从我国的国情出发，现阶段要培养出一批高质量的具有本科学历的小学教师，选择初中起点的“5＋2”培养模式比高中起点四年制培养本科学历小学教师的模式具有明显的优势。

1. “5＋2”模式有利于吸引优秀初中毕业生报考小学教育专业

五年制师范生尽管早就确定了将来的职业方向，失去了选择其他行业的机会，但是，考虑到同龄人中只有少部分人有机会接受大学本科教育，且高中阶段的学习又苦又累，即使经过高中3年学习也不一定能考上大学本科，而初中毕业即可圆大学梦，减少风险，尤其是一些女学生觉得从事小学教育工作对她们比较适合；初中毕业后连续攻读五年，学完规定课程，成绩合格，获得大专学历文凭后，既可以直接参加工作，也可以参加专转本入学考试，继续攻读两年本科学历教育，学制灵活、进退自如。因此，实施“5＋2”模式，能够吸引一大批优秀的初中毕业生攻读小学教育专业，能够保证小学教师的培养质量。而现在的师专生，却是高考队伍中成绩较差的一部分学生，只达到专科的录取分数线③。即使是小学教育本科专业，由于其发展时间较短、宣传和影响不够、小学教师的社会

① 顾明远.我国教师教育改革的反思[J].教师教育研究，2006(6).

② 李益众.高师毕业生为何站不稳三尺讲台[N].中国教育报，2007-5-21(2).

③ 顾明远.我国教师教育改革的反思[J].教师教育研究，2006(6).

地位较低等因素，小学教育专业也成了师范院校的“兜底”专业[①]。

2.“5+2”模式有利于培养小学教师职业角色和职业技能

教师是以育人为业的，这种职业具有特殊的角色要求，它主要表现在适应教育事业需要的职业意识、职业情感和必备的职业能力等方面。教师的这种职业角色在小学教育中的意义尤其重要。初中毕业生年龄较小，处于少年至青年的转换期，人格特征尚未形成，在“三字一话”技能、语言表达能力和艺术素养等方面可塑性比较强，因而在一个相对较长的学程中进行系统、持续的培养，能够取得良好的效果。由于高考指挥棒的作用，升学的压力使学生在高中三年期间，把大部分的时间和精力都放在学习文化课上，难有闲情逸致去挖掘和发展自己的艺术素养，学校也难以提供和创造适合学生发展的艺术氛围。尽管高中生有文化知识方面的优势，但由于错过了艺术素养发展的最佳时期，他们的艺术技能方面的可塑性不大，难于培养出较好的教学基本功；即使在大学四年期间，投入较多的时间和精力进行训练，也只能收到事倍功半的效果。在每年师范毕业生就业的双向选择中，五年制师范毕业生和“5+2”本科学历的师范毕业生与高中起点的本、专科师范毕业生相比，在小学教师岗位竞争中具有明显的优势，已是不争的事实。在苏南某市举办的青年教师教学技能大赛中，一等奖的获得者几乎都是五年制师范或“5+2”模式培养出来的师范毕业生，也是有力的证明。

3.“5+2”模式有利于培养综合素质较高的小学教师

“5+2”培养模式有明确的办学方向和稳定的职业趋向，

---

① 李玉华，等.从教师专业化视角看我国小学教师教育发展[J].教师教育研究，2006(3).

使其办学免受高考指挥棒影响，能够按照素质教育和教师教育的轨道健康运行。学生经过前五年的学习，为进入本科段进一步深造、顺利完成学业打下了基础。而攻读本科学历小学教育专业的高中毕业生整体素质偏低。一方面，报考师范类的学生高考成绩不高。尽管国家在6所部属师范大学实行了师范生免费教育政策，生源较好。但报考其他师范院校的考生仍然人数较少且分数较低。另一方面，在选择报考师范类的考生中，由于培养本科学历的小学教育专业课程与中学教育专业课程设置不同，选择小学教育专业的学生毕业后就业只能面向小学教育，不能到中学任教，因此同样是攻读学士学位，综合素质较好的学生就会首选中学教育专业，而选择小学教育专业的只能是那些不得已求其次的剩下来的学生。从而导致在高中毕业生群体中较低层次的人来从事小学教育，这对我国小学教育事业的发展极为不利①。再加上小学教育的全科综合要求师范生具有比较好的可塑性。而高中毕业生年龄偏大，且高中阶段已经开始分科，进入高校后再进行全科综合培养也不适宜。因此，培养小学教师应该招收初中毕业生，他们年龄小，可塑性大，可以培养出掌握艺术技能的适合小学儿童教育的教师②。从过去中国教育的历史来看，初中毕业生也适合培养成小学教师。

事实表明，选择“5＋2”模式培养出来的小学教师专业思想牢固，职业技能扎实，专业情意深厚，是适应基础教育改革发展需要的具有较高专业化水平的新一代教师。总之，从我国师范的发展历程及现状分析来看，把五年制师范和高等师范院校的资源有效地整合起来，培养以初中毕业生为起点的

---

① 黄幼岩，等.新时期我国小学教师培养模式探讨[J].现代教育科学，2006(2).

② 顾明远.我国教师教育改革的反思[J].教师教育研究，2006(6).

本科学历小学教师是未来小学教师培养的有效模式。

## （三）“5＋2”培养本科学历小学教师模式的策略建议

实施“5＋2”模式培养本科学历小学教师，需要加强五年制师范与高师院校的资源整合，发挥体制优势，在实践中不断探索和加以完善；要在认真总结和吸收中师办学传统与经验的基础上，在高等教育背景下，充分发挥高师具有的师资、设备及学术气氛等优势，切实加强课程教材建设、学科专业建设、职业能力建设和师资队伍建设。

1. 整合资源，加强课程教材建设

课程是实现培养目标的关键因素，课程方案影响到人才培养的规格与质量。由于在“5＋2”培养模式中，前5年是在五年制师范（含部分师专）、后2年是在本科高师院校分段培养的，因此，要科学合理地设置培养课程，对“5＋2”课程方案进行整体规划和设计，做到通盘考虑，有机衔接，避免内容重复和资源浪费。

在课程结构和教学内容的安排上，要适应基础教育新课程改革的需要，体现“三性一体”的要求。所谓“三性”，一是体现高等教育专业课程设置的共性——大学普通教育（即开设“通识教育课程”或“公共基础课程”）；二是体现高等师范专业课程设置的个性——“教师教育”或“双专业教育”（即专业课同时开设“学科专业课程”与“教育专业课程”）；三是体现小学教育专业的特性——“综合培养、有所侧重”课程培养模式。“一体”即按小学教师专业化要求与职业特点，在课程体系中融传授知识、培养能力、提高素质于一体。要整合学科专业课程，重视通识教育课程，拓宽教育专业课程，强化教育实践课程。在课程结构的课时比例上，应采取“四三二一”模式，即学科专业课程、通识教育课程、教育专业课程、教育实践课程的课时比为4∶3∶2∶1。

要充分利用高校的优质教育资源，推进小学教师教育内容创新，充分吸纳当代自然科学和人文社会科学的最新成果，更新、调整教育类课程的结构和内容，为学生的综合性发展搭建平台。在改革课程结构和教学内容的基础上，对主干课程要提出使用教材的统一要求，以保证未来小学教师的培养质量与专业化水平，同时也有利于教学质量评估和学校之间的交流与合作以及学科教师之间教研活动的开展。要根据小学课程改革的要求，切实加强小学教育专业的教材建设，努力开发校本课程。

2. 办出特色，加强学科专业建设

学科建设是高师院校建设的根本和龙头，学校的水平和地位都取决于其学科水平。学科以专业为基础，专业以学科为依托。五年制高等师范学校之间、学科之间存在着不平衡，因此，要以学科建设为中心，以专业结构调整为指引，根据学科和专业发展的目标，依托学科营造良好的学术环境。如通过学科协作组的建设，实现资源共享，优势互补，为学校之间、教师之间开展教研活动、学术研讨提供平台，逐步形成多学科协调发展、特色和优势明显的学科体系。通过发挥学科协作组的作用，推进课程、教材和教师队伍建设，为教育教学质量评估奠定基础。要将初等教育学及小学各学科课程与教学论作为重点建设学科，依托师范院校的学科优势，增强发展的后劲和活力。要组织开展对五年制师范学校的教学工作评估，强化育人是根本、质量是生命、教学是中心的意识，进一步提高教育质量和办学水平。

3. 发扬传统，加强职业能力建设

小学教师要具有全面而较强的职业能力，才能全面适应并顺利完成小学教育的各项任务。概括地说，小学教师应具有讲普通话和口头表达、书写规范汉字和书面表达等基本功，班主任工作能力，课堂教学能力，教育研究能力和艺体、科技、劳动技能等。小学教师需要在艺术方面有所专长，会唱善跳，能适应儿童活泼的天性[①]。但是一些用人单位反映，近年来师范大学毕业生的实践能力不足，有的教了几年书，板书仍然不过关。因此传统的“三字一话”（即钢笔字、毛笔字、粉笔字、普通话），仍应是每个师范生必须具备的基本功[②]。注重师范生基本功训练是中师的优良传统，要加以继承和发扬，可以通过建立师范生职业技能训练测试中心等方式，强化师范生职业能力的培养。要高度重视教育实习，加强教育实习基地建设，通过实习支教和顶岗实习等形式，让学生有更多的实践机会，培养师范生的职业情感和从教能力。

4. 突出重点，加强师资队伍建设

教师是教育事业的第一资源。学科建设的关键是师资队伍建设，而建设一支能够担当重任的学术带头人和骨干教师队伍则是师资队伍建设的重中之重。教育部在《关于加强专科以上学历小学教师培养工作的几点意见》中指出：“培养专科以上学历小学教师的院校要不断深化教学改革，强化质量意识，加强教学管理，加强教育学科的建设，积极推进现代信息技术的普及和应用，大力抓好教师队伍建设。新组建的学校尤其要提高教师队伍的学术水平和科研水平，具有硕士和博士学位的教师比例要有较大提高。”实施“5＋2”培养模式需要在弘扬“师范性”的同时，更要加强“学术性”，使“学术性”和“师范性”得到兼容和共生。五年制师范的教师在培养小学教师方面，积累了丰富的中师教育的传统和经验，要适应高等教育的要求，努力提高理论素养和学术水平；本科师范院校的教师具有深厚的理论功底和学术造诣，需要学习和吸收中师办

① 顾明远.我国教师教育改革的反思[J].教师教育研究，2006(6).

② 程墨.中学校长当上免费师范生导师[N].中国教育报，2007－9－16(1).

学的优良传统，加强师范性；从而使两者在“5＋2”本科层次小学教师的培养上实现师范性与学术性的统一。要正确认识和把握本、专科教育的联系与区别，以及对教师个人综合素质、创新能力、学术水平的要求，从思想观念上促进教师转换角色、自加压力、提升内涵；同时要坚持培养、引进和提高相结合，用政策、事业和环境吸引优秀人才，努力建设一支“高学历、高职称、高水平”的教师队伍。

## 五、小学教师培养的现状分析与发展趋势
——以江苏省为例

进入新世纪以来，我国已逐步完成了三级师范向二级师范过渡，小学教师培养取得了显著成绩，培养层次不断提升，生源质量得到改善，实践取向更加鲜明，教师培养体系走向开放，教师职业的竞争性逐步增强。但也存在不少问题，小学教师培养院校比较分散，培养模式不够恰当，生源质量总体不高，培养质量难以保证，培养数量盲目扩张，毕业生就业不太理想。我们要以新发展理念为指导，认真加以改进和完善。随着社会经济发展，未来小学教师培养将呈现出本科化、专业化、全科化和规范化的发展趋势。

教师是立教之本，有高水平的教师才有高质量的教育。小学教育是基础教育的重要组成部分。21 世纪初，我国已经逐步完成了三级师范向二级师范过渡，小学教师培养纳入高等教育体系。当前，如何在教师教育大学化的背景下，认真学习贯彻党的十九大精神，为基础教育培养高素质专业化的小学教师，需要加强理论研究与实践探索。本文以江苏省为例，

分析小学教师培养的现状和未来发展趋势。

## （一）新世纪以来小学教师培养取得的显著成绩

进入新世纪以来，随着教师教育改革的不断深化，江苏小学教师培养取得了显著成绩，主要表现在：优质师范资源得到保存，培养层次不断提升；生源质量有所改善，实践取向更加鲜明；教师培养体系走向开放，教师职业的竞争性逐步增强。

1. 保存师范优质资源，培养层次不断提升

从1902年清末实业教育家张謇创办通州民立师范学校、沙元炳创办公立如皋师范学堂及张之洞创办三江师范学堂至今，我国师范教育已经走过了110多年的风雨历程。在长期的办学实践中，为我国培养了许许多多的著名教师、教育家，积累了具有中国特色的培养中小学教师的传统和经验，这是中国教育史上不可忽视的、不可替代的教育财富。1984年，经批准，江苏省南通师范学校试办“五年一贯制”师范大专班，招收初中毕业生，学制五年，在全国率先进行培养专科程度小学教师的五年制师范试验。随后试验规模不断扩大，至2000年江苏省中师已停止招收三年制师范生，全部实行五年一贯制办学。2005年江苏省在调查研究和充分论证的基础上，将五年制师范挂靠江苏教育学院，成立了12所分院，从而把整个教师教育纳入高等教育体系，把中师丰富的小学教师培养经验和高师具有的师资、设备优势及高校的学术气氛有机地结合起来，完成了三级师范向二级师范的过渡，同时也为二级师范向一级师范过渡奠定了基础。在教师教育体系建构中，江苏省较好地保存了中师教育的优质资源，使之没有流失。1998年，南京师范大学在全国率先开设小学教育本科专业，开创了我国师范教育培养本科学历小学教师的历史新篇章。2003年，江苏省实行小学教师“5＋2”培养模式，构建五年制师范与高师本科教育相互衔接的“立交桥”，小学教师的培养

层次得到不断提升。

2. 实施师范生免费教育,生源质量得到改善

教师培养工作是教师队伍建设的源头,有优质的生源才能培养出优秀的教师。为改变生源质量下滑的趋势,吸引优秀青年读师范,鼓励优秀人才当教师。2007 年起,国家在教育部直属 6 所师范大学实行师范生免费教育已初见成效。工作进展顺利,考生报名踊跃,生源好于往年,反映了国务院关于实行师范生免费教育的决策深得民心。同一年,江苏省南通市在全国地级市中率先启动了五年制师范生免费教育、定向培养的试点工作。由于提供了免费教育、协议定向的政策保障,并且采取了提前招生录取和组织面试等保障措施,因此,2007 年以来免费师范生的招收一改前几年师范生源下滑的颓势,呈现可喜局面。[①] 教育部 2012 年第 20 期《简报》报道了"江苏省南通市师范生免费教育工作取得积极成效"。《人民教育》2012 年第 17 期以《点燃永恒的追求与梦想——江苏省南通市五年制免费师范生定向培养工作纪实》为题作了专题报道,产生了积极的社会反响。为解决当前幼儿教师队伍性别结构矛盾、男教师稀缺的状况,2010 年起,江苏省实施免费幼儿师范男生招生试点工作。从总体上看,实行师范生免费教育已经达到了预期效果,生源质量明显改善。

3. 注重职业技能训练,实践取向更加鲜明

教师职业技能是教师走向专业成功的重要支柱,是教师专业化的重要内容。师范生综合素质的培养,包括教师职业技能的训练。但在举办小学教育专业之初,一些本科师范院校对师范生教师职业技能的重要性认识不足,甚至认为这些都是雕虫小技,只要加强学科专业知识教学,教师将来就有发展后劲。因而在培养方案的制订、教学计划的安排上缺乏针

① 黄正平.构建现代小学教师教育体系的思考[J].人民教育,2011(2).

对性，基本上沿用培养中学教师的做法，忽视教师职业技能训练。但是随着教育实践的深入，人们逐渐认识到小学教育与中学教育的区别，小学教师虽然也是教师，但与中学教师不同，在专业情意、专业技能方面要求更高。因而开始着手考虑完善培养方案、修订教学计划，重视师范生职业技能训练。如江苏某综合大学的小学教育专业 4 年总学分为 165(1 个学分为 16 课时)，其中实践技能类 24 学分，职业技能训练有 12 学分，主要用于“三字一话”、教学设计、课件制作、说课等教学基本能力的培养与训练。有的师范院校还专门建立了现代教师技能训练中心，在师资配备、设备设施方面提供条件保障；有的本科院校主动与五年制师范院校切磋交流，学习借鉴传统中师在师范生基本功训练方面的做法和经验。尤其是 2012 年，江苏省教育厅组织举办的全省师范生基本功大赛，起到了积极的引领和推动作用，各培养院校都更加注重师范生的教师职业技能训练，构建了“基础、综合、创新”的梯度化教师职业技能训练课程体系，制订实施了师范生教师职业技能教学大纲、训练方案和考核办法，并将通过教师职业技能考核作为学生毕业的必要条件。此外，教育实习得到重视，逐步改变过去回生源地自行实习的“放羊式”状况，并加强教育实习基地建设，延长师范生教育实习时间，合理安排教育实习内容。一些师范院校与小学建立合作伙伴关系，聘请小学名特优教师担任学科教学论课程的教学，定期为师范生开设专题讲座、上示范课等，形成了与小学联合培养教师的新机制。教师教育的实践取向得到进一步强化。

4. 教师培养体系走向开放，职业竞争性逐步增强

1999 年中共中央国务院颁布的《关于深化教育改革全面推进素质教育的决定》中，第一次提出了“鼓励综合性高等学校和非师范类高等学校参与培养、培训中小学教师的工作，探索在有条件的综合性高等学校中试办师范学院”。支持和鼓

励综合性大学举办教师教育，实现了教师教育体系从相对独立封闭向灵活开放的转变。目前江苏省除19所师范院校设置小学教育专业外，另有15所综合性院校也参与小学教师职前培养工作。由于师范教育采取灵活就业、尊重个人的培养方针，特别是在一些综合性师范大学，师范毕业也不一定要去当老师，除非是特殊要求，比如免费师范生等。而非师范类毕业生只要取得教师资格，与师范院校毕业生可以同台竞争教师岗位，教师职业的竞争性逐步增强，教师来源呈现多元化趋向，这对于提高教师队伍质量具有积极意义。

## （二）当前小学教师培养存在的主要问题

在充分肯定新世纪以来小学教师培养取得显著成绩的同时，还必须清醒地看到由于高等院校培养小学教师尚处于实践探索阶段，缺乏经验，小学教师职前培养还存在不少问题，主要表现在：小学教师培养的院校比较分散，培养模式不够恰当；生源质量总体不高，培养质量难以保证；培养数量盲目扩张，毕业生就业不太理想等。我们要以新发展理念为指导，正视存在的问题，认真加以改进和完善。

### 1. 培养院校比较分散，培养模式不够恰当

在构建开放灵活的教师教育体系过程中，也出现了无序的状况，一些并不具备条件的非师范院校也在培养中小学教师，针对这种不恰当做法和不规范行为，2005年教育部下发了《关于规范小学和幼儿园教师培养工作的通知》（教师[2005]4号），但贯彻落实不到位。以江苏省为例，培养本专科小学教师的院校，除五年制师范学校外，还有20多所。其中有些是民办学院、职业技术学院，招收小学教育专业的院校有本三、也有专二。一些院校中小学教育专业的招生人数少，有的每年只招收1—2个班的学生，小学教师教育资源缺乏，学科师资不配套，不利于师范生教师职业技能的训练和教师

职业情感的培养。客观地说，综合性大学参与教师教育的热情不高，小学教育专业对于他们来讲无关紧要，如苏州大学、苏州科技学院等院校前几年已停招小学教育专业。小学教师培养院校的分散，造成教育资源浪费，也影响到小学师资的培养质量。

培养模式不够恰当，教学有效性差。小学教师需要的是宽广而综合的人文、科学和艺术等方面的知识、能力、性格和情感素养，其工作的情商要求甚至超过智商要求，特别是在艺术方面，最好能有所专长，能歌善舞，能适应儿童活泼的天性，富于爱心、童趣、亲和力与教育情意等。然而，一些高师院校却依然高高在上，保持着以“不变”应“万变”的风格，依然我行我素地继续着原本就干瘪单一的课程设置。一些师范院校与小学疏于联系，教师不了解小学、也不研究小学，教学内容缺乏针对性，教学手段缺乏时代性，课堂教学模式陈旧，形式单调。

2. 生源质量总体不高，培养质量难以保证

有研究表明，优秀教师的许多特殊能力深受大学之前经历的影响，其比例甚至高于大学期间所形成能力的比重。[①] 这说明，生源素质是影响教师专业发展的重要因素。近 10 多年来，由于受高等教育大众化的影响，以及开放教师教育体系后，对师范生的优惠政策相继取消，师范生源质量呈下降趋势，优秀学生报考师范院校的很少，除免费师范生生源比较好之外，统招的本专科师范的生源质量普遍不高，尤其是师范专科生的生源一般都是在高等教育大众化形势下高考队伍中学业成绩较差的一部分学生，只达到专科的录取分数线。其进入高校以后，学习能力、可塑性和艺术素养等大都不如初中毕

① 王邦佐，等.中学优秀教师的成长与高师教改之探索[M].北京：人民教育出版社，1994：46.

业起点的师范生。

一些小学校长反映，现在的高师毕业生反而不如以前的中师毕业生那样适应小学教育。南京市北京东路小学校长、著名特级教师孙双金说："当好小学教师有3条：心窝子（专业道德），脑瓜子（专业知识），嘴皮子（专业能力）。"前几年他们引进了一些具有本科、硕士学历的毕业生当教师，但难以胜任教学岗位，上不好课、带不好班，缺乏教师职业技能，上课板书"惨不忍睹"。近年来，一些被小学录用的研究生，由于不适应小学教学，逐渐退出了教学一线，转到了管理、服务岗位。① 可以说，近年来教师教育的最大失误是虽然小学教师的学历层次提高了，但他们的教学水平却没有得到提高。有专家指出，小学教育师资队伍的发展与评价需要明确定位，绝不是高学历的人就一定能够培养出好的小学教师。"学者未必是良师"。

3. 培养数量盲目扩张，毕业生就业不太理想

近年来，一些师范院校为生存发展，不根据实际需要、盲目招生，造成毕业生过剩、就业率低、资源浪费。2011年江苏省各级各类师范毕业生数为18945人，录用教师数为7683人，录用率为40%。这与全国的师范类毕业生就业率基本相同。据某调查机构发布的《大学毕业生从教分析》调查显示，2011届师范类本科毕业生毕业半年后只有42%选择了教师职业。②

应当说，从保障教师队伍质量的角度来看，教师培养的规模要适当地大于岗位需求，以保证教师职业有一定竞争性。但从确保生源质量的角度来看，只有出口畅才能进口旺。由于师范类毕业生就业率不高，直接影响到师范院校生源质量，

① 魏海政，宋全政.小学教师培养"回"到初中起点[N].中国教育报，2012-11-01.

② 杨丽娟，靳晓燕.师范类毕业生超半数不从教正常吗[N].光明日报，2012-10-31.

会造成恶性循环。因此，要根据岗位需求科学确定师范生招生规模，合理利用教育资源，确保招生培养与教师岗位需求的有效衔接。

### （三）未来小学教师培养的发展趋势

随着社会经济的发展，基础教育改革的深入和教师教育改革的深化，根据小学教师培养现状的分析，未来小学教师培养将呈现出本科化、专业化、全科化和规范化的发展趋势。

1. 小学教师培养本科化

小学教育不等于低水平的教育，小学教师不等于低学历的教师。要有效发挥小学教师在基础教育中的重要作用，必须提高小学教师的整体素质。而提升小学教师的学历层次，使小学教师学历向本科化方向发展，是我国小学教师队伍建设和基础教育的发展方向与现实需求。

从小学教师培养的一般规律来看，从满足数量需要到追求质量提升，从低学历到高学历，是一个必然的历史发展过程。世界发达国家和地区的教师教育发展进程也证明，逐步提高小学教师的学历起点是提高基础教育质量的基本保障。不断提高小学教师的学历层次反映了社会经济发展对小学教师素质的客观要求。

《江苏省中长期教育改革和发展规划纲要（2010—2020年）》提出，到2015年，小学教师专科及以上学历为95%，其中本科及以上学历为60%；到2020年小学教师专科及以上学历为100%，其中本科及以上学历为90%。[①] 截至2011年底，江苏省小学专任教师数为25.01万人，其中具有本科学历的教师为11.82万人，占47.3%，因此，小学教师培养重在提升

---

① 江苏省委、省政府.江苏省中长期教育改革和发展规划纲要（2010—2020年）[N].新华日报，2010-09-06.

学历层次，而目前江苏省小学教育专业本科年招生规模为0.15万人左右，每年小学教师自然减员数约0.83万人，不能满足补充新师资的需求，需要逐步扩大小学教育专业本科招生规模。

2. 小学教师培养专业化

教师教育专业化是教师专业化的前提。小学教育是各类教育的基础，它有着自己的特殊规律、功能和价值。从近年来一些本科院校相继停招小学教育专业的事实表明，小学教师不是谁都能培养，也不是谁都能培养好的。教育部师范教育司原司长管培俊曾指出："培养高中以上的教师，可能综合大学和高水平师范大学更具实力，更有后劲，因为它具备学科优势和多学科综合的优势，师资力量的优势；而初中以下，尤其是小学和幼儿教育，其他师范院校培养的毕业生似乎则更有优势，不仅过去、现在，将来也是。"[①]朱旭东教授指出：对于今天的教师教育而言，我们不是去保留中师，而是需要总结中师的历史经验，尤其是中师的教师培养文化的经验，它对于小学教师的培养依然具有强烈的现实意义。中国小学教师必须具有鲜明的中国文化特色，也就是在课堂上一定把中国汉字写得工整、美观，这是中国小学教师与美国小学教师截然不同的文化特征。当然基于小学低年级学生的学习特点，小学教师需要有很好的艺术修养。[②] 因此，要承续中师优良办学传统，积极探索小学教师培养的特点和规律，不断提高人才培养质量。

从小学教育的功能特点以及基础教育的实践来看，小学教师培养以初中起点更为适合，他们年龄小，可塑性大，可以

① 康丽.实施师范生免费教育是国家战略：访教育部师范教育司司长管培俊[N].中国教师报，2010-06-09.

② 朱旭东.论当前我国教师教育存在的十大问题及其解决途径[J].当代教师教育，2012(3).

培养掌握艺术技能的适合幼儿和小学儿童教育的教师。在江苏省师范生基本功大赛中，一些高中起点培养学前教育和小学教育师资的本科院校师范生的教学基本功明显不如初中起点的五年制师范生。《中国教育报》(2012 年 11 月 1 日)曾刊登记者报道:《小学教师培养，"回"到初中起点?》，介绍山东省在小学教师教育改革方面的做法和经验，值得关注。

有研究表明，根据不同学段教师的专业特点应采取不同的培养模式。小学教师培养应采用定向模式，课程结构是混合型的。初中教师培养应采用定向与非定向相结合的模式，课程结构是分学科培养类型。高中教师培养应采用非定向模式，学科专业课程和教师教育课程分离。① 因此，中学教师来源可以多元化，但小学、幼儿园教师的专业化程度要求更高，应当由专门的教师教育机构来培养，这就需要调整布局结构，重组小学教师教育资源，实现小学教师培养的专业化。

3. 小学教师培养全科化

目前，我国小学教师的培养模式，在学科方向上主要有:综合型、大文大理型、先综合后分方向、分方向(如小学语文、数学、英语、科学、音乐、体育、美术、科学、现代教育技术)等四种，或为综合型、分科型、中间型三种。在实际工作中，由于农村小学一般规模较小，小学教师往往要承担两门以上学科的教学甚至包班制教学，因此，培养模式是全科教育、以综合培养为主;而城市小学的规模相对较大，需要在综合培养的基础上有所侧重，因此，实行的是主辅修制。②

根据小学教师专业知识综合性的特点，借鉴发达国家和地区的经验以及小班化教学的趋势，需要积极探索本科学历

---

① 教师教育发展的国际比较及我国教师教育创新发展的对策研究课题组. 中国教师教育改革与发展报告[M].北京:高等教育出版社，2011:191.

② 王淑芬.台湾地区小学教师的培养及其启示[J].教育学术月刊，2011，(9).

小学教师全科综合培养模式，即由高等师范院校专门培养的、掌握教育教学基本知识和技能、学科知识和能力结构合理、能承担小学阶段国家规定的各门或多门课程教学工作的小学教师。因为，小学教师若要胜任促进小学儿童生命成长的工作，仅有某一学科的知识与技能是远远不够的。对此，国外全科小学教师即是一个有力的佐证。英国小学校长认为，如果只教一门课，那么教师只会关注孩子在这门课上的表现，这会导致“割裂的评价”。比如说，一名学生在数学课上表现很差，那可能是因为他的逻辑思维能力有点欠缺，但这不代表他其他方面有问题——如果没有全科教师综合观察，他可能会被认定为“差学生”。全科教师的职责正是凭借“全科背景”捕捉孩子的潜能。① 可见，小学教师对小学儿童生命潜能发现与培养，必须得凭借自身的综合性素质、综合性知识与综合性能力。江苏省教育学会原会长周德藩曾经把小学所有科目的教材都细读过一遍，看完之后，他得出一个结论：纵向没有衔接，横向没有联系。周德藩认为，现在我国的很多师范院校还在搞分科教育，这是很不科学的，对学科的融合非常不利。② 我国的小学师生比与国外差不多，实施小班化教学的难度就在于缺乏全科师资。为此，教育部在《关于深化教师教育改革的意见》（教师[2012]13 号）中明确提出“完善小学教师全科培养模式”的要求。这几年，我国的湖南、山东、浙江等省已开始探索培养全科小学教师，值得借鉴。

4. 小学教师培养规范化

随着教师教育标准体系的建立，教师培养将更加规范有序，培养质量将得到有效保证。2012 年教育部颁布实施幼儿

---

① 唐闻佳.全科教师　我们能不能学[N].文汇报，2010-06-18.

② 钱诚.从中师到高师　百年之后如何再铸辉煌[N].江苏教育报，2011-06-13.

园、小学和中学教师《专业标准》。《专业标准》是国家对合格教师专业素质的基本要求，是教师实施教育教学行为的基本规范，是引领教师专业发展的基本准则，是教师培养、准入、培训、考核等工作的重要依据，这是我国教师专业化进程中的重要里程碑。

随着尊师重教社会风尚的进一步形成，教师教育优先发展地位的确立，教师职务(职称)制度改革的推进，教师绩效工资的实施，经济待遇和社会地位不断提高，教师职业的吸引力将显著增强，优秀学生踊跃报考师范院校的人数增加，师范院校将完善招生制度，实行提前批次录取，增加面试环节，测试考生的从教能力和身心综合素质，录取乐教适教的优秀学生攻读师范类专业，师范院校的生源质量将会得到有效改善。

随着教师资格制度的完善、试点范围的扩大和全面实施，师范毕业生原先可直接认定教师资格的政策将取消，必须参加统一的教师资格考试，符合条件的才能认定教师资格，这是对师范院校培养质量的检测。这就要求教师培养与教师资格制度相衔接，教师教育专业课程设计和设置要以教师资格制度为依据，这对于提高教师培养质量、把好教师“入口关”具有重要意义。

随着教师教育改革的深化，《教师教育课程标准》《小学教师专业标准》以及“教师教育国家级精品资源共享课程建设计划”的实施，教师教育机构资质认证标准的制定，不同类型的教育、不同层次的教师将由不同的教师教育机构来承担培养任务。小学教师培养质量不断提高，将更加适应小学教育改革发展的需要。

总之，未来小学教师培养必将以本科化为基准，以专业化为取向，以全科化为模式，以规范化为特征，小学教师培养的质量与水平将达到一个新的高度，从而为国民素质的提高和基础教育的内涵发展、跨越发展注入新的活力、奠定坚实基础。

## 六、江苏省五年制高师改革发展的思考

> 五年制高师在小学、幼儿园教师培养方面特别注重专业思想教育、特别注重专业技能训练、特别注重教育实践环节，形成了自身的优良传统。面对高等教育大众化、师范院校综合化、教师教育专业化、小学教师本科化的新形势，五年制高师的发展面临着多种瓶颈的制约和挑战，我们必须以新发展理念为指导，抓住机遇，深化改革，科学确定五年制高师未来发展的总体思路和战略目标，创新体制机制，提升培养层次。

江苏省五年制高等师范学校（以下简称五年制高师）经过二十多年的探索与实践，已经成为培养专科层次小学、幼儿园教师的中坚力量，为江苏基础教育和教育现代化作出重大贡献。但是，面对国际教师教育发展的新趋向、我国教师教育改革的新形势、我省率先基本实现教育现代化的新要求，我们必须认真分析五年制高师的基本现状和存在问题，积极谋划未来发展的总体思路和战略目标。

### （一）现状与传统

1984 年，经批准，南通师范学校试办“五年一贯制”师范大专班，招收初中毕业生，学制五年，在全国率先进行培养专科程度小学教师的五年制师范试验。随后试验规模不断扩大，至 2000 年全省中师已停止招收三年制师范生，全部实行五年一贯制办学。

2005 年，省教育厅为保存优质师范教育资源，将 14 所中

师整合升格为12所五年制高等师范学校,统一挂靠江苏教育学院,同时成立了分院管理办公室,负责对江苏教育学院分院的业务指导和日常管理;学校的隶属关系一般为省属市管(其中东吴外国语高等师范学校属苏州市吴中区管理),人、财、物均由当地政府管理。从而完成了我省教师教育体系由三级向二级的顺利过渡,充分体现了江苏教师教育改革的务实态度和创新精神。

2011年4月,教育部发文(教发函[2011]81号),徐州幼儿高等师范学校独立升格为徐州幼儿师范高等专科学校。2011年5月,江苏省教育厅发文(苏教发[2011]12号),常州市武进女子中等专业学校(常州市武进区教师进修学校)成为江苏教育学院常州学前教育分院。

2005年5月,省教育厅专门下发了《关于江苏教育学院五年制高等师范教育有关管理工作的通知》(苏教发[2005]88号),明确江苏教育学院的主要任务是统筹管理和指导五年制高等师范教育的发展。分院成立以来,积极推进高教化建设进程,教育、教学、科研、管理等各项工作进展顺利、运转正常,教育质量和办学水平得到进一步提高。

五年制高师植根于丰厚的中师资源,经历了艰辛的探索,经受了实践的考验,在小学、幼儿园教师培养方面注重专业思想教育、专业技能训练、教育实践环节,形成了自身的优良传统和独特经验。

1. 历史悠久积淀深厚,学校管理特色鲜明

在12所高等师范学校中,南通高师、如皋高师、徐州高师、无锡高师、南京幼儿高师均已超过百年的办学历史,经历和见证了我国独立设置的现代师范学校筚路蓝缕的创生和艰难困苦的发展历程,运河高师、阜宁高师等也有近百年的办学历史。在长期的办学实践中,12所高师积淀并形成了具有“师范特色”的学校管理和人才培养经验,保证了人才培养的质

量，其毕业生不乏院士、知名学者和教授，有的成为国家高级干部，还有更多服务于基础教育一线的优秀人民教师，为江苏经济社会和教育事业的发展作出不可磨灭的贡献。

2. 重视职业人格养成，师范文化浓郁醇厚

小学教育、幼儿教育从本质上讲不是学科教育、专业教育，而是启蒙教育、养成教育，育心比育智更重要。五年制高师在培养小学、幼儿园教师方面具有独特的优势和不可替代的作用。小学、幼儿园教育对象的特殊性，要求小学、幼儿园教师必须拥有强烈的责任心、爱心和童心，具有与小学、幼儿教育职业相容的、健全的、良好的个性心理品质。在长期的办学实践中，五年制高师积淀形成了有利于师范生人格成长的培养机制和浓郁的小学教育专业文化氛围，对培养师范生亲近儿童文化，确立稳固而深厚的教师职业意向和专业情意，奠定坚实而开放的素质能力结构产生了良好的影响。

3. 注重专业技能训练，人才素质"一专多能"

五年制高师综合开放的课程体系、"主辅修"的课程模式，特别是专业技能训练课程化、常态化和规范化，有效搭建了培养师德、提高师识、磨砺师志、训练师能的教师教育平台，较好地解决了专业技能训练的最佳期与学习研究能力训练的提高期的衔接问题。经过五年精心培育的毕业生不仅具有从事小学、幼儿园教学工作必备的专业能力，而且具备吹、拉、弹、唱、跳等多项综合技能。这种"一专多能"的知能结构，为师范生以后的专业发展奠定了坚实的基础。在各地新入职教师的"凡进必考、择优录用"招聘中，五年制高师毕业生的综合素质较之于其他本科院校小学教育专业毕业生，都呈现出明显的优势。如在南通市晋升的江苏省第十批 12 名小学特级教师中，南通高师的毕业生占据 10 席。在南京市小学教育 2007 年度人物评选中，南通高师毕业生囊括了所有人物奖和提

名奖。

4. 扎根基础教育实践，教师培训富有成效

五年制高师秉承师范传统，与小学、幼儿园以及一线教师之间一直保持着密切的联系，形成了关注小学、幼儿园教育教学实践的教育科研特点，在指导小学、幼儿园教师专业成长方面发挥了重要作用。“十五”规划以来，五年制高师又在基础教育课程改革的潮流中参与设计和承担了大量市级、省级乃至国家级小学、幼儿园教师培训项目，开发了一系列教师培训课程，形成了一整套富有成效的培训工作机制，积累了较为丰富的教师培训经验，赢得了一线教师的普遍欢迎，得到了教育行政部门的充分肯定。

### （二）问题与挑战

面对高等教育大众化、师范院校综合化、教师教育专业化、小学教师本科化的新形势，我们应该清醒地看到五年制高师的发展面临着多种瓶颈的制约和现实挑战。

1. 优秀生源数量减少，培养质量有所下滑

从1999年起，我国开始了大规模的高校扩招，各地出现了前所未有的“普高热”，以及开放教师教育体系，对师范生的优惠政策相继取消，使得五年制师范生源质量呈下降趋势，优秀初中毕业生报考五年制师范的很少。师范教育的难度加大，毕业生质量有所下滑，难以适应目前基础教育改革发展和人民群众对优质教育的需求。当然，实施师范生免费教育的生源质量明显好于统招生。

2. 教师编制普遍偏紧，小教专业就业困难

在原有基础教育办学体制和教师编制方案的制约下，近年来各地纷纷缩减编制内教师，增加代课教师，一些县市每年录用新教师名额十分有限。有的经济欠发达地区或经济发达

的城市，近年来甚至就已经不招聘师范毕业生，从而导致了小教专业师范生就业艰难，出现小学师资相对过剩局面。

幼儿教育在国民教育体系中的地位被忽视，幼儿教育改革曾走过弯路。虽然目前幼儿园教师需求看好，但由于教育行政部门安排的新增教师编制偏紧，能够进入正规教师编制岗位的毕业生相对不多。个别地区甚至因实行幼儿园改制而取消原有的正式教师编制，导致教师待遇低且无保障，严重挫伤了五年制师范毕业生去幼儿园就业的热情，许多幼儿园只得聘用大量非专业人员从事幼儿园教学工作。

3. 学校管理体制不顺，办学条件差距较大

五年制高师虽然在招生计划、学籍管理、教学质量监控和教师职称评审等方面由挂靠高校江苏教育学院负责协调，初步体现了分级管理、责任分摊的办学原则。业务方面很多纳入高等教育范围。但在管理体制上，由于分院的人、财、物仍属当地政府管理，被习惯性地纳入地方中小学管理系统，并未真正纳入高等教育的序列，在人员编制、经费投入、用人制度上仍然沿袭中师管理模式和管理标准，甚至在获得的经费投入上还远不及当地的职业学校。虽然在近几年的发展中，五年制高师不断加强基本建设，办学条件与过去相比有了很大的改善，但是对照教育部关于高等学校基本办学标准评估指标，在占地面积、师资配备、图书馆建设、教育教学实验设施和科研经费投入等方面仍然存在着较大差距，严重影响和制约了五年制高师教师教育优势的发挥。

4. 学术水平有待提高，师资队伍急需加强

五年制高师脱胎于原来的中师，其“高等教育化”的进程刚刚起步，教师队伍整体学术水平还不高，且受到管理体制的束缚和编制财力的限制而不能引进更多的优秀人才，具有研究生以上学历的师资人数偏少，学科带头人和骨干教师严重

不足，师资队伍亟须加强。

在理性认识五年制高师发展困境的同时，我们也应该看到机遇与挑战并存，当前江苏的经济社会发展的新形势，教师教育一体化和教师职业专业化的新要求，为五年制高师提供生存与发展空间。但是随着小学教师本科化的推进，五年制高师培养专科学历层次的小学、幼儿园师资毕竟是一种过渡模式，因此要尽早谋划五年制高师的未来发展，既保存优质资源，又提升办学层次。

## （三）对策与建议

当前是教师教育改革发展的最佳时期，我们必须以新发展理念为指导，科学确定五年制高师未来发展的总体思路和战略目标。这就是“三要三化”：小学教育专业要做精，学前教育专业要做大，教师职后培训要做强；推进小学教师本科化，实行办学形式多元化，坚持职前职后一体化。为此，需要在以下几个方面深化改革，创新体制机制，加快内涵发展，提升培养层次。

### 1. 重构教师教育体系，确立五年制高师应有地位

随着高等教育大众化、教师教育开放化的推进，许多高校加入了小学、幼儿园教师培养的行列，但是，由于缺乏资质认定和整体规划，一方面，学术水平高的综合性大学参与教师教育的设想未能如愿实施；另一方面，许多在小学、幼儿园教师培养方面缺乏传统和优势的学校纷纷进入，这些学校甚至包括一些高职、中职学校，教师教育的学术性、综合化不仅没有加强，反而大大削弱，教师教育体系在一定程度上处于无序、失控状态。因此，必须调整布局结构，重组教师教育资源。

要正确认识五年制师范的特殊性，一方面它具有明显传统中师特征，它的招生对象不是高中毕业生，而是初中毕业生，教学内容、教学方法沿袭了中师传统，因此，它不是完整意

义上的高等教育;另一方面,五年制师范又不同于传统意义上的中师,其四、五年级阶段属于高等教育范畴,其培养过程必须符合高等教育培养规范,因此,改造传统中师,加快高等教育化是五年制师范的必然选择。

在原有的师范教育体系下,培养小学教师的中师(即现在的五年制师范学校),除全国直辖市以外,一般都实行"省属市管,以市为主"的管理体制。根据《教育规划纲要》的要求,要"进一步加大省级政府对区域内各级各类教育的统筹",鉴于三级师范已向两级师范过渡,小学教师培养已纳入到高等教育体系,推进小学教师本科化也势在必行,再加上小学教师培养已由满足数量向提高质量转变。因此,在这种背景下小学、幼儿园师资的培养由省里统筹规划,培养小学、幼儿园师资的师范院校由省里统一管理,实行"省市共建,以省为主"的管理体制,定培养院校、定培养规模、定培养专业、定培养标准,原地方政府的投入保持不变。① 要根据教育部的要求,"在各地高等学校布局调整中,不得削弱教师教育;在教师教育结构调整中,不得削弱在职教师培训;在教师教育资源重组中,不得流失优质教师教育资源。"要十分珍惜原有的中师、现在的五年制高师在培养小学、幼儿园教师方面所特有的学制优势、文化优势和质量优势,促进其更新提高,确立其在培养、培训小学、幼儿园教师方面的应有地位。逐步形成职前职后教育相互沟通,学历与非学历教育并举,有利于教师专业发展和终身学习,以本科教育为主,努力构建现代教师教育体系。

2. 加大教师培养投入,改善五年制高师办学条件

总体而言,我省对五年制高师的经费投入严重不足。省级财政在教师培养、培训方面的经费投入,存在着严重的轻培养、重培训的倾向,省级财政对五年制高师的建设投入微乎其

① 黄正平.构建现代小学教师教育体系的思考[J].人民教育 2011(02).

微，几乎是零。各地政府对五年制高师的经费投入，苏南、苏中、苏北之间存在着不平衡的现象，不少地方政府对五年制高师的投入，只是维持在提供人员工资的低水平上。因此，建议政府部门尽快出台政策，加大对五年制高师的支持力度，既要重视教师的在职培训进修，更要从教师的源头上关注和加强对培养院校的建设，整体考虑教师的职前培养和职后培训，双管齐下，两者并举，确保我省教师教育和基础教育事业的快速、健康和可持续发展。

3. 加强专本教育衔接，促进五年制高师内涵发展

随着我省小学教师本科化的推进，五年制高师必须提升办学层次，创新办学模式。但独立升本显然是不可能的，因此五年制高师必将面临布局结构的调整和改革。基本路径是：

(1) 适当扩大"5＋2"规模。2003 年，省教育厅在苏州大学、徐州师范大学、江苏教育学院三所高校进行"5＋2"培养本科学历层次小学、幼儿园教师的试点工作，2004 年起委托江苏教育学院一家承担，形成了独具特色的本科层次小学、幼儿园教师的培养模式，取得了显著成效。因此，只要有五年制师范存在，就应当继续实施"5＋2"专转本培养模式，而且还应当扩大招生规模，以推进小学教师本科化进程。

(2) 积极探索"3＋4"模式。面对小学教师本科化的挑战，需要在扩大"5＋2"专转本培养规模的同时，积极探索招收初中毕业起点，"3＋4"培养本科学历层次的小学(幼儿园)教师模式，即学生入学后前 3 年按中职学生注册学籍，学习基础文化课程；3 年期满参加当年普通高校招生对口升学考试，考试成绩达到省当年划定录取控制分数线的，升入本科层次学习 4 年。培养方案整体设计、实行分段联合培养，前 2 年培养以五年制高师分院为主，后 2 年培养以本科师范院校为主。本科修业期满，成绩合格者颁发初中毕业起点本科文凭及学士学位证书。这种培养模式的优点在于：将本科教育的接口前移，

这种形式类似于目前大学中实行的本硕连读，使本科教育系统化。这样既保存了百年中师的优质教育资源，维护了小学（幼儿园）教师培养体系；同时为本科师范院校培养初中以下师资提供了优质生源，成为其生源基地；而且实行分段联合培养，有利于资源共享、优势互补，使师范性与学术性得到最佳结合。近年来，湖南省、山东省加强小学教师教育基地建设，招收初中毕业起点，培养本专科小学、幼儿园教师，实行按需招生、定向培养，为高教化背景下小学、幼儿园教师职前培养指明了方向，值得我们学习借鉴。

(3) 独立升专模式。根据教育部印发的《关于“十二五”期间高等学校设置工作的意见》（教发［2011］9 号）精神，“对于现有高等师范教育资源无法满足需要，且布局合理，条件具备，可以中等师范学校为基础设立幼儿师范高等专科学校”。因此，在院校设置中，应鼓励有条件的五年制高师在当地政府和教育行政部门的支持下，升格为幼儿师范高等专科学校。以后逐步创造条件，成为本科师范院校。如湖南第一师范学校，2000 年升专，2008 年升本。

(4) 合并升本模式。借鉴南京、淮安等地做法，将五年制高师（晓庄师范、淮安师范、淮阴师范）与当地高校合并，成立××××学院或××××初等教育学院（全国许多省市均有这种模式的学校），招收高中毕业生，培养本科层次的小学、幼儿园师资。目前，一些五年制高师所在地的政府和教育行政部门也正在酝酿、考虑与当地有关高校合作办学的方案。其优点是调整一步到位，完成二级师范向一级师范过渡。但缺点是合并后容易导致五年制高师优质资源流失和小学教师教育边缘化；还会遇到现行的人财物隶属关系、经费渠道等如何处理等体制性问题。

(5) 挂靠升本模式。根据省教育厅关于“实施‘高水平教师教育基地建设计划’，择优确定并分期分批重点建设 20 个左右教师教育基地，提高新师资培养质量和专业水平”的总体部署，由省教育学院（现江苏第二师范学院）统筹全省小学、幼儿园教师的培养，整合资源，参照湖南省的做法，经过严格评估，确定若干所高师院校作为培养本科学历小学、幼儿园教师的基地。其优点是较好地保存了五年制高师的优质资源，并明确师范院校合理分工，不同类型学校的教师由相应的师范院校来培养，更能体现小学、幼儿园师资的专业特性和规格要求。

不管将来五年制高师如何发展，加强内涵建设是硬道理，要适应未来，做好当下。认真总结五年制师范生免费教育、定向培养试点工作的经验，逐渐扩大试点工作的区域和学校，“积极推进师范生免费教育”，①加强质量监控和合作交流，切实改善生源质量，吸引优秀青年读师范，鼓励优秀人才当教师。要通过培养与引进等方式，吸引高学历、高职称、高水平人才，优化五年制高师教师结构，培养和造就一批教师教育的名师、大师，努力建设一支师德高尚、结构合理、业务精湛的教师队伍。

教师教育改革的核心是课程改革。要根据小学、幼儿园《教师专业标准》，认真贯彻落实教育部《关于大力推进教师教育课程改革的意见》以及《教师教育课程标准（试行）》，完善培养方案，优化课程结构，改革教学方式，提高培养质量。

4. 放大教师教育优质资源，拓展五年制高师办学空间

随着小学、幼儿园教师队伍建设的重点从满足数量向提高质量转变，五年制高师师范专业招生规模逐年缩减，为了拓展生存和发展空间，“十五”以来，五年制高师积极开发和充分

① 《教育规划纲要》工作小组办公室．国家中长期教育改革和发展规划纲要（2010－2020），全国教育工作会议文件汇编［M］．北京：教育科学出版社，2010：73－154．

挖掘自身教育潜能，彰显师范特色，适应地方经济文化建设对人才的需要，坚持“以师为本，多元开拓”办学策略，相继尝试开办了与师范专业相近的语言类、计算机类、艺体类等五年制高职专业。实践证明，在五年制高师举办五年制高职专业，具有它独有的优势和特色，有利于学生的专业教育、人文教育和素质养成，有利于实现人才培养结构内涵和方式方法的深刻变革，有利于彰显高等教育的办学特质，有利于增强学校的办学活力。

总之，五年制高师的改革与发展，制度安排是前提，生源质量是基础，师资队伍是关键，创新模式是动力。“师范教育可以兴邦”。[①] 五年制高师是我省的优质教师教育资源，我们必须以对师范教育的满腔热情和对教育事业高度负责的态度，加强五年制高师的建设与发展，更好地完成时代赋予的历史使命。同时，从江苏建设教育强省和率先基本实现教育现代化的战略高度，重视五年制高师的改革与提升，顺应教师教育的发展潮流，构建适应时代需要、具有江苏特色的教师教育体系，创造江苏教师教育的新辉煌。

关于“江苏省五年制高师改革发展的思考”，是本人当年在分院管理办公室工作时的一些情况分析与基本设想，文章曾发表于《江苏教育学院学报（社科版）》2013 年第 1 期。为了反映这段历史，故将其收入其中。令人欣喜的是，这几年来，五年制高师的发展取得了重大突破：有的升格为师范专科学校，如南通高等师范学校升格为南通师范高等专科学校（后如皋高等师范学校并入），苏州幼儿高等师范学校升格为苏州幼儿师范高等专科学校，盐城高等师范学校与阜宁高等师范

---

① 温家宝与师范生座谈：教师是太阳下最光辉的职业[EB/OL].中央政府门户网站 www.gov.cn，2007-09-09.

学校合并升格为盐城幼儿师范高等专科学校；有的并入本科院校成为其学前教育学院，如南京幼儿高等师范学校并入南京晓庄学院，成立学前教育学院。目前，还有徐州高等师范学校、运河高等师范学校、宿迁高等师范学校没有升格，但据了解当地党委政府已有规划，不久将成为现实。至此，江苏五年制高师已基本完成了历史使命，将在新时代新起点上，开启新征程，实现新发展。

# 第四章　师范生免费教育研究

我国的师范教育一直有免费政策的传统，在清末师范教育创立之始，师范生就享受公费待遇，免缴学杂费、食宿费，并酌补书籍费及服装费。中华人民共和国成立后很多年来也是由国家供给师范生的一切费用，学生毕业后由教育部派往指定地点服务，违者追缴费用。师范生毕业后分配到指定单位后，原则上规定不能随意调离教育单位。但自从 2000 年 6 月 5 日，教育部、国家计委及财政部联合下发《关于 2000 年高等学校招生收费工作若干意见的通知》，指出对享受国家专业奖学金的高等学校学生可收费后，高等师范院校开始逐步对学生实行收费，于是师范教育不再享受免费政策。

在新世纪，由于现实需要，国家决定从 2007 年起在教育部直属师范大学实行免费教育。2007 年 5 月 16 日出台了《教育部直属师范大学师范生免费教育实施办法（试行）》，明确规定从 2007 年秋季新生入学起，北京师范大学等六所部属师范大学将实行师范生免费教育。[①] 免费教育师范生在校学习期间免除学费，免缴住宿费，并补助生活费（简称“两免一补”）。所需经费由中央财政安排。免费师范生毕业后要从事中小学

---

① 有关人士撰文指出，无论部属层面还是各省层面的师范生免费教育，其实质都是国家“公费”培养，因此建议统一为“师范生公费教育”，这样做更能体现“国将兴，必贵师而重傅”的国家意志，对学生而言获得公费培养资格代表一种特殊荣誉和国家使命，更具激励和导向作用。

教育工作十年。这项政策是对我国师范院校在向综合性院校发展过程中教师教育被边缘化的一种补救性政策。这也要求师范院校必须坚持走教师教育特色的道路，承担起培养基础教育师资的重大责任，不能盲目追求大而全的综合化道路。

本章论述的内容：师范生免费教育是振兴师范教育的重大举措，对推动师范教育走上良性发展道路是一个难得的历史机遇。教师是一个专业化和特殊性的职业，是一个实践性和复合型的专业，教师职业的专业属性是实施师范生免费教育的重要前提和基础。2007年，江苏省南通市在地方师范院校中率先启动师范生免费教育、定向培养的试点工作，其成功实践和有效探索值得学习和借鉴。地方在实施师范生免费教育中有其相对优势，对于加强乡村教师队伍建设，促进教育公平，办人民满意教育具有重要意义。2010年，江苏省以培养幼儿园男教师为切入点，开展师范生免费教育试点工作，吸引了大批优秀男初中毕业生踊跃报考，生源质量好，试点工作取得了显著成效，为培养未来优秀幼儿园男教师奠定了坚实基础。

## 一、师范免费是振兴师范教育的重大举措

2007年3月5日，国务院总理温家宝在十届全国人大五次会议上所作的政府工作报告中宣布，在教育部直属师范大学实行师范生免费教育。这项政策的出台，在教育战线和全社会引起了强烈反响和广泛关注；实行师范生免费教育意义重大、影响深远，是振兴师范教育的一项重大举措。

### （一）师范生免费教育：对师范教育地位的深刻认识

从1902年京师大学堂师范馆的创办，到目前遍及全国的

180 多所高师院校，中国的师范教育曾经历了一个从免费到收费的历史转变。这次师范生免费教育政策的出台，体现了党和国家对师范教育地位的深刻认识。

教育是一个民族的未来，教师是教育事业的第一资源。教育质量最终取决于教师的质量，没有高质量的教师就没有高质量的教育。而教师的质量在很大程度上又取决于师范教育对教师的培养和培训，这一任务当前在我国主要还是由师范院校来完成的。政府重视教育质量，必须重视教师质量，必须重视培养培训教师的师范院校的办学质量。因此，发展教育应该优先发展师范教育。

在当前国际竞争日趋激烈的情况下，每个国家都高度重视教育尤其是师范教育的发展，注重国民精神、知识和能力的训练、国民人格的培养和文化传统的传承。在这一形势下，作为“教育之母”的师范教育是国家和民族生存发展的基本力量，事关国家改革和发展的全局。历史和现实都说明，教师和师范教育工作怎么重视都不为过，怎么支持都不为多。实行师范生免费教育，能够改变生源质量，吸引全社会最优秀的人来读师范、当老师，这是落实教育优先发展战略的重大举措。

### （二）师范生免费教育：对师范教育现状的深刻反思

我国近代师范教育建立以来，国家一直对师范生给予优惠待遇，免除学费和其他费用。自 1997 年以来，在受教育者普遍按照成本分担原则缴费入学和高等师范院校转型的背景下，由于对高师院校的发展缺乏顶层设计和政策支持，师范教育出现市场化和边缘化的倾向。当时就有人这样形容：师范教育过去是“宠儿”，现在成了“孤儿”。这一说法虽然不无偏激，却也道出了师范教育的尴尬处境。目前，师范教育经费投入严重不足，学校只能靠招生收费来维持生存。师范院校尤其是专科层次师范学校的生源质量普遍下降。特别是在实行平行志愿后，师范院校和专业被考生当作“保底”志愿，这不仅影响到未来教师的整体素质，而且关系到下一代乃至下几代人的健康成长，引起了有识之士和社会各界的普遍关注和高度重视。

近几年来，我国加快了师范教育的布局结构调整。为了提高小学教师和幼儿教师的学历，一部分中师升格为师专，一部分中师改为普通中学，一部分中师被撤并，中等师范学校由一千多所削减到现在的一百多所，中师资源几乎流失殆尽。为了体现师范教育的开放性，不再强调师范教育的单独体系。许多师专、师院纷纷扩展为综合性学校，极大地削弱了师范教育。为了体现教师教育职前职后一体化，许多地方教育学院合并到师专或师范学院，教师的职后培训并未得到加强。

事实表明，这几年来我国教师教育的改革走了一段弯路。有专家曾尖锐地指出：我国教师教育转型的目的不明确，科学论证不够，条件准备不足，与提高师资质量的要求背道而驰。其后果是“削弱了师范教育体系，降低了教师专业化水平，其中损失最大的是小学教师。”在这样的背景下，国家出台师范生免费教育政策，是对近年来师范教育政策的及时修补和调整，也是从国家战略高度作出的重要决策，这充分体现了党和国家对师范教育的高度重视和大力支持，令人振奋，鼓舞人心。

### （三）师范生免费教育：一个具有示范性的重要举措

国家在教育部直属师范大学实行师范生免费教育，这是一个具有示范性的举措，在中央的示范作用下，各级师范院校也将实行师范生免费入学的政策。教师这一职业具有明显的公共属性，不能把师范教育等同于一般的高等教育。因此，在师范院校自主办学的前提下，应当强调政府尤其是中央政府的义务和责任。国家通过公共财政干预机制来调控师范教育的发展，能够提高教师地位和职业吸引力，从根本上保障师范教育的优先性，从而吸引优秀学生报考师范院校，并到中小学尤其是农村任教，促进教育均衡发展和教育公平。

师范生免费教育对加强基础教育具有重要战略作用。在国家投入不断加大、中小学办学条件不断改善的情况下，教师成为制约教育发展的最关键因素。从中小学课程改革的推进、素质教育的开展到人民群众对优质教育资源的日益增长的需求，都对广大教师提出了更多更高的要求。特别是在广大农村地区，师资匮乏是一个不容忽视的问题，低质量的师资已经成为农村儿童失学、转学的重要原因。而且，随着我国城市化进程的快速推进，对高质量的优秀师资的需求量也必将快速增长。从国家层面对师范院校给予相应的支持，有利于师范院校在现有改革的基础上，突破原有的一些体制障碍，进一步强化师范教育的特色和优势，为基础教育发展提供优质师资。

师范生免费教育政策的实施需要建立相应的配套制度，才能把好事办好。比如：在招生录取工作中，学校要对师范生组织面试，面试合格者方可修学师范专业；修学师范专业的学生要签订协议书，承诺毕业后到农村初中、小学任教一定年限。同时，为了确保招到优秀的生源，要恢复实行师范院校提前招生录取的办法。此外，教师的社会地位和待遇如何，直接关系到教师职业能否吸引优秀人才、教师队伍能否稳定，直接影响到教育事业的发展和教育质量的提高。尽管《教师法》明确规定："教师的平均工资水平应当不低于或者高于国家公务员的平均工资水平，并逐步提高"，《义务教育法》也明确规定："教师的平均工资水平应当不低于当地公务员的平均工资水平"，但是，这一法律规定局限在工资收入水平上，教师的实际收入水平与公务员相比仍有较大的差距。师范生免费教育抓住了培养优秀教师的源头，在此基础上，国家要切实提高教师的社会地位和经济待遇，使教师真正成为令人羡慕的职业，这样才能使培养出来的优秀人才下得去、留得住、干得好。

在师范生免费教育政策实施中，要对培养小学、幼儿园教师的师范院校给予更多的关注和倾斜。小学、幼儿园教师的培养是师范教育的重要组成部分，有其自身的特点和规律。学科专业知识的要求从大学、中学到小学、幼儿园教师依次而降，而掌握教育心理理论和教育艺术的要求则从大学、中学到小学、幼儿园教师依次而升。但在实际工作中，培养小学、幼儿园教师的师范院校成为教师教育中的弱势群体。因此，我们必须切实改变这种状况，要高度重视对小学、幼儿园教师的培养。全国人大代表、时任江苏省教育厅厅长王斌泰指出："幼儿教师、小学教师看起来是从事知识要求比较低的工作，其实是非常重要的工作，比如说一个小学教师，对他的要求来说是最高的，他不仅仅要会教书，而且在孩子比较小的时候，怎么去培养他的一些行为，像一些道德品质、生活的习惯等等，教师都有责任，那对教师的素质要求就很高，现在我们应该重视这方面，特别是提高义务教育阶段和幼儿教育阶段教师的基本素质和他们的福利待遇。"江苏省在师范教育布局结构调整中，坚持实事求是，从实际出发，2005 年将培养小学、幼儿园教师的 12 所五年制师范更名为高等师范学校，同时挂靠江苏教育学院，作为其分院，这样既保存了师范教育的优质资源，又完成了三级师范向两级师范的过渡，为它们创造条件升格为师范专科学校奠定了基础。这种体制创新，为江苏师范教育的改革和发展作出了重要贡献。

师范生免费教育政策的出台，对推动师范教育走上良性发展道路是一个难得的历史机遇。师范院校要抓住有利时机，以科学发展观为指导，加快课程体系和教学内容、教学方法的改革，不断提高教育质量和办学水平，努力培养大批高素质、专业化的新型教师，不辜负人民的重托、国家的期望。

## 二、师范生免费教育与教师专业属性

教师是一个专业化和特殊性的职业，是一个实践性和复合型的专业。认清教师职业的专业属性，是实施师范生免费教育的重要前提和基础。实施师范生免费教育，充分体现了教师在教育事业发展中的重要地位，教师教育在整个教育发展中的优先地位，师范院校在教师教育中具有不可替代的主体地位。

有好的教师，才有好的教育。2007年，国务院决定在6所部属师范大学实施师范生免费教育，这是吸引优秀学生读师范，鼓励优秀人才当教师的重大战略举措。在国家这一示范性举措推动下，北京、上海、湖南、江苏、江西、新疆等省市区也先后启动师范生免费教育，在教育战线和全社会引起热烈反响和广泛认同。但是，随着师范生免费教育试点工作的推进，思想认识还需要进一步统一，政策制度还需要进一步完善。近年来，人们对师范生免费教育有不少争议，其中也有一些偏见，成为网络、报刊等各种媒体关注的一个热门话题。为贯彻落实《教育规划纲要》提出的“积极推进师范生免费教育”要求，针对当前人们在思想认识上存在的一些困惑和误区，笔者结合参与国家教育体制改革试点项目“江苏省完善并扩大实施师范生免费教育”研究和实施的有关工作，从教师专业属性的维度，对师范生免费教育作一些理性思考。

### （一）教师是一个专业化职业：师范生免费教育的必然要求

专业化是现代社会的一个重要特征，《中华人民共和国教师法》明确规定：“教师是履行教育教学职责的专业人员。”教师专业化表达的最基本的含义就是要把教学视为专业，把教师视为专业人员。作为专业人员，需要长期的专门训练，有较高的学历要求；需要专门的知识技能，教师不仅要有所教的学科知识，也要有教育专业知识和能力；需要把教学与研究融为一体，通过行动研究不断提高专业水平；需要有专门的从业资格要求和专门的职业道德规范要求；需要有强烈的事业感，职业投入感强，献身于自己从事的职业。[①] 教师专业化最终要通过教师教育来实现，教师教育的责任就在于培养出训练有素的达到专业标准的教师，以教师的专业化实现教学的专业化，从而确保未来学校教育对师资的需要。

在师范生免费教育问题上，有一种观点认为，目前大学毕业生就业都很困难，选拔优秀大学毕业生（非师范）到中小学任教后“到岗退费”（有的称之为“以奖代补”）不是更简便易行吗？应当说，选拔优秀大学毕业生（非师范）到中小学任教后“到岗退费”，与师范生免费教育是不同的。因为师范生免费教育是从源头上挑选优秀初、高中毕业生读师范，并经过一定年限的教师专业培养，已初步具备了教师的基本职业素养，而非师范大学毕业生虽然在学科专业知识上达到教师的基本要求，但往往缺乏当教师的专业技能、专业情意、专业素养。

值得注意的是，近年来，一些中小学引进了具有硕士研究生以上学历的非师范类大学毕业生当教师，但使用情况并不理想，校长们普遍反映：满意的几乎没有，不会上课，不能带班，他们工作不是不勤奋、态度不是不认真，而是没有教育教学能力，缺乏教师职业技能，上课板书“惨不忍睹”。而且，在当前就业竞争日趋激烈的情况下，一些非师范类大学毕业生（包括硕士以上研究生）从教的出发点是为了谋求一份职业，

① 唐玉光.教师专业发展与教师教育[M].合肥：安徽教育出版社，2008：145—146.

而不是真正热爱教育事业，这与师范类毕业生的专业思想、职业情感、从业心态是有区别的。高学历的人不一定能胜任教育教学工作，“学者未必为良师”。

需要指出的是，采取大学毕业生（非师范专业）到中小学任教后返还学费，即“到岗退费”的办法，来吸引优秀人才当教师，[①]虽然这种方法“简便易行，可操作性强”，也是一个充实教师队伍的办法，但这与师范生免费教育是不同的。这里涉及一个核心问题，即教师是否是一个专业，怎样培养造就一批扎根基层的教育家。教育部原部长袁贵仁明确指出，在当前中国，解决教师问题特别是农村基础教育教师问题，主要的是质而不是量。需要吸引更多的人来当教师，更需要吸引更多的真心热爱教育、真正懂得教育，把教师不只是当作一个职业，而是一项事业，愿意毕生奉献于教育事业的人来当教师。掌握教育规律、教学规律、人才成长规律，成为一名好老师，不仅取决于知识问题，不仅是一个学历证书就能解决的问题，它更要靠长期钻研、长期实践、长期养成。在高度重视教育质量的今天，不是具备一定知识就可以当教师的，也不是人人都可以当中小学教师的。[②]

事实表明，师范院校与综合大学由于培养目标不同，人才培养模式也是不一样的，正如温家宝总理在与北京师范大学免费师范生座谈时所指出的：“师范大学和一般大学有共同点，也有不同点。一是师范大学学习的综合性更强。一般大学的学生学习重点在于知识本身的研究，为学问而学；而师范大学的学生学习还包括知识关系的研究，为教育而学。一般大学的学生可以‘独善其身’，而师范大学的学生则要‘兼善天

① 姜澎.首届免费师范生“上岗”不容易[N].文汇报，2011-02-17；熊丙奇.免费师范生制度的诸多弊端[N].珠江晚报，2010-03-29.

② 袁贵仁.完善免费政策 创新教师教育[N].光明日报，2010-06-21.

下’。二是师范大学造就的应是堪称人师的教育家，要学为人师，行为世范。因此，对师范生的道德要求就更高。教育，不仅要言教，还要身教；不仅要立己，还要立人。为此，师范教育必须贯彻教学和科研相结合，学知识、教书、做人相结合。”[①]由此可见，在现实生活中如果我们还允许“综合大学毕业生与师范大学毕业生同台竞争教师岗位”，就与教师专业化相悖，这从反面说明教师专业至今仍没有得到合理的认定。因为，允许非专业人员竞争专业岗位，就意味着许多决策者们根本就不认为教师职业是一种专业。[②]实施师范生免费教育是教师职业专业化的必然要求。

### （二）教师是一个特殊的职业：师范生免费教育的重要基础

教师职业是按照一定社会的需要和标准，传授文化科学知识以培养人的能力和思想品德的一种职业。因此，教师不仅是一个专业化的职业，而且与其他职业相比有着不同的特点，是一个特殊的职业。

教师职业的特殊性主要表现在，教师的劳动对象是可塑性大、尚未成熟的儿童和少年；教师的劳动任务主要是从学生的心理上去造就完美的个性，塑造高尚的灵魂；教师的劳动“产品”，具有全面性和高质量，既要求每个学生在德、智、体、美、劳诸方面得到全面发展，又要注意因材施教，更好地发展各种类型学生的个性；教师的劳动手段，是以自己的学识、才能、思想水平和道德品质培养学生；教师的劳动过程，是直接处理人与人之间的关系，这些关系处理如何，直接影响教育教学任务的完成。俗话说，名师出高徒。中小学生正处在世界

---

① 温家宝与师范生座谈：教师是太阳下最光辉的职业[EB/OL].中央政府门户网站：www.gov.cn，2007－09－09.

② 杨启亮.教师专业发展的几个基础性问题[J].教育发展研究，2008(12)：1—4.

观、人生观的养成时期，老师往往就是他们做人的榜样。如果老师人格高尚、眼界开阔、知识渊博、志向远大、思想活跃，他们的言传身教对学生的影响是巨大而深远的。[①] 教师职业的特殊性，要求教师必须是一个博学多才的人，是一个道德高尚的人。教师是教育事业的第一资源。教育质量最终取决于教师的质量，没有高质量的教师就没有高质量的教育。因此，“要把加强教师队伍建设作为教育事业最重要的基础工作来抓”。[②]

现在有一种观点，认为师范生免费教育是计划经济时代的产物，在市场经济条件下不适用。应当说，随着社会主义市场经济体制的不断完善和高等教育的快速发展，特别是在教师教育一体化、教师来源多元化、教师发展专业化的新形势下，我国传统的“定向型”“封闭型”“单科型”的师范教育体系面临前所未有的冲击和挑战。由于师范招生的市场化导向、师范教育一些保护性政策取消后没有相应的政策措施予以配套、开放灵活的教师教育体系尚未形成等原因，近几年来，师范院校尤其是专科层次师范学校的生源质量普遍下降，直接影响到未来教师的培养质量，使人们普遍感到当下好老师不常有。[③] 这关系到下一代乃至下几代人的健康成长，关系到国家的前途和民族的未来。

应当指出，市场经济不是万能的，必须要有宏观调控。教育具有公共产品属性，师范生免费教育与市场经济或计划经济没有必然的联系。教师是一个特殊的职业，从我国百年师

---

① 温家宝.肩负起教书育人的神圣使命：在首届免费师范生毕业典礼上的讲话[N].中国教育报，2011-06-20.

② 《教育规划纲要》工作小组办公室.胡锦涛同志在全国教育工作会议上的讲话[M]//全国教育工作会议文件汇编.北京：教育科学出版社，2010：21—22.

③ 王聪聪，甘晓.九成人感叹当下好老师不常有[N].中国青年报，2010-10-19.

范教育历史看,师范生免费教育是师范教育的主流。1902年我国师范教育制度确立之初就实施师范生免费教育,在1922—1932年和1997—2006年期间两度废止,两次收费的时间都不是很长,先后维系了差不多10年左右。综观我国师范教育发展史,对师范生基本上沿用了免费教育政策。从世界范围看,俄罗斯以及德国、英国、法国、瑞典等欧洲福利国家一般实施师范生免费教育;而美国、韩国等国家一般实施师范生收费教育,但同时给予师范生很多的优惠条件,如奖学金、低息贷款等。然而,无论是采取免费制度还是收费制度,对师范教育给予特别的关注和重视却是各个国家教师教育改革和发展的共同点。① 因此,师范生免费教育是政府的一项政策举措,是政府对教育的导向。任何国家在必要的时候都会出台政策来引导教育的发展。师范生免费教育、定向培养工作的重启,不是制度的回归,而是螺旋式的上升,充分说明了教师职业的重要性和特殊性,充分体现出政府在教育改革与发展过程中承担了更多的责任。我们要从"师范教育可以兴邦"的战略高度,②从教师职业特殊性的角度,来认识师范生免费教育这项举措对我国教育发展甚至对国家发展的重大而深远的意义。

### (三)教师是一个实践性专业:师范生免费教育的基本前提

教师职业具有很强的实践性,教师教育教学能力的培养不能仅仅依靠课堂、书本的学习,教师职业是一种实践性较强的专业教育。教师职业的实践性表明,教师专业技能、专业情意的养成是一个长期的过程,是一个不断反思实践的过程。

① 梅新林.聚焦中国教师教育[M].北京:中国社会科学出版社,2008:241—287.

② 本报评论员.师范教育是可以兴邦的[N].中国教育报,2011-03-01.

因为教师学科专业知识的掌握靠短时间突击能够完成，但是教师专业技能和专业情意却不是一朝一夕可以养成的。首先来看专业技能。专业技能需要专业知识作支撑，但更需要在持续的专业实践中不断尝试，不断体验。“纸上得来终觉浅，绝知此事需躬行”，只能经过亲身经历，才能慢慢熟练掌握专业技能。师范教育设置了系统的教育实践课程，如教学基本功训练、教学观摩、案例分析、微格教学、教育见习、教育实习等，帮助学生在不断实践的过程中，将普适性的专业知识转化为个体性的专业技能。而非师范专业的学生却很难接受这样系统的教育实践训练，通常缺乏扎实的专业技能。专业情意也需要长时间的濡染、浸润。有些人对教师职业充满热情，但是，仅有热情是不够的，专业情意是一种稳定的、成熟的心理状态，是对教师职业充分了解、深入体验基础上的情感认同和意志坚守。在师范教育过程中，师范生经过长达4—5年的专业学习和体验，对教师职业的认识由感性向理性升华，对教师职业的情感由自发向自觉跃迁，在此基础上形成的专业情意才是牢固的、坚韧的。相较而言，由于缺乏系统学习和长期体验，非师范专业学生对教师职业的认识容易流于浅表，对教师职业的情感相对淡漠，专业情意的稳定性相对较差。

教师职业的实践性，要求教师职前培养注重加强教育实践环节。实践是主观见之于客观的能动的活动，教育是培养人的实践性活动。教育实践环节是创新教师培养模式的重要取向。通过教学实践，可以使师范生迅速了解中小学教育的实际状况，使师范生能迅速消化教育理论知识，使教育的理论与实践能很好地结合起来，同时，还可以在实践中培养他们的专业思想和职业情感。因此，要高度重视教育实习，加强教育实习基地建设，延长师范生教育实习的时间，合理安排教育实习内容，把教育实习理解为“观察——体验——教育见习——教育实践——教育总结”等几个连续而有特点的阶段，在实际的专业环境中，提高教育实习的效果。要借鉴临床医学教育模式，以“临床教学”作为教育实习的基本模式，使师范生真正融入实习学校的教学工作中，比较综合地将理论与实际、知识与技能结合起来，形成初步的教育教学能力。

从6所部属师范大学实施师范生免费教育所制定的培养方案来看，虽各有特色，但都体现出一些共同点：重实践、重熏陶、重专业、重体验，突出核心课程建设，强化职业生涯指导，贴近中小学教育教学实际。[①] 这对于整个教师教育和师范生培养起到积极的导向和引领作用。因此，实施师范生免费教育能够不断创新人才培养模式，注重教育实践，有利于教师专业情意和专业能力的培养。

### （四）教师是一个复合型专业：师范生免费教育的应然取向

教师是一种以育人为中心的职业。对于一名教师来说，他的专业性首先体现在教育上，因为他面临的最大挑战是研究教育对象，研究教与学之间的关系，同所教学科知识的相对稳定不同，教育对象是变化的、动态的、个性化的，一个合格教师的素质主要体现在他的教育教学研究能力上。因此，不管是哪个学科的教师，他首先是一名教师，其次才是一位学科教师，教师的基本职能是育人，教育是师范专业的基本属性，而所教科学只是它的一个专业方向。所教学科的课程体系、课程设置和教学要求都要服务于育人这个要求，所以，教师是一种有别于学科研究人员的专门人才。

过去我们也认为教师职业所依据的专业知识和专业能力具有双重的学科基础，即教师任教科目的学科专业知识和教育专业知识，也就是说，教师职业具有“双专业”的性质：一是

---

① 梅新林.聚焦中国教师教育[M].北京：中国社会科学出版社，2008：241—287.

学科专业，二是教育专业。[①] 应该说把教育科学作为教师必备的重要知识构成是对教师职业认识的一种进步，但是这种观点依然缺乏对这两个领域知识的科学分析，这也是近年来一些师范院校探索"学科专业＋教师养成"，即 3＋1 模式、4＋X 培养模式等思路提出的理论依据，现在看来这种试图用简单的加法来调和矛盾的观点，还值得进一步推敲和思考，还有待社会实践的进一步检验。因为，教师教育的"X＋X"分阶段培养模式所设计的教师专业知识基础是"学科专业知识＋教育专业知识"，两种知识处于分离的平行状态。其理论假设是任何具有足够学科知识的人只要懂得普通教育理论和原则，就一定能够将这些理论和原则应用到具体学科、水平、知识点和情境的教学之中，并能提高教学实效，从而凸显教师的专业性。分阶段培养模式最突出的就是它会带来教师教育中学科专业教育与教师专业教育的分离，造成理论训练与教学实践的割裂，导致未来教师知识基础的支离破碎和实际专业能力的落后，实际上是缩短了学生在大学生涯中接受从师育人思想培育的时间。[②] 学科专业知识与教育专业知识的简单叠加，即知识＋技能的教师培养思路并没有真正体现教师的专业化特点和要求，因而就不可能使学生形成通透、系统的知识体系，不可能培养出真正优秀的中小学教师。这种把学科和教育相分离的培养模式是当今教师培养最大的弊病，至少在现阶段不适用于本科以下（学士后的教师培养模式可另当别论）中小学教师的培养。

教师专业化不仅要有专业知识、专业技能，更要有专业情

---

① 黄正平.关于小学教师培养模式的思考[J].教师教育研究，2009(4)：7—12；教育部师范教育司.教师专业化的理论与实践[M].北京：人民教育出版社，2003：32—44.

② 何齐宗，等.高师教育改革与教师发展[M].北京：中国社会科学出版社，2006：3—10.

意，让教师专业回归教育属性，改革现行教师培养方案，精简和优化所教学科课程体系，强化和优化教育学科的课程体系和教育能力培养是教师教育改革的基本方向。① 美国正在酝酿的新一轮教师教育改革，积极探索“临床型”教师教育模式，其基本构想是培养教育实践专家，指出教师教育的基本取向应从原来的理论与临床实践相分离，走向理论知识与临床经验的内在整合。② 这对我们改革教师培养模式具有积极的借鉴意义。

需要指出的是，不同层次的学校、不同类型的教育对教师专业化有不同的要求，小学（幼儿园）教师专业化与中学教师专业化有明显的区别，如对小学（幼儿园）教师的职业技能、专业情意要求更高。教育部原部长袁贵仁曾指出：“教师职业是一项专门职业，尤其是初中以下师资的专业化程度要求更高，人才培养规格与综合性大学明显不同。”③大量事实表明，在现阶段中学教师的来源可以多元化，但小学、幼儿园教师应当由专门的教师教育机构培养。因此，师范生免费教育在培养层次上，应当以培养小学、幼儿园教师为主体；在目标指向上，应当以解决农村教育师资为重点。

重新认识教师职业的专业属性，是我们实施师范生免费教育的重要前提和基础。教师是一个特殊的专业化职业，既不是什么人都有资格可以当教师，也不是什么机构都有条件培养培训教师。实施师范生免费教育，充分体现了教师在教育事业发展中的重要地位，教师教育在整个教育发展中的优

---

① 林樟杰.教师教育体制机制问题研究[M].北京：中国人民大学出版社，2009：11—17.

② 陶青，卢俊勇.美国酝酿新一轮教师教育改革[N].中国教育报，2011-04-19.

③ 袁贵仁.教师教育要与时俱进适度超前发展[N].中国教育报，2002-03-20.

先地位，师范院校在教师教育中具有不可替代的主体地位。

中国的未来在教育，教育的关键在教师，教师的重点在农村。根据我国现阶段的实际情况和一些试点地区的经验，在地方师范院校实施师范生免费教育，能有效改变生源质量，培养出思想素质好、职业技能强、业务水平高的“下得去、留得住、用得上、干得好”的教师，这是切实解决我国农村教育师资短缺问题的有效路径。

## 三、地方实施师范生免费教育：意蕴探寻与政策建议
### ——以江苏省南通市为例

江苏省南通市在地方师范院校中率先启动师范生免费教育、定向培养的试点工作，其成功实践和有效探索值得学习和借鉴。地方在实施师范生免费教育中有其比较优势，具有重要意义。在教育部直属师范大学实行师范生免费教育试点工作基础上，要进一步完善有关政策制度，形成师范生免费教育的有效机制。只要各级地方政府高度重视、思想认识统一、政策措施到位，各方密切配合、精心组织，地方实施师范生免费教育工作就能得到稳步推进、科学发展，就能为农村培养大批高素质的师资。

2007年起，国家在教育部6所直属师范大学实行师范生免费教育，“经过四年不懈努力和探索，师范生免费教育试点工作取得了重要进展和显著成效。实践证明，国家实行师范生免费教育的决策是完全正确的”。[①] 近年来，在国家这一示

① 温家宝.肩负起教书育人的神圣使命：在首届免费师范生毕业典礼上的讲话[N].中国教育报，2011-06-20.

范性举措推动下，全国有新疆、西藏、上海、云南、江苏、河北、湖南、湖北等省区市也开展了师范生免费教育。但总体而言，各地推进师范生免费教育的进度还不快，力度还不够；一些地方还在等待和观望；有的地方对师范生免费教育还停留在要不要实施的问题上。这说明人们对师范生免费教育重要性的认识还存在差距，还没有从“师范教育可以兴邦”的战略高度，来认识师范生免费教育这项举措对我国教育发展甚至对国家发展的重大而深远的意义。因此，我们要根据《教育规划纲要》提出的“积极推进师范生免费教育”的要求，认真总结地方实施师范生免费教育的成功经验，并对有关问题进行深入探讨，不断完善政策制度，形成师范生免费教育的有效机制。

### （一）南通市师范生免费教育的实践探索与基本经验

多年前，在基础教育领域盛行一种说法，“全国教育看江苏，江苏教育看南通。”南通基础教育之所以在全省乃至全国领先，一个重要的因素就是得益于南通的师范教育为基础教育培养了一大批优质师资。在教育部 6 所直属师范大学试行免费师范生教育的同一年，江苏省南通市率先在地方师范院校中启动了师范生免费教育、定向培养的试点工作，体现了南通人的智慧和远见，体现了南通人高度的责任心和使命感。由于提供了免费教育、协议定向的政策保障，并且采取了提前录取的保障措施，因此，2007 年以来免费师范生的招收一改前几年师范生源入学成绩步步下滑的颓势，呈现可喜局面，产生了积极的实施效果和良好的社会效应。南通市师范生免费教育的实践探索与基本经验值得学习和借鉴。[①]

---

① 黄建辉.新体制　新途径　新举措　新平台：南通市五年制师范定向生培养工作回顾[J].江苏教育研究，2009(27)：14—16.

1. 领导重视、统筹协调是地方实施师范生免费教育的重要保证

南通素有尊师重教的优良传统，是我国师范教育的发祥地之一，全国第一所中等师范学校就诞生在南通。南通市委、市政府对师范生免费教育高度重视，将其作为着眼教育未来的“奠基工程”，惠及子孙后代的“民心工程”来抓。市政府多次召开专题会议，统一思想，协调人事、编制、财政部门并得到各县（市、区）政府的鼎力支持，印发了《关于开展五年制师范生定向培养试点工作的通知》，并举行“五年制师范生定向培养试点工作签字仪式”，使师范生免费教育试点工作顺利启动。南通市师范生免费教育以“择优录取，协议定向；免收学费，跟踪培养；考核合格，落实就业”为原则，每年由各县（市、区）政府根据本地教师队伍建设的实际需求，报送定向培养计划，从应届初中毕业生中择优选录，与各县（市、区）签订定向培养协议，学校单独编班、委托培养至毕业，经考核合格后，由相关县（市、区）负责安排。定向安排的重点为农村学校，教育服务年限不少于 5 年。定向培养师范生的学费，在市财政教育费附加中统筹解决。因此，领导重视、统筹协调是地方实施师范生免费教育的重要保证。

2. 完善制度、措施到位是地方实施师范生免费教育的根本诉求

南通市在实施师范生免费教育中，注重制度设计，制订了《五年制师范生定向培养招生方案》，明确招生录取办法，规范招生录取程序。按照规定，定向招生工作，由各县（市、区）根据本地教师队伍建设的实际需要，逐年确定定向培养计划，与全市五年制师范统招计划同步下达，并公布定向生招生简章。为确保“择优录取”要求，定向招生采取提前单独填报志愿、提前录取批次、设置 1∶1.2 投档比例和参照四星级高中录取分

数线统一划定最低录取控制线的做法，同时增加了面试和健康复检环节。为确保“协议定向”，在各县(市、区)政府与市教育局签订合作培养协议基础上，各县(市、区)教育局、培养学校与考生三方再签订培养协议，履行三方权利与义务。有了这种政策扶持，加之广泛宣传，措施到位，师范生免费教育出现了优秀学生踊跃报名，广大家长积极响应的招考热潮，免费定向师范生录取均分比同期统招生录取均分高出近百分。因此，完善制度、措施到位是地方实施师范生免费教育的根本诉求。

3. 积极探索、精心培养是地方实施师范生免费教育的关键所在

在师范生定向培养试点工作中，委托培养试点学校的5年训练、养成是整个工作的核心和关键环节。南通市实施师范生免费教育的南通高等师范学校、如皋高等师范学校是具有全国影响的师范学校(2014年1月升格为南通师范高等专科学校，同年9月如皋高等师范学校合并办学)，有着深厚的教师教育传统，已经培养了数以万计的优秀师资，并曾在推进中师学制改革实验和师范课程、教学体系改革等方面成为现代师范教育转型的表率。承担师范生定向培养工作又为这两所学校注入了新的生机和活力。为把定向培养师范生打造成将来服务于基础教育的优质师资，两所高师全力以赴，集中优质教育资源，科学规划培养过程，不断创新教育特色，精心研制定向培养方案，重点组织教学团队，保证免费师范生能获得学校里最优质的教育资源。注重教师职业技能训练，充分重视职业人格养成。提前介入教育实践情境，建立定向生教育实践基地，精心组织“名师进校园”系列活动和“小学一日见习”活动，让他们从中体味教师幸福，关注儿童成长。积极构建全程跟踪机制，他们十分重视过程的积累和个体成长的记录，为每个定向生建立了成长档案，记录培养过程，书写发展轨迹，

为将来建立完善的跟踪培养机制打下了坚实的基础。因此，积极探索、精心培养是地方实施师范生免费教育的关键所在。

4. 汇报展示、研讨交流是地方实施师范生免费教育的有效平台

师范生定向培养工作作为一项关系到南通科教兴市、人才强市战略实施的基础性、前瞻性工程，在试点进程中，越来越成为政府重视、百姓关注的社会性工程。随着定向培养工作的推进，已经构建了可资依托的工作平台：一是定向培养招生工作平台。每年定期召开“南通市师范教育工作会议”，由市教育局、市招办、各县(市、区)教育局分管领导、人事科长和培养学校校长参加，通报交流定向培养工作情况，统一部署定向培养招生工作。二是培养工作汇报展示平台。从 2008 年起，南通市教育局每年组织一次定向培养师范生素质发展公开汇报活动。在向社会公开汇报活动中，定向师范生全方位展示了在文化素养、道德情操、职业技能、特长发展等方面的成长历程和阶段成果，受到社会各界的广泛好评。三是培养工作交流研讨平台。为集思广益、反思总结，与培养工作相关的各级部门和两所高师，一起组织了多种形式的专题研究活动。有招生研究会议、有方案研讨会议等。此外，两所学校之间为定向培养事业，经常交流切磋，在合作中增添实力和友谊。因此，定期汇报、研讨交流是地方实施师范生免费教育的有效平台。

在南通市这一示范性举措影响下，近年来，江苏省的扬州、常州、泰州市等地级市也先后开展师范生免费教育的试点工作。实践表明，根据我国现阶段的实际情况和南通市的试点经验，在地方实施师范生免费教育既是十分必要的，也是切实可行的，能有效改变生源质量，培养出思想素质好、职业技能强、业务水平高的“下得去、留得住、用得上、干得好”的教师，这是加强农村教师队伍建设的有效路径。

## （二）地方实施师范生免费教育的重要意义

相对于教育部直属师范大学而言，地方师范院校是指省属及市（地级市）属的师范院校。温家宝总理指出："要逐步在全国推广师范生免费教育政策，鼓励地方发展师范生免费教育，支持各地师范院校采取定向招生、免费培养的办法，为农村培养骨干教师。"[①]地方实施师范生免费教育有其比较优势，具有重要意义。

1. 地方实施师范生免费教育是加强农村教师队伍建设的需要

农村教师队伍建设是我国教师队伍建设的薄弱环节。《教育规划纲要》指出：要"以农村教师为重点，提高中小学教师队伍整体素质。创新农村教师补充机制，完善制度政策，吸引更多优秀人才从教。"地方师范院校在实施师范生免费教育方面有其比较优势。由于重点师范大学招收的学生成绩大多居于当地高校的中上甚至上游，这些学生的就业期望往往偏高，很少有从事基层中小学教育的兴趣。如北京师范大学作为一所综合性大学，每年有 1/3 的学生出国，1/3 的学生考研，其余 1/3 的学生还不一定当老师。[②] 因此，重点师范院校学生从事中小学教育的比例达不到百分之三十。[③] 在教育部 6 所直属师范大学首届免费师范毕业生中，下基层就业的意愿并不强烈，到农村学校任教的比例非常低，仅占 16 个省区首批免费师范生受调查总数的 4.1%。有的免费师范生明确表示，

---

① 温家宝.肩负起教书育人的神圣使命：在首届免费师范生毕业典礼上的讲话[N].中国教育报，2011-06-20.

② 梅新林.聚焦中国教师教育[M].北京：中国社会科学出版社，2008：241—287.

③ 黎婉勤.关于师范生免费教育的若干思考[J].教师教育研究，2007(3)：24—28.

"在县城任教已经是我的底线"。[①] 有调查显示，农村基础教育初中教师95%以上均由属地高校培养。从农村基础教育师资队伍身份构成看，除了民转公教师外，其主体来源于中等师范学校、地市级高等师范院校、综合性大学的师范专业。就师范教育来说，地方院校在招生规模、专业设置、就业服务等方面都具有得天独厚的优势，[②]人才培养目标与生源情况比较吻合，学生定位更准确，就业期望会更接近于农村基础教育。因此，应将实施免费师范生教育、充实农村学校师资的任务主要交由地方师范院校来完成，这对于从根本上改变农村教育落后面貌，促进社会主义新农村建设具有十分重要的意义。

2. 地方实施师范生免费教育是促进教育公平办人民满意教育的需要

教育均衡发展问题和教育公平问题是当前我国教育发展面临的两个重要难题，其突出表现在城乡教育发展的不均衡和不公平，农村优质教育资源短缺。教育公平的根本措施是合理配置教育资源，向农村地区、边远贫困地区和民族地区倾斜，加快缩小教育差距。而缩小教育的校际差距、区域差距，根本上是缩小教师差距。优质教育资源的实质是高质量的教师，农村教育是否"优质"关键在于教师是否"优质"。在高等教育大众化背景下，人民群众的教育需求从"有学上"正在向"上好学"转变，人民群众对优质教育的渴望从来没有像今天这样强烈，对教育公平的关注从来没有像今天这样突出，有优秀的教师队伍，才能有优质的教育，才能办好让人民满意的教育。因此，地方实施师范生免费教育，为农村培养大批高素质师资，对于促进教育优质均衡发展、促进教育公平和谐发展具

① 吴齐强，黄娴，银燕.首届免费师范生去了哪[N].人民日报，2011-09-28.

② 庄严，常汉东.地方院校也应推行免费师范生模式[N].中国教育报，2009-01-21.

有重要意义。

3. 地方实施师范生免费教育是改变农村教师队伍现状的需要

目前农村中小学师资队伍中存在的诸多问题，成为制约农村基础教育发展和教育水平提高的瓶颈。主要表现在：一是学科结构不合理。主要学科教师数量超编，而音、体、美、实验教学、信息技术和心理健康教育教师短缺。二是年龄和学历结构不合理。老龄化和低学历现象比较严重，越是经济贫困、地处偏远、规模偏小的农村学校，教师老龄化问题越为严重。很多教师由于受教育程度的限制以及极少参加系统的教育培训，教育理念、知识结构以及教育技术手段相对落后。农村大部分教师的第一学历偏低，以中等学历者居多。虽然，近年来大规模的学历补偿教育和在职进修学习，使不少教师取得了专科或本科学历，但其实际教学能力和整体素质并没有同步提高。此外，农村基础教育师资队伍不稳定，优秀教师流失严重。尤其是优秀教师、名师和中青年教师流失现象更为突出，造成教学质量下滑。① 低质量的师资已经成为农村儿童失学、转学的重要原因。因此，地方实施师范生免费教育是改变农村教师队伍现状的迫切需要。

### （三）不断完善师范生免费教育的政策制度

随着师范生免费教育试点工作的推进，政策制度还需要进一步完善。温总理指出："我们要在搞好试点的基础上，认真总结经验，研究和解决存在的问题，加快落实和完善配套政策。"②因此，在 6 所部属师范大学实施师范生免费教育和有关

---

① 庄严，常汉东.地方院校也应推行免费师范生模式[N].中国教育报，2009-01-21.

② 温家宝.肩负起教书育人的神圣使命：在首届免费师范生毕业典礼上的讲话[N].中国教育报，2011-06-20.

省市试点的基础上，要进一步完善有关政策制度，形成师范生免费教育的有效机制。

1. 建立协调保障机制

师范生免费教育工作涉及政府及人事、财政、教育、编办等相关部门，任何一方的责任“缺位”，都有可能影响试点工作的顺利进行，特别是当地政府能否给免费师范毕业生正常就业、保编保岗。因此，要建立师范生免费教育的协调保障机制。进一步强化政府责任，由省与市人民政府、市与县人民政府分别签订责任书，实行责任捆绑与责任分摊，避免职责不清与推诿扯皮，确保试点工作的顺利开展。要进一步增强地方政府（尤其是县级人民政府）对师范生免费教育工作战略意义的认识，采取公开招聘、双向选择、政府调配等有效措施，全面落实免费师范毕业生的编制和岗位。

2. 建立质量考评机制

如果试点院校对师范生免费教育重视不够，或培养条件、培养模式、教育教学改革相对滞后，就会影响免费师范生的培养质量，不能达到师范生免费教育的预期目标，不能适应基础教育改革和实施素质教育的需要。因此，要建立免费师范生培养质量考核评估机制，做到不仅把优秀的学生吸引进来，更要把优秀学生培养好。要全面了解教师教育机构设置、教师培养现状，建立相关评估考核标准和质量监控机制，开展资质认证，整合资源、调整布局，让专心于教师教育的师范院校实行师范生免费教育；深化教师教育改革，为免费师范生提供优质教育，安排名师给免费师范生上课，提供更多观摩名师讲课的实习机会，提高免费师范生培养质量。

3. 建立激励淘汰机制

师范生免费教育吸引了一批优秀学生读师范，却不能保证所有免费师范生都具有良好的学习素养和专业品质，其中有些免费师范生虽然进校时学业成绩优良，却不具有从教意愿；有些免费师范生虽有志于教育事业，但缺乏相应的素质和能力；有些免费师范生因公费学习、定向就业而衣食无忧、缺乏学习动力等。因此，要建立免费师范生激励、淘汰机制。开展生源状况调研，建立生源质量预测保障机制；加强政策宣传，促进理性选择，严把入口关；采取相应教育和考核措施，对学习成绩或表现不好的学生进行适度淘汰，促进其以积极的心态，面对学业、就业和未来发展。注重免费师范生的教师职业理想和职业情感培养，促使其树立长期从教、终身从教的志向。

4. 建立转入退出机制

由于初、高中毕业生大多为未成年人，他们对自己的将来还没有深刻的认识和规划，报志愿时易受家长和老师的影响。入学后，他们对自身的特点和教师职业有了更深层的了解，应该有再次选择的机会，因此，要建立转入退出机制。免费师范生入学后如无从教意愿或经考察不适合从教的少数学生，可自动退出、调整到非师范专业学习；对有志从事幼儿园、中小学教育的非免费师范（含非师范）专业学生，在入学两年内，经本人申请，相关部门综合考核，各方面表现优异，可在核定的计划内转入免费师范专业学习，享受免费师范生待遇，让真正乐教适教的优秀学生读师范。考虑到一些免费师范毕业生在工作一段时间后，不愿也确实不适合再做教师，应尊重其自由选择的权利。从维护公平公正、保证教师队伍的相对稳定出发，科学设置退出机制，免费师范毕业生在退出教师队伍时应拿出一定的赔偿，国家对赔偿额度应有科学合理的规定，以保证教师人才培养、流动机制的良性运转，这也有利于和谐社会的建设。而对于那些不认真从事教育事业者，则要建立清退机制，并依据不同的服务年限和绩效考评偿还被免除的费用。[①]

## （四）对地方实施师范生免费教育的若干建议

地方实施师范生免费教育虽有其独特的优势，但也存在一定的局限性。因此，要结合当地实际，制定切实可行的实施方案，把好事办实，实事办好。我们在调查研究的基础上，对地方实施师范生免费教育提出以下建议。

### 1. 在学科专业上：应以培养学前教育和义务教育阶段师资为主

地方师范院校实施师范生免费教育，在培养层次上，应当以培养学前教育和义务教育师资为主体；在目标指向上，应当以解决农村教育师资为重点。这是因为：(1) 农村教育需要的主要是学前教育和义务教育阶段的师资，而高中教育阶段的教育资源主要集中在县城。2007 年，教育部直属师范大学实施师范生免费教育，对师范生从培养到就业给予了较大的政策支持，其价值取向非常明确，服务目标直指农村基础教育。但部属师范大学师范生培养目标主要是培养高中以上学校教师，而乡镇绝大部分学校是初中、小学和幼儿园，需要大批初中、小学和幼儿园教师，这种现状与部属师范大学师范生培养目标还有一些距离。(2) 不同层次的学校对教师的要求是不一样的，小学教师专业化与中学教师专业化是有区别的。小学、幼儿园教师职业技能、专业情意要求更高。中学教师的来源可以多元化，但小学、幼儿园教师应当由专门的教师教育机构来培养。教育部原部长袁贵仁曾指出："教师职业是一项专门职业，尤其是初中以下师资的专业化程度要求更高，人才培

① 教育部新闻办公室，中央教育科学研究所.对话教育热点 2010[M].北京：教育科学出版社，2011：143—156.

养规格与综合性大学明显不同。”①

2. 在推进层面上：应充分调动省市两级政府的积极性

地方实施师范生免费教育涉及现行的教育管理体制，应从实际出发，可在省、市两个层面推进，并充分调动市、县（区）政府的积极性。在现有的教育管理体制下，培养本科学历的初、高中教师的师范院校一般都是省属院校；而一些培养小学、幼儿园师资的师范学校采取省属市管的体制，人、财、物都在当地。因此，要整体规划、明确分工、统筹协调：一方面，要按照《教育规划纲要》的要求，“进一步加大省级政府对区域内各级各类教育的统筹。”发挥省级人民政府在实施师范生免费教育中所起的关键性、主体性和示范性作用，要学习借鉴湖南省实施师范生免费教育的做法和经验，加大在省级层面的推进力度。另一方面，也要充分发挥市、县政府的积极性，使其认识实施师范生免费教育对于推动当地基础教育持续健康均衡发展的重要意义，积极引导有条件的地级市开展师范生免费教育定向培养工作。

3. 在培养层次上：应加快推进小学（幼儿园）教师本科化进程

地方实施师范生免费教育虽有具独特的优势，但也有其局限性，如南通市的师范生免费教育、定向培养都是在五年制高等师范学校中进行的，培养层次为初中毕业起点五年制专科学历的小学、幼儿园师资。目前，对于学前教育师资，专科学历层次还能符合要求、适应需要，但面对小学教师本科化的趋势，亟须提高免费师范生培养的学历层次。在未来5—10年内，根据我国各地经济社会和教育发展的实际水平，有计划、分步骤地实施小学教师本科化发展战略已成为我国教师

① 袁贵仁.教师教育要与时俱进适度超前发展[N].中国教育报，2002-03-20.

教育改革发展的现实要求和必然趋势。如《江苏省中长期教育改革和发展规划纲要(2010—2020年)》中明确规定,到2015年小学教师专科及以上学历为95%,其中本科及以上学历为60%;到2020年小学教师专科及以上学历为100%,其中本科及以上学历为90%。[①] 因此,在地方实施师范生免费教育过程中,需要整体构建现代教师教育体系,创新教师教育的体制机制,积极探索培养本科学历层次小学(幼儿园)教师的有效模式。

## 四、免费幼儿师范男生培养现状及路径选择
### ——以江苏省为例

优质生源是培养优秀教师的基础。2010年,江苏省以培养幼儿园男教师为切入点,开展师范生免费教育试点工作,吸引了大批优秀男初中毕业生踊跃报考,生源质量好,试点工作取得了显著成效,为培养未来优秀幼儿园教师奠定了坚实基础。但在试点过程中还存在一些困难和问题,需要认真总结经验,努力加以改进。要进一步加大宣传力度,统一思想认识;完善政策制度,健全保障机制;加强沟通协调,强化责任意识;坚持实践取向,优化培养过程;创新培养机制,提高培养质量。

中国的未来在教育,教育的关键在教师,教师的重点在农村。2015年4月1日,习近平主持召开中央全面深化改革领导小组第十一次会议,审议通过《乡村教师支持计划(2015—

① 江苏省委、省政府.江苏省中长期教育改革和发展规划纲要(2010—2020年)[N].新华日报,2010-09-06.

2020年)》。指出:“要把乡村教师队伍建设摆在优先发展的战略位置,多措并举,定向施策,精准发力,通过全面提高乡村教师思想政治素质和师德水平、拓展乡村教师补充渠道、提高乡村教师生活待遇、统一城乡教职工编制标准、职称(职务)评聘向乡村学校倾斜、推动城市优秀教师向乡村学校流动、全面提升乡村教师能力素质、建立乡村教师荣誉制度等关键举措,努力造就一支素质优良、甘于奉献、扎根乡村的教师队伍。”地方实施师范生免费教育是支持乡村教师队伍建设,培养大批高素质乡村师资的重要举措。2010年起,江苏省以培养幼儿园男教师为切入点,开展师范生免费教育试点工作,吸引了大批优秀初中毕业男生踊跃报考,生源质量好,试点工作取得了显著成效。但在实施师范生免费教育过程中也遇到一些困难和问题,需要在现有的基础上,进一步提高思想认识,完善政策制度,优化培养过程,创新培养机制,提高培养质量。这里以江苏省为例,简要回顾总结免费幼儿师范男生培养情况,分析存在问题,提出对策建议,从而为地方完善和推进师范生免费教育工作提供有益借鉴。

### (一)免费幼儿师范男生培养:价值探析

江苏省免费幼儿师范男生(简称“免费男幼师生”)实行定向招生和提前批次录取,考生须参加报考学校统一组织的面试。在校学习期间免除学费,免缴住宿费,并补助生活费(简称“两免一补”)。实行定向招生、定向培养、定向就业的一体化机制。入学前与录取学校和所在省辖市教育行政部门签订协议,承诺毕业后从事幼儿园教育工作不少于五年。每年招生时,吸引了大批优秀初中毕业男生踊跃报考,录取分数线均达到当地四星级高中分数,社会反响热烈。那么,为什么要培养免费男幼师生?培养免费男幼师生为什么要采用初中起点五年一贯制的模式?这是首先需要探讨的问题。

1. 培养免费男幼师生是改善幼儿师资队伍性别结构的需要

幼儿期是人的心理、人格发展的关键阶段，是孩子模仿学习的重要阶段。男女教师在幼儿教育培养方面各有优势，可以互为补充。就如同一个孩子的成长既需要母亲的关注，也需要父亲的关爱。法国精神分析学的泰斗人物拉康的研究表明，儿童主体形成分为三步：第一步为子母双边关系期；第二步为子母父三边关系期；第三步为子父同化期。只有“父亲及其立法成为一种促使孩子成为一个真正的主体解放力量”时，儿童的主体建构才算真正完成。[①] 因此，作为父亲的镜像角色，幼儿园男教师对于幼儿的成长具有重要的意义。但由于幼儿园工作的特殊性，加上传统习惯的影响，长期以来，男生基本不报考幼儿师范，地方招聘幼儿园教师更是鲜有男性应聘，从而导致幼儿园教师性别结构严重失衡，男女性别比为1∶99，许多幼儿园长期无男教师。相比之下，世界发达国家幼儿园教师男性一般占6%—10%，如美国幼儿园男教师的比例占10%，日本占8%，澳大利亚占6%，而我国仅为1%。在日本，男幼儿园教师不仅比例高，而且大多数幼儿园园长为男性。从一般意义上来说，男教师在幼儿教育过程中具有女性所不具有的独特优势，其特有的勇敢、乐观、坚强、豁达、幽默、探索精神等会潜移默化地对幼儿心理、语言、行为、个性发展等方面产生影响，尤其是男教师对于幼儿性别角色的社会化方面，有着不可替代的重要作用。而且，男女的思维方式不同，“纯女性”的单一性别思维显然不利于学前教育事业的发展。江苏省招收免费男幼师生，就是要鼓励优秀男生当幼儿园教师，创新幼儿园男教师补充机制，切实解决幼儿园师资队

---

① 张志丹.拉康个人主体理论对于当今教育的启示[J].教育研究与实验，2008(4).

伍性别结构失衡问题;就是要形成良好的幼儿教育生态环境,促进幼儿快乐健康成长,更好地培养幼儿刚毅和勇敢的品质,这对于推动学前教育事业科学发展具有十分重要的意义。

2. 初中起点五年一贯制师范教育是培养幼儿园教师的有效模式

学前教育是基础教育的重要组成部分,是国民教育和终身教育的奠基阶段。学前教育对人的一生具有重要影响,幼儿教师必须具备高尚的师德、宽厚的知识、综合的素养。由于初中毕业生可塑性强,适合幼儿园教师综合培养的要求。国务院在《关于当前发展学前教育的若干意见》中指出:要"积极探索初中毕业起点五年制学前教育专科学历教师培养模式。"江苏省培养免费男幼师生试点工作的招收对象为应届初中毕业生,培养院校为办有五年一贯制学前教育专业的高等师范学校,就是对这一培养模式的充分肯定。研究表明,在四年制本科、三年制高中起点大专、五年制初中起点大专、三年制初中起点中专这四种学前教育专业培养模式中,五年制初中起点大专培养模式"起点低,落点高,定向强","是这几种培养模式中状况最好的"。① 与高中毕业起点的三年制专科和四年制本科相比,初中毕业起点五年一贯制培养模式具有明显的优势,有利于吸引优秀初中毕业生报考学前教育专业,有利于培养幼儿园教师的职业角色和专业技能,有利于培养综合素质较高的幼儿园教师。由于初中毕业生年龄较小,处于少年至青年的转换期,人格特征尚未稳定,职业志趣尚未形成,在"三字一话"职业技能、语言表达能力和艺术素养等方面可塑性都比较强,因而在一个相对较长的学程中进行系统、持续的培养,容易形成幼教岗位所需要的个性品质和职业性向。而由

① 黄慧君,陈丽娟,谢坤.高专学前教育专业培养模式探析:基于我校三年制和五年制学前教育专业培养模式的分析[J].理论导报,2012(1).

于高考指挥棒的作用，升学的压力使学生在三年高中期间，把大部分的时间和精力都放在学习文化课上、放在题海战术的训练上，难有闲情逸致去挖掘和发展自己的艺术素养，学校也难以提供和创造适合学生发展的艺术氛围。尽管高中生在文化知识方面有优势，但由于错过了发展艺术素养的最佳时期，他们在艺术方面的可塑性不大，难以培养出较好的教学基本功；即使学前教育专业的师范生在大学三年或四年期间，投入较多的时间和精力进行训练，也只能收到事倍功半的效果。① 五年制学前教育专业毕业生不仅在各地幼儿园教师招聘考试中占有明显优势，而且因其专业思想巩固、教学技能扎实、职业情意浓厚而受到用人单位的青睐。在江苏省教育厅2013年以来组织举办的师范生教学基本功大赛中，一些高中起点的学前教育、小学教育专业的本专科院校师范生的教学基本功明显不如初中起点的五年制师范生，就是有力的证明。

近年来，全国一些地方招收初中起点培养本专科学历幼儿园教师的做法，也充分说明了这一点。如湖北省2011年起开展初中起点五年一贯制幼教专科教师培养试点；②江西省2013年起定向培养农村教师均为初中起点五年一贯制大专生；③山东省聊城大学2014年起将开展初中起点本科层次学前教育教师培养试点工作。④ 因此，不同类型学校、不同学段教师的培养有其不同的特点、要求和模式，我们应当遵循教师养成教育的规律来培养教师。

---

① 黄正平."5+2"：培养本科学历小学教师的有效模式[J].教师教育研究，2008(1).

② 程墨.湖北试点5年幼教专科[N].中国教育报，2011-03-26.

③ 张武明.江西定向培养4596名农村教师均为五年一贯制大专生[N].中国教育报，2013-04-03.

④ 林敬华.山东聊城：试点培养初中起点本科层次幼儿教师[N].中国教育报，2014-05-25.

## （二）免费幼儿师范男生培养：现状扫描

江苏省从2010年开始招收免费男幼师生，目标到2020年，为全省每所公办幼儿园至少培养一名男教师，并将此目标作为江苏省高水平教育现代化建设的重要指标之一。培养学校高度重视，集全校之智，倾全校之力，积极探索免费男幼师生培养之路。他们开展学习调研，明晰培养思路；围绕培养目标，完善培养方案；以课题研究为支撑，不断提升培养内涵；定期开展交流研讨，展示阶段性培养成果，充分展现男幼师生刚柔相济、内外兼修的精神面貌和职业技能，有力地促进了免费男幼师生职业素养的提高，受到社会各界的广泛好评。

经过各培养学校的不懈努力和社会各界的关心支持，免费男幼师生在思想品德、教育理念、专业技能等方面都得到较大的提升，为将来成长为优秀幼儿园教师奠定了坚实的基础。但由于培养免费男幼师生是一项全新的课题，试点时间不长，缺乏可资借鉴的经验，因此，在试点过程中还存在一些困难和问题。

1. 观念层面：思想认识还不到位

师范生免费教育政策的宣传力度不够，宣传方式单一，部分学生和家长对师范生免费教育政策所规定的权利与义务了解得不够细致，影响到政策的实施效果。虽然各地幼儿园缺少男幼师，但据了解在目前幼儿园里，男幼师也并非被完全接受，他们基本上从事体育教学，并不带班。有的幼儿园园长认为，男老师带孩子进行户外运动上有优势，但在生活上，确实还是女老师更为细致。加上很多幼儿家长存有顾虑，所以幼儿园也只能让这些男老师先从事体育课程的教学。在配班上，还会专门安排一名女老师与之搭档。[①]长期浸淫在这种环

---

① 王拓.幼儿教育呼唤“男子气概”男幼师培养多重困局待破[N].新华日报，2014-05-11.

境中，一些男教师会出现“娘娘腔”、行为举止女性化以及思维方式两性化等“性别同一性”问题，不利于幼儿性别恒常性的建立。[①] 但最大的问题还是社会的眼光，传统的就业观念让多数人认为幼儿园老师是女性职业，不适合男性干。这使得男幼师在社会上和人打交道时往往有“低人一等”的感觉。这是推进免费男幼师生培养工作的思想障碍。因此，需要加大宣传力度，形成广泛的社会共识。

2. 政策层面：政策制度还需完善

2010 年江苏启动免费男幼师生培养时，规定：“免费师范生毕业后回所在省辖市，由市教育局负责安排到公办幼儿园任教。各省辖市要确保每一位到公办幼儿园任教的免费师范毕业生有编有岗。”[②]但 2011 年开始，免费男幼师招生政策进行了调整，规定“免费幼儿师范男生可参加公开招聘到所在省辖市公办幼儿园任教，也可通过双向选择方式到其他幼儿园任教。经公开招聘、双向选择未落实工作单位的，由省辖市教育部门负责协调安排到农村公办幼儿园任教。”[③]客观地讲这一政策调整，其积极意义在于对免费男幼师生是一种激励，促使他们努力学习、积极进取，但也让一些来自城市的考生和家长有所顾虑，免费男幼师的吸引力没有原来那么强了。其次，现在一般中职学校学生的前三年学费都已经实行免费教育，免费男幼师在学费方面的竞争力已经不存在。考生的报考热情有所消减，2010 年江苏招收第一批男幼师，招生人数只有 300 人，但省内 3 所培养学校参加面试的男生达到了上万人。

---

① 杨佳风.浅析幼儿园男教师性别同一性现状问题及解决策略[J].黑龙江教育(理论与实践)，2014(5).

② 江苏省教育厅.关于开展师范生免费教育试点工作的通知[Z].苏教师[2010]10 号.

③ 江苏省教育厅江苏省人力资源和社会保障厅江苏省财政厅.关于印发《江苏省师范生免费教育试点办法》的通知[Z].苏教师[2011]26 号.

免费男幼师招生政策紧缩后，每年参加面试的人数明显减少。[①]因此，如何增强免费男幼师的职业吸引力，需要在招生、培养、就业等各个环节做好统筹规划，完善配套政策和保障措施，使免费男幼师生培养工作能够稳步推进、健康发展。

3. 培养层面：专业思想还需巩固

各培养学校都很注重免费男幼师生的专业思想教育和职业情意培养，使他们的职业认同感不断增强，立志从教、终身从教的职业信念不断稳固。如苏州高等幼儿师范学校的问卷调查显示，90%以上的免费男幼师生很喜欢学前教育，还有43%的免费男幼师生立志要当幼儿园园长。但也不可否认，有一些免费男幼师生当初选择读学前教育专业就是因为可以解决编制，而并非真正热爱幼教事业；有的是为了逃避高考竞争的压力，有的是出于“遵从父母的意愿”。一些学生表现为学习不刻苦、不主动，得过且过混日子。研究表明，在免费男幼师生培养过程中，存在着“学习被动，求学动机亟须端正”、“心理状况复杂，减压机制有待于完善”等问题。[②] 因此，需要进一步加强免费男幼师生的理想信念教育和专业思想教育。

4. 实施层面：各地发展还不平衡

在免费男幼师生培养试点工作实施过程中，有的市、县(区)积极响应，如南通、常州、宿迁、昆山等根据当地实际情况，启动了本地师范生免费教育试点工作。但也有一些地方在实施中还存在一些阻力，因此出现了同样的政策在不同地区执行情况不一样、不到位的现象。在苏南、苏中地区实施比较顺利，但在苏北一些地方，有的县(市、区)表现冷漠甚至抵

① 王拓.幼儿教育呼唤“男子气概”男幼师培养多重困局待破[N].新华日报，2014-05-11.

② 李倩.关于免费男幼师生现状及其思想政治教育的思考[J].徐州师范大学学报(教育科学版)，2012(2).

触，下达的免费男幼师生招生计划都完不成，有些地方培养免费男幼师生的责任主体不明确，有些地方的培养就业协议书没有及时签订，给免费男幼师生毕业后的就业工作带来隐患。这些现象的存在，既有师范生免费教育政策宣传不到位的原因，但根本的还是思想认识、观念态度和保障措施不完善的问题。

### （三）免费幼儿师范男生培养：对策建议

根据江苏省免费幼儿师范男生培养试点工作实施以来的情况分析，需要认真总结经验，正视存在问题，努力改进完善；需要采取切实有效的措施，确保试点工作稳步推进，使之取得预期效果。

1. 加大宣传力度，统一思想认识

实施免费男幼师生培养工作，统一思想认识是基础。教师是教育事业的第一资源。有好的教师，才有好的教育。教育的差距归根结底是教师的差距。实施师范生免费教育是国家行为、政府意志，是培养优秀教师和倡导教育家办学的示范性举措，对于推动教育改革发展，提高教育质量水平具有重大的现实意义和深远的战略意义，我们要把思想认识与国家和省的有关政策相统一，增强责任感和使命感。要确立师范生免费教育与“市场经济”不对立、与“到岗退费”不一样、与“凡进必考”不矛盾的观念。[①]要充分认识地方实施师范生免费教育是加强农村教师队伍建设的需要，是促进教育公平、办人民满意教育的需要，是改变农村教师队伍现状的需要。研究表明，“教师教育除了要培养一般意义上的‘学科专家’与‘教育专家’外，还应当成为一个‘本土知识的专家’，从而使本土知

① 黄正平.师范生免费教育需要关注的几个问题[J].教育学术月刊，2011(7).

识能够很好地传承下去。”①实践也证明，地方师范院校在招生规模、专业设置、就业服务等方面具有得天独厚的优势，其学生都以当地生源为主，对乡村及其文化、教育与当地百姓怀有更深厚的感情，更有利于激发他们对家乡热爱的情感，学生定位更准确，就业期望会更接近于农村基础教育，不会出现“水土不服”的情况，因此，小学、幼儿园教师的培养要坚持属地化、本土化原则。

要加大免费男幼师生培养工作的政策宣传力度，吸引优秀学生读师范，鼓励优秀人才当教师。加大政策宣传力度，除组织举办免费男幼师生培养工作汇报会外，还要通过网络、报刊等各种媒体广泛宣传，让更多的考生及家长了解师范生免费教育政策，提高社会的认同度。要大力宣传男教师的优秀事迹和在幼儿成长保育中的重要作用，在社会上形成尊师重教尤其是重视幼教、尊重男幼儿教师的氛围。② 要认真学习借鉴各地开展师范生免费教育的做法和经验，结合当地实际，积极推进免费男幼师生培养试点工作。需要值得关注的是，上海作为国际大都市，是全国各地许多教师都向往的地方，招聘优秀教师比较容易，而且现在许多大学毕业生都找不到工作，选聘教师的余地很大，但是上海为什么也要实施师范生免费教育？这是需要深思的，其根本目的就是为了从源头上提高师范生质量，以培养未来的卓越教师。正如上海师范大学校长张民选所说：“免费师范生是优质师范生的代名词，我们希望以免费师范生培养模式的全面改革，引领其他类型师范生培养水平的整体提升，服务上海基础教育，为未来教师教育探路。”③

---

① 何菊玲.教师教育范式研究[D].陕西师范大学，2008：136.

② 许朝军.幼儿园不该都是“娘子军”[N].中国教育报，2014－10－13.

③ 董少校.建培养未来卓越教师的“特区”：上海师范大学免费师范生培养改革纪实[N].中国教育报，2014－05－06.

2. 完善政策制度，健全保障机制

实施免费男幼师生培养工作，完善政策制度是根本。思想观念的改变需要一个过程，改变人们对男幼师观念上的评价也需要一段时间。但是，教师教育属于公共产品，发展学前教育事关儿童的健康成长和千家万户的切身利益，是保障和改善民生的重要举措。学前教育相对于其他层级的教育来说公益性更强，需要政府进行宏观调控，政策引导。目前，免费男幼师生培养的职业吸引力还不强，因而会出现男幼师培养出来后，又因为各种原因面临人才流失。幼儿教师收入低是当前男幼师培养的一个瓶颈，一般只有两三千元，还不如一些农民工打工的收入，如果仅靠这两三千元的基本工资养家糊口，确实比较困难。因此，要在加强舆论宣传引导的同时，采取一些特殊政策，确保其毕业后进编进岗，并大力提高男幼师的社会地位、经济待遇，使他们能够体面地工作和生活。要设置"服务农村幼儿园奖励基金"，鼓励更多的免费男幼师生自愿到农村或艰苦地区从事幼教工作；在奖励基金设置的基础上，还要在职称评定、评优评先、进修学习、学历提升等专业发展方面给予政策倾斜，增强幼儿教师的职业幸福感，让所有幼儿教师都能树立职业神圣感、职业责任感和职业自豪感，[①]使他们下得去、留得住、干得好。如有的学者提出，可以借鉴"大学生村官"制度，来完善免费师范生制度。"大学生村官"的机制比免费师范生机制好得多。比如说，规定了大学生户口可以保留在学校，保留在原户籍所在地。大学生下到农村，国家给一次性的安家费，基本费用参照当地农村劳动力收入的 1.5 倍，这样使大学生在 3 年期间生活没有问题。更为重要的是，这个政策给大学生留了出路，3 年服务期满了以后，考研究生

① 许朝军.幼儿园不该都是"娘子军"[N].中国教育报，2014－10－13.

可以加分，有的学校还专门拿出名额来给村官等等。① 总之，要努力为免费男幼师生搭建圆梦的舞台和提供政策制度保障，鼓励他们长期从教、终身从教。

3. 加强沟通协调，强化责任意识

实施免费男幼师生培养工作，强化责任意识是重点。师范生免费教育工作是一项系统工程，涉及政府及人事、财政、教育、编办等相关部门，任何一方的责任“缺位”，都有可能影响试点工作的顺利进行，特别是当地政府给免费男幼师生毕业后正常就业、保编、保岗是这一政策的关键。因此，要进一步强化政府责任，由省人民政府牵头，建立相关职能部门和培养院校的“会商机制”，每年召开一次协商会议，专题研究和解决师范生免费教育试点工作中遇到的突出问题。要开展专项教育督导，定期通报情况，对免费男幼师生培养工作落实不力，导致免费男幼师生毕业后不能正常就业的地方和部门，要追究相关领导人的责任。

4. 坚持实践取向，优化培养模式

实施免费男幼师生培养工作，优化培养模式是关键。当下，“各类大中专院校在开设的学前教育专业课程的设置上，并没有考虑到男生的特点和兴趣。这就导致了该专业的男生因失去兴趣而放弃一些技能课的学习，直到走出校门走向工作岗位，他们才发现自己虽然接受过正规的学前教育理论培养，却十分缺乏实践操作能力。”②近年来，各培养试点院校紧紧围绕培养目标，在课程设置、教学内容、教学方法和教师养成教育等各个环节上开展了积极探索，取得了一定成效。在

---

① 朱永新.学习“村官”好榜样，改革免费师范生制[N].21世纪经济报道，2010-03-09.

② 李婷，卢青.幼儿园男教师的生存现状及理性思考[J].教育与教学研究，2013(3).

此基础上，要继续深化教师教育课程改革，不断优化培养过程，创造最好的条件，把最好的资源，尤其是最好的教师资源用于免费男幼师生的培养，为他们提供最适合、最优质的教育。要根据教育部《关于大力推进教师教育课程改革的意见》《教师教育课程标准(试行)》和《幼儿教师专业标准》，构建厚基础、强能力、重融合的培养体系。要不断完善免费男幼师生培养方案，修订专业技能类课程的课程标准，系统设计各技能课程的学习内容与进程，制定学前教育专业技能训练与考核方案，明确每项技能每个年段的训练内容、达成标准、过关时间，学生技能过关的结果要与实习和毕业挂钩。要加强理想信念教育，培养他们的使命感和责任感，胸怀执着的学前教育抱负，脚踏实地练就育人基本功。要进一步强化专业思想教育，增强职业认同感；开展职业生涯规划，强化男幼师生终身从教的职业信念。要坚持育人为本、实践取向、终身学习的理念，创新教师培养模式，注重专业技能训练，加强教育实践环节，促进免费男幼师生职业人格成长和专业素质养成，努力体现学前教育专业的特色，彰显幼儿师范男生的特点，承续师范教育的优良传统，为男幼师生将来成为优秀教师和幼教专家打下坚实基础。同时，要适应幼儿教师本科化发展的趋势，积极探索初中毕业起点“5＋2”和“3＋4”学前教育本科学历教师培养模式。

5. 创新培养机制，提高培养质量

实施免费男幼师生培养工作，建立培养机制是保障。师范生免费教育吸引了一批优秀初中毕业生读师范，但不能保证这些免费男幼师生都具有良好的学习素养和专业素质，其中有些免费男幼师生虽有志于幼儿教育事业，但缺乏相应的专业素质和职业技能，适应教师角色的能力不足；有些免费男幼师生因公费学习而衣食无忧、缺乏学习动力；有些学生虽然进校时学业成绩优良，却不具有从教的意愿等。因此，要强化制度管理，建立健全免费男幼师生激励—淘汰机制，采取相应的教育和考核措施，对学习成绩或表现不好的学生进行适度淘汰，促进其以积极的心态，面对学业、就业和未来发展。要建立免费师范生培养质量考核评估机制，将达不到培养标准和要求的师范生，调整到非师范专业，不再享受免费待遇，并向所在学校退还"两免一补"费用。对于不适合从事或不愿从事教师职业的师范生，可通过一定的程序和规则允许退出。[①] 要支持建设一批教师教育改革创新实验区，安排更多的幼儿园名师给免费男幼师生上课，提供更多观摩名师讲课的教育见实习机会。要建立培养学校与地方政府、幼儿园"三位一体"协同培养免费男幼师生的新机制，不断提高培养质量。

《乡村教师支持计划(2015—2020年)》指出："各级党委和政府要加强组织领导，因地制宜制定符合乡村学校实际的有效措施，把准支持重点，着力改革体制，鼓励和引导社会力量参与支持乡村教师队伍建设。"地方实施师范生免费教育是一项系统工程，涉及社会各个方面，需要从招生、培养、就业等方面做好统筹规划，完善配套政策和保障措施。只要各级党委和政府高度重视、思想认识统一、政策措施到位，各方密切配合、精心组织，地方实施师范生免费教育工作就能得到稳步推进、生态化发展，就能为乡村培养大批高素质的师资。

---

① 翁小平，祁雪晶.免费师范生政策亟需激励机制[N].中国教育报，2014-11-12.

# 第五章　教师教育比较研究

教师教育的产生和发展是与各国的政治、经济以及文化传统等因素密切相关的，由于各国在这些方面的不同，因而各个国家教师教育都具有不同的情况、形成各自的特色。学习和了解各国教师教育的情况和特点，有利于取长补短，立足自我，促进发展。

本章论述的内容：本人在2007年、2013年、2015年、2016年分别赴英国、加拿大、俄罗斯、美国学习考察教师教育，撰写了相关的体会文章。英国师资培养逐渐形成了职前教师培养、在职教师培训、高级学位研修三个阶段；实施中小学教师教育的机构有大学教育学院（系）、高等教育学院和艺术中心（艺术学院）。英国中小学教师教育的模式主要有两种：一种是学科专业学习与教育专业训练同时并进的模式；另一种是学科专业学习与教育专业训练先后进行的模式。英国目前没有独立的师范院校，师范教育主要通过课程来实施，而课程又是与培养模式及学位证书联系在一起的。英国的教师教育课程制度分为两个层次：本科教育学士学位课程（BED）和研究生教育证书课程（PGCE）。

加拿大是一个多元文化国家，教育由地方政府自治。加拿大省与省之间、大学与大学之间的教师教育存在一定差异，这里以安大略省为例介绍加拿大教师教育的基本情况和主要做法。加拿大中小学教师的学历都在大学本科以上，教师都在大学教育学院培养。中小学教师的培养、管理和使用科学规范，教师队伍建设有一套系统的法律法规，教师教育课程、教师认证、教师评价、教师发展等形成了科学完备的体系。

俄罗斯独立后，继承和保持了苏联师范教育的主体模式、管理特点以及人才培养等方面的做法。顺应世界教育的总体发展趋势，俄罗斯师范教育也在不断改革发展，转变师范教育指导思想，创建连续师范教育体系，制定高等师范教育国家标准，形成了具有自身特色的师范教育体系。虽然俄罗斯高等师范教育在发展中存在着一些不足和亟待解决的问题，但它的某些做法对我们仍有借鉴意义。

美国是教师教育发展较早、水平和层次都较高的国家。美国教师教育主要有四种模式：综合性大学模式、文理学院模式、专业发展学校模式、选择性教师教育模式。培养层次主要为本科生与硕士研究生。美国教师教育发展过程中存在专业化与去专业化悖论问题，其原因既有对教师教育的基本属性认识不清，政策不到位的原因，也有教师社会地位和经济待遇不高，教师职业缺乏吸引力，导致教师数量短缺的因素。当前，我国教师教育正处在转型发展的关键时期，学习与借鉴美国教师教育发展过程的一些做法和经验具有十分重要意义。

我国师范教育在一百多年的发展历程中，存在着“理论”缺失的现象，教师教育理论缺乏系统性、完整性。教师专业化的推进和基础教育的改革，需要我们深刻反思走过的历程，分析理论缺失的原因，从得失成败中总结经验、吸取教训，努力探索教师教育规律，坚持在研究教师教育中培养教师，在提高教师培养质量中振兴教师教育。

## 一、英国中小学教师的培养及其启示

英国师资培养分为职前教师培养、在职教师培训和高级学位研修三个阶段;英国实施教师教育的机构有大学教育学院(系)、高等教育学院和艺术中心(艺术学院);英国师范教育实施的是两类不同的培养模式,即“4+0”模式和“3+1”模式。学习和借鉴英国师范教育的做法和经验,我们应尽快制定教师教育的行业标准和专业标准,高度重视中小学在师范生培养中的作用,切实加强师范生教育实践活动。

“师范教育代表一个使教学专业真正成为专业的正式过程”①。师范教育是培养、培训师资的专业教育,它是现代社会的产物,是教育与生产劳动第二次分离的结果,它的诞生,标志着教师专业地位的确立。英国师范教育自18世纪中期产生至今,已有200多年的历史,其间,经历了无数次的变革,形成了比较完备的师范教育体系和办学特色。2007年12月,本人参加了由江苏省教育厅组织的高等师范学校管理者赴英国培训。培训期间听取了英国教育与技能部官员的情况介绍、英国师范教育大学委员会负责人的专题报告,实地考察了曼彻斯特城市大学教育学院和有关的中小学校,了解大学与中小学在师范教育中的合作情况等。通过为期3周的学习、参观、考察、访谈,使我们对英国师范教育的情况有了初步的了解。尽管中英两国的国情和文化背景不同,师范教育的管理

① [美] A.C.奥恩斯坦.美国教育学基础[M].刘付忱,姜文闵,等译.北京:人民教育出版社,1984.

体制和机制也不一样，但英国师范教育的做法和经验，对于我国教师教育改革和中小学教师培养具有一定的启示和借鉴作用。

## （一）英国中小学教师培养的基本情况

在英国，有组织的师资培养开始于19世纪初的贝尔—兰卡斯特制。英国系统的师范教育出现在19世纪末，到20世纪初，已正式确立了公立师范教育制度。二战后，经过三次大的变革，其在培训模式、课程设置以及教学内容和方法等方面已趋于稳定和成熟。

1. 英国师资培养的三个阶段

为有效解决师范教育中出现的问题并适应发展的需求，1970年，教育与科学大臣任命了一个以约克大学副校长詹姆士为主席的调查委员会，专门就师范教育发展问题进行调查研究，1972年，詹姆士报告发表。该报告提出了一个著名的“师资培训三阶段法”，即把师资培训分为个人高等教育、职前专业训练和在职进修三个阶段一体化①。三个阶段是完整的过程，缺一不可，并把在职教育作为重点。这一思想很快被国际师范教育界所接受，并逐步加以完善，形成了职前教师培养、在职教师培训、高级学位研修三个阶段。英国实行教育证书制度，职前师范教育是提供教师资格的主要途径。英国现行的在职教师培训制度是从70年代建立的“以学校为中心”的在职教师进修制度发展而来的。高级学位课程是为在职教师和学校行政人员开设的，目的是为他们提供进一步研修的机会，提高其科研水平并促进教学。

---

① 黄崴.教师教育体制国际比较研究[M].广州：广东高等教育出版社，2003：26.

2. 英国教师教育的实施机构

英国实施中小学教师教育的机构有大学教育学院（系）、高等教育学院和艺术中心（艺术学院）①。其一，大学教育学院。英国的综合大学均设有教育学院或教育系，是英国教师教育的主力军。这些院系面向已经取得学科专业学位、愿意将来从事教师职业的大学本科毕业生，有学前教师教育专业、小学教师教育专业、中学教师教育专业、特殊教师教育专业，等等。是英国中小学教师、特别是中学教师的主要来源。其二，高等教育学院。高等教育学院是多种类型教育学院的简称，包括高等教育学院、教育学院、技术学院、工艺学院和继续教育学院。这类学院主要培养小学教师，是小学教师培养的主力军。但它们不仅仅培养教师，也开设其他门类的专业，培养各类人才。所以，英国现在已经没有单一的教师教育学院。其三，艺术教育中心。艺术教育中心主要是培养艺术教育方面的教师，其招生对象是持有美术或手工艺专业证书的人员。艺术教育中心除 4 所由大学负责外，其余的由艺术学院负责。这说明，英国现行的教师培养体制是以大学和高等教育学院为主体的开放的教师教育体制。

3. 英国教师培养的模式与课程

（1）培养模式

英国中小学教师教育的模式主要有两种：一种是学科专业学习与教育专业训练同时并进的模式，简称“4＋0”模式，“教育学士学位”课程就是这一类模式的代表，主要培养小学教师；另一种是学科专业学习与教育专业训练先后进行的模式，先获学科专业学士学位，再接受为期一年的教育专业训练，简称“3＋1”模式，它以“研究生教育证书”课程为代表，主

① 黄崴.教师教育体制国际比较研究[M].广州：广东高等教育出版社，2003：27.

要培养中学教师。

（2）课程设置

英国目前没有独立的师范院校。一些有条件开设师资培训课程的院校，经认可后均可从事师范教育。师范教育主要通过课程来实施，而课程又是与培养模式及学位证书联系在一起的。英国的教师教育课程制度分为两个层次：本科教育学士学位课程（BED）和研究生教育证书课程（PGCE）①。

**教育学士学位课程**："教育学士学位"课程的入学要求与大学其他本科专业的招生标准持平甚至更高。在课程结构上主要由教育理论、教学技能、教学实践经验、主要课程四部分构成。其中，教学实践经验在课程计划中占很大比重，包括在大学第二学年进行的为期约 4 周的非正式教育实习，以及在第四学年安排的持续 5～8 周的正式的教育实习。另外，还有在小学累计达 140～150 个半天的持续的教育见习和实习②。

**研究生教育证书课程**："研究生教育证书"课程的招生对象是想当教师的大学非教育专业毕业的本科生。"研究生教育证书"课程学制一年，完成该课程后，学生即可获得证书，拥有教师职业的法定资格。作为英国师资培训课程之主体的"研究生教育证书"课程由学科研究、专业研究与教学实践经验三个相互联系的要素组成。其中，教学实践经验在课程中占有相当大的比重。整个"研究生教育证书"课程学习活动过程通过定期评价与学校咨询而得到监督，通常采用以下两种方法：一是看师范生在教学实习中得到的发展；二是看师范生写的两篇作业，一篇涉及学生的课程学科研究，另一篇是学生在教师伙伴学校进行的以学校为中心的个案研究。

---

① 徐娟.英国教师职前教育密切关注学校教育需要[J].上海教育，2007(01)A：42—43.

② 黄崴.教师教育体制国际比较研究[M].广州：广东高等教育出版社，2003：205.

## （二）英国中小学教师培养对我们的启示

我国师范教育已经走过百年历程，为教育发展特别是基础教育发展源源不断地提供了强有力的师资保障，做出了历史性贡献。但随着社会经济的发展，基础教育改革的深入，中小学教师的培养由满足数量向提高质量转变，师范教育还存在诸多的不适应需要加以调整和改革，而英国师范教育的做法和经验，对我国中小学教师的培养具有一定的启示。

1. 加强制度建设：应尽快制定教师教育的行业标准和专业标准

1999 年，中共中央国务院在《关于深化教育改革全面推进素质教育的决定》中提出了“鼓励综合性高等学校和非师范类高等学校参与培养、培训中小学教师的工作，探索在有条件的综合性高等学校中试办师范学院。”目前，人们对综合院校举办教师教育、实行教师教育的开放化已基本形成共识。允许综合院校举办教师教育就是将传统封闭的领地转换为自由开放的教师教育市场，但是谁具有培养教师的资格、谁具有培养教师的实力和水平是我们亟待回答的问题。与此相联系的是我们培养的教师要达到一个什么样的水平和标准，以前我们没有明确的回答，因而在实际工作中，出现了一些不具备条件的学校也在培养中小学和幼儿园教师的现象，造成教师教育市场的混乱和师资培养质量的下降。2012 年，教育部颁布幼儿园、小学和中学教师《专业标准》，教师培养将逐步规范有序，培养质量将得到有效保证。

英国在 1984 年就建立了师范教育认可委员会（CATE），旨在加强中央对教师教育的标准管理。委员会成立之后对过去的教师教育课程标准进行了审理。1989 年颁布了新的课程标准，政府要求从 1990 年 1 月 1 日起实施。此外，为了提高未来教师的英语和数学的教学能力，英国政府也制定了培养初等教师的全国标准,并从 1997 年 9 月开始实施培养初等教师的全国统一课程。2007 年 2 月英国学校培训与发展司颁布了新修订的《合格教师资格标准与教师职前培训要求》,对职前教师培养提出了新的规定性要求,该文件取代了 2002 年以来实施的现行的标准和要求,并于 2007 年 9 月起付诸实施。至此,由《合格教师资格标准》和《教师教育机构标准》二者组成了新的教师教育标准,该标准将成为今后一段时期英国职前教师教育的办学指南①。

健全完善配套的法律法规制度是教师教育发展的重要保障。当前,我国在推进教师教育改革,构建开放灵活、规范有序的现代教师教育体系中,应切实加强制度建设,构建长效机制。要研究制定《教师教育条例》,建立完善的教师教育法规体系;健全教师资格制度,提高教师资格条件,强化教育教学能力要求,严格教师资格考试,发挥教师资格制度在规范教师培养和激励教师培训方面的导向作用;要研究制定《中小学教师专业标准》《教师教育机构资质标准》《教师教育课程标准》和《教师教育质量标准》,形成教师教育标准体系;要研究建立教师教育质量评估制度和评估指标体系,引导和促进教师教育又好又快发展②。同时,构建开放灵活、规范有序的现代教师教育体系中,应培育出比较成熟的教师教育市场中介组织、行业组织,协助或取代政府行使教师教育的专业权力,促进教师教育行业自律管理。

2. 坚持正确定位:教师培养应十分注重学科专业与教育专业的有机融合

教师职业所依据的专业知识和专业能力具有双重的学科

---

① 许明.英国教师教育专业新标准述评[J].比较教育研究,2007(09):73—77.

② 于兴国.改革教师教育,培养优秀教师[J].中国教师,2008(02):4—6.

基础，即教师任教科目的学科知识和教育学科知识，也就是说，教师教育的专业特性包括“学科专业性”和“教育专业性”两个方面。师范生定向培养是将学科专业教育与教师专业教育结合起来，学生同时接受学科专业教育与教师专业教育；非定向培养则是将学科专业教育与教师专业教育相对分离，在学科专业教育完成后再进行师范教育。英国中小学教师培养采取“4＋0”和“3＋1”，即定向培养和非定向培养两种模式，这是由英国的国情决定的。教师教育的“X＋X”分阶段培养模式所设计的教师专业知识基础是“学科知识＋教育知识”，两种知识处于分离的平行状态。其理论假设是任何具有足够学科知识的人只要懂得普通教育理论和原则，就一定能够将这些理论和原则应用到具体学科、水平、知识点和情境的教学之中，并能提高教学实效，从而凸显教师的专业性。[①] 分阶段培养模式最突出的就是它会带来教师教育中学科专业教育与教师专业教育的分离，造成了理论训练与教学实践的割裂，导致未来教师知识基础的支离破碎和实际专业能力的落后。

在我国，随着教师专业化的推进，开放的教师教育体系的建立，中学教师的培养将采取定向和非定向两种模式。小学教师的培养则要根据小学教育的专业特性和对小学教师专业发展的要求，还要考虑小学教师的经济社会地位等因素，探索建立与之相适应的培养模式。在教育发展落后和教师待遇较低的情况下，人们不愿意当教师，如果采用开放式制度培养教师，基础教育的师资质量就很难得到保证[②]。在我国目前小学教师的学历层次仍以专科为主，由于小学教育具有启蒙性、基础性、综合性的特点，小学教师培养应当以定向为主，坚持混

① 何齐宗等.高师教育改革与教师发展[M].北京：中国社会科学出版社，2006：13—14.

② 黄崴.教师教育体制国际比较研究[M].广州：广东高等教育出版社，2003：64.

合培养的特色。因此，我们要用新的教育观、人才观和质量观，来理解和把握学科专业教育与教师专业教育之间的关系，在小学教师专业发展价值目标的选择上，要坚持学科专业与教育专业协调发展，从根本上改变单纯重视学科专业发展、轻视甚至忽视教育专业发展的倾向。“在教师专业化发展进程中，小学教师教育课程设置要重视对自身原有优势的发掘，在提升学历、追求学术性的同时不要忽视了师范性这一教师专业化发展的本质要求”①。

3. 改进培养方式：应高度重视中小学在师范生培养中的作用

长期以来，教师培养主要是以大学为本，学生在大学接受教师教育，毕业后到中小学校任教。这种培养模式已经存在了 200 多年，但它存在着天然的缺陷：一是教师教育专业是一种实践性很强的专业，大学对学生或在职教师进行的是理论知识教育。但缺乏对其实践的训练，因为教师不仅需要掌握足够的理论知识，还需要了解学生，理解教育教学的本质，掌握处理师生关系的技巧，有解决学生碰到的疑难问题的能力，等等。中小学的教育教学问题不会出现在大学的课堂，只能在中小学才能有。教师培养需要在学校的教育教学过程中进行。二是大学教师远离中小学校的实际，对师范生和在职教师的教育主要是理论方面的，不能对师范生进行有效的实践技能的指导。为此，1992 年 5 月，英国政府发布了名为《教师职前培养改革》的文件，强调师范教育机构必须建立服务教师培训的中小学基地学校，两者的关系应是合作伙伴关系，以促进师范教育切合中小学教育教学实际。为了完成这次改革，英国政府在 1992—1993 年度拨出专款 600 万英磅。目前，英

---

① 李玉华，林崇德．从教师专业化视角看我国小学教师教育发展[J]．教师教育研究，2006(03)：13—17．

国共有74所高等教育机构与几千所中小学校建立了伙伴关系，每年通过这种途径培训的教师达到27000名。

为规范学校之间的合作关系，英国政府还颁布了《职前教师教育要求》，对选择伙伴关系学校的参与标准给予了规定。如果伙伴关系学校的培训质量在视察中被认为不符合培训要求，或者学校不按伙伴关系协议中的要求对师范生进行有效的指导和培训，那么大学可以与其中断伙伴关系，这样的学校还要责成进行休整和改善。同时，英国政府每年都对承担中小学师资培训任务的大学进行评价，如果大学被认为不能园满完成培训任务，那么，这所大学的招生名额与资金分配就可能被减少，甚至可能被取消承担教师培训的资格①。

中小学参与师资培养对完善未来教师的素质是不可缺少的条件，缺乏中小学参与的师资培养过程是不完整的。但是，中小学在过去一直是作为师范教育的附属或补充场所，或仅仅是作为验证师范生所学学科知识和教育理论的场所，中小学与高等师范院校的关系是不平等的。这使得在师资的整个培养过程，高校不能及时地反映中小学教学实际，而中小学也不能有效地从高校那里得到教育理论上的指导，二者的关系较疏远；同时，中小学不是热情地欢迎师范生去实习，而是害怕因实习而影响了正常的教学秩序。我国过去也建立了师范院校的附属学校，但由于体制等原因，师范附属学校形同虚设，有名无实，没有真正发挥其在中小学师资培养中的作用，不利于师范生实际教学能力的提高。因此，在我国师范教育的改革中，应借鉴英国“合作式”师资培训模式的做法，切实建立高等院校与中小学在师资培养中平等合作的伙伴关系，吸引中小学积极地参与到教师培养的过程中来，以此来提高我

① 陈永明.国际师范教育改革比较研究[M].北京：人民教育出版社，1999：102—106.

国师资培养的质量。近年来一些师范院校聘请中小学特级教师、学科带头人担任学科教学论课程的教学、定期开设中小学教育方面的系列讲座等的做法是值得倡导的。

4. 注重实践环节:高师院校应切实加强师范生的教育实践活动

教育实习是高师院校师资培养计划的重要组成部分,通过教学实践,可以使师范生迅速了解中小学的实际状况,使师范生能迅速消化教育理论知识,使教育的理论与实践能很好地结合起来,同时,还可以在实践中培养他们的专业思想。英国的师范教育对教学实习尤为重视,认为教学实习是提高未来教师从教能力的重要途径。英国政府规定,攻读"研究生教育证书"课程和"教育学士学位"课程的师范生在教师伙伴学校的教育教学时间应分别达到 24 周和 32 周。在实习期间,实习生承担教师工作量 1/3,并和正式教师一样,每周在校工作 5 天,每天 8 小时,参与学校全部生活。

与之相比,我国高师院校培养计划中的教育实习明显不足。近年来,在师范教育被"边缘化"的背景下,师范生教育实习被削弱,其表现有二:一是实习时间短,一般仅为 3 个月左右;其二是没有严格的制度保障。如让学生自己找实习单位,存在"放羊式"的现象,实习过程都缺乏有效的指导使之流于形式。所有这些都严重削弱了教育实习的价值,影响了师范院校毕业生的教育实践能力。学生虽然在学校接受了师范训练,但教学技能依然不高,一旦走向工作岗位,就会出现"师范生不会教学"的场面。借鉴英国的经验,应当延长师范生教育实习的时间。要把实习活动有意识地融入到日常的教育或专业理论课程的学习过程中,做到集中实习与分散实习的结合。国家教育部师范教育司提出:要"强化师范生教育教学实践环节。完善建立师范院校高年级师范生到中小学实习半年的制度。"同时,应切实加强对实习环节的指导。在实习过程中,选派专门教师对实习过程进行管理，强化对实习活动的指导，提高教育实习的效率与质量。

总之，英国师范教育的做法和经验给予我们颇多的启迪和感悟。我们既不能照搬照抄，搞拿来主义，要结合本国的国情，避免不切实际而产生消化不良、水土不服；也不能盲目乐观、我行我素、夜郎自大而停步不前。英国的师范教育毕竟已经走过了200多年的历史，形成了比较完备的制度体系，“他山之石，可以攻玉”，学习和借鉴其成功的做法和经验，避免探索中的重复和挫折，改进中小学教师的培养策略，有利于加快我国师范教育的改革与发展。

## 二、加拿大安大略省的教师教育及其启示

加拿大教育由地方政府自治。这里以安大略省为例，介绍加拿大教师教育的基本情况和主要做法，加拿大中小学教师的学历都在大学本科以上，教师都在大学教育学院培养。中小学教师的培养、管理和使用科学规范，教师队伍建设有一套系统的法律法规，教师教育课程、教师认证、教师评价、教师发展等形成了科学完备的体系。学习借鉴加拿大安大略省教师教育的做法和经验，推进教师教育改革发展，必须坚持质量为本，实施精英教育；坚持政府主导，加强宏观调控；坚持能力为重，重视教育实践；坚持综合培养，完善培养模式；坚持规范管理，严把教师入口关；坚持终身学习，培养培训一体。

加拿大是经济发达国家，教育水平位于世界前列，教师教育比较先进。2013年10月，本人参加了由江苏省教育厅组织的高校教师教育管理者赴加拿大培训。培训期间听取了加拿

大安大略省教育部官员的情况介绍、专家学者关于教师认证及变革、教师评估与专业发展等专题讲座，实地考察了尼亚加拉大学教师培养基地，了解大学与中小学在教师教育中的合作情况等。通过为期3周的学习、参观、考察、访谈，开阔了视野，使我们对加拿大教师教育的情况有了初步的了解；加拿大教师教育的先进理念和基本经验对我们有重要启示和借鉴意义。

加拿大是一个多元文化国家，设有10个省和3个自治区，官方语言为英语和法语；联邦不设教育部，主要靠教育部长理事会(CMEC)协调各省教育政策，教育由地方政府自治。根据宪法，“每个省的立法机构可以独自制定有关教育方面的法律”。因此，加拿大省与省之间、大学与大学之间的教师教育存在一定差异，所以笼统地讲加拿大教师教育是不确切的，这里以安大略省(以下简称安省)为例。

### (一) 加拿大安省教师教育的基本情况

安省是加拿大的人口大省，占加拿大总人口的39%(2009年)，其省会多伦多是加拿大最大的城市，是加拿大的金融中心，也是加拿大英语区域的经济、教育和文化中心，多伦多的教育质量居全国首位。安省极为重视教育，教育理念先进，注重教育公平，不以学生学习成绩好坏为评价标准，让每个学生都成功，使不同地区的学生受到一样的教育，达到个人潜力最大化。安省的教师教育形成了比较完善的体系。

1. 教师教育的管理机构

加拿大安省教育部是安省教育行政主管部门，其主要职能是：监督教师的胜任情况和授予教师资格证书，评价学校活动，设置学习课程，规定或批准学校使用的教科书，提供经济资助，建立指导地方教育委员会的理事和官员的规章制度，确定学校校长、教师的职责。[①] 教育部的工作目标是保持学生成绩的高水平；缩小学生成绩之间的差距；增加公众对教育体系的信心。安省教育部下设72个地区教育局，其主要职能是决定学校的开设和关停；管理和实施教育政策及项目；实行教育大纲。每个地区教育局都设有理事会，负责监管经费使用等。

1996年，安省通过教育法案，以立法形式成立“教师学院”(OCT)，作为一种管理教师的专门机构，对教师教育产生了重大影响。“安省教师学院”为非政府资助的行政机构，行使政府职能，作为全省教师教育的管理机构，对教师教育计划提供支持，包括预算、人员、聘任、委员会结构、班级规模等。其主要职责为：自我监管的实体，负责专业执教；发放教师资格证书；提供会员公共注册(目前22万名教师)；制定教师专业的实践标准和教师专业的道德标准；审批教师培养项目；通过专业学习框架帮助教师继续深造；调查对专业行为不当的指控。[②] 安省教师学院的建立增强了宏观调控职能，规范了教师队伍管理。

2. 教师培养的基本状况

加拿大中小学教师的学历层次比较高，教师职业属于高薪工作，经济待遇好(安省中小学教师年薪4.5—8.6万加元)，教师职业吸引力强。要成为安省教师必须拥有大学本科学历，完成初期教师培养课程，注册安省教师学院，即在大学学完3年或者4年课程再到大学教育学院学习1—2年的教师教育课程，获得教育学士学位(在美国可取得教育硕士学位)后即可到教师学院申请教师资格，然后到中小学任教。安省中小学教师都具有本科双学士学位，并有一定比例的硕士和

① 谌启标.加拿大教师教育大学化的传统与变革[J].比较教育研究，2005(11)：61—64.

② Young, J. and Levin, B. Understanding Canadian Schools: An Introduction to Educational Administration. Nelson: Toronto, 2002: 278.

博士。

安省实行小班化教育，中小学校生师比为 15∶1 左右。小学为全科教师，中学为专业教师。安省每年招收预备教师(大学本科毕业生)1 万人左右，近年来，毕业生在教育系统就业的有 3000 多人/年，就业率为 30%左右；由于安省规定到 2015 年所有取得教师资格的预备教师都要学习 2 年的教师教育课程。

3. 教师管理的政策制度

安省教师资格证书分为三种：学龄前及小学教师证书(幼儿园—6 年级)，高小及初中教师证书(4 年级至 10 年级)，初中及高中教师证书(7 年级至 12 年级)。初期教师培养项目可得到安省教师学院颁发的其中两种认证。

中小学教师晋级按学术水平和工作年限两条线路，共分 1—4 级，每一级又分 3 等。教师晋级既有工作年限要求，又要综合考虑教师年度绩效考核结果以及学科专业课程学习进修情况。加拿大教师资格需要每 5 年认定一次，主要评价他们的专业水平。加拿大安省的教育体制和严格的教师资格的取得保证了师资队伍的整体素质。

安省有教师的专业协会，这与医生、律师、财会等专业人员一样，有自己的专业组织。教师协会是安省教师学院的职能部门。所有安省公立学校系统雇佣的教师都是安省教师协会成员，分为安省小学教师协会，安省中学教师协会，安省英语天主教教师协会，安省法语教师协会。教师申请资质需要通过评估，教师协会根据资质将教师分级，给教师提供晋升更高级别所需的信息，教育局根据级别和教师工龄决定薪资。安省教师工会非常强大，有天主教教师工会，中学教师工会，小学教师工会和法语教师工会，主要职能是争取和保障教师的福利待遇与合法权益。在安省由教师工会与教育部、教育局三方共同协调教师利益。

## （二）加拿大安省教师教育的主要做法

加拿大安省中小学教师的培养、管理和使用科学规范，教师队伍建设有一整套系统的法律法规，教师教育课程、教师认证、教师评价、教师发展等形成了科学完备的体系，为教师的专业成长与发展提供了制度保障。

1. 教师培养机构

加拿大已经没有独立设置的师范院校，而是由大学里的教育学院承担师资培养工作。在安省，1966 年开始实行教师教育大学化政策，到 1979 年完成。目前，安省有 18 所大学负责培养中小学教师，承担教师教育课程。大学本科毕业后选择当教师需要经过严格的测试，看其是否具有当教师的潜质，一般比招收研究生的要求还高，实行好中选优，目的是让优秀的人才当教师，保证未来教师的培养质量。加拿大安省政府规定，从 2015 年起大学本科毕业后到大学教育学院学习教师教育课程的年限由 1 年延长至 2 年，主要用于增加去中小学教育实习的时间，研修特殊教育资格证书的课程，加深对多元化社会的了解以及使用高科技教学的知识和技能等。因此，在加拿大安省要取得教师资格是很难的、含金量很高，一般都要经过 5—7 年的努力，由教育部认可，学校和地区教育局遴选，才能成为教师。即使在其他国家取得了教师资格也需要在加拿大重新注册认定，注册过程包括提供无犯罪记录证明等。

2. 教师培养模式

加拿大安省教师教育有两种培养模式：连续性教师教育模式和并行性教师教育模式，也就是我们所说的分段培养模式和混合培养模式。无论采用哪一种模式，学生必须完成专业学习，获得学士学位。[①]“连续性教师教育模式”是指大学生取得学士学位后继续学习1—2年的教师教育课程。教师教育课程将师范性课程和学术性课程分开进行。“并行性教师教育模式”中，学生在学习学术性课程的同时学习师范性课程。“并行性教师教育模式”的显著特点是将师范性课程与学术性课程有机整合，如果学生选择教师专业，在大学的前2年开始学习教师教育专业课程，即与大学学位同时在4—5年内完成。

3. 教师队伍建设

在加拿大安省取得教师资格很严格，需要大学本科毕业后学习1—2年的教师教育课程，取得教育学士学位后，才能申请取得教师资格证书。加拿大安省不同学段教师取得的教师资格也不一样，即中学和小学的教师资格证书是有区别的，所学习的教师教育课程也不同，小学是全科教学，中学是分科教学。学习中学教师教育课程的学生，必须要有大学阶段学习该专业的学科知识背景，同时也鼓励中学教师具有多科教学的能力。如要兼教中学其他学科则需要学习相关专业的课程，并取得该学科专业的任教资格。

加拿大安省十分重视教师队伍建设，从教师专业标准的制定，教师教育课程的设置，教师培养的各个环节都有一套完整的制度设计，并将有关制度上升到法律层面，加以贯彻实施。21世纪以来，加拿大安省不断改革教师教育，出台了一系列政策，包括教师专业的实践标准和教师专业的伦理标准等。安省教师教学专业的实践标准有五个方面：关心学生，让学生满意和认可；具有相关的大学学科专业背景；有专业的教学技巧，取得教师资格证；有组织和领导的能力，组织学生与社区

---

① 谌启标.加拿大教师教育大学化的传统与变革[J].比较教育研究，2005(11)：61—64.

紧密衔接;有不断学习的能力,更新知识。安省对教师专业的伦理标准(即教师职业道德标准)包括四个方面:要有爱心,关心学生;懂得尊重;要值得被信赖,诚实、不欺骗学生;正直、有社会责任心。教师专业的伦理标准是教师专业角色、专业联系、教育决策和专业行动的指南。

4. 教师评价制度

近年来,加拿大安省的教师评价制度进行了一系列改革,形成了教师能力鉴定系统(TPA)。评价的主要目的是促进教师发展,提供有意义的评价,确定额外支持机会,提供公众问责衡量标准。评价标准分为 5 个领域:责任心和奉献精神,专业知识,教学实践,团队合作和专业发展。每一个领域设有相关的能力指标,要求能够反映教师的技能、知识和态度。评价的步骤有五个部分:观察前会议及相关事宜,课堂观察,观察后评审会议,家长和学生反馈,总结报告(评定等级,提供额外支持过程)。新教师在聘用的开始 12 个月进行 2 次评估,评价内容主要有 8 项能力指标,依据安省教师学院的教师专业实践标准,新教师要在 TPA 中有两个满意评价,即可成为正式的合格教师。如果评价结果为需要发展,还需接受第 3 次评估。资深教师(也称有经验教师、熟手型教师)每 5 年评估 1 次,评价的内容有 16 项能力指标,每一项能力指标都设计相应的评价行为观测指标,一共 165 个观测点。

### (三) 加拿大安省教师教育对我们的启示

我国教师教育迄今已有 110 多年的历史,为教育事业发展特别是基础教育发展源源不断地提供了强有力的师资保障,做出了历史性贡献。但随着社会经济的发展,基础教育改革的深入,中小学教师的培养由满足数量向提高质量转变,教师教育还存在诸多的不适应需要加以调整和改革。与加拿大安省教师教育相比,尽管国情不同,文化背景也有差异,我们也有自己的传统和优势，但确实还存在不小差距。反思我们的教师教育，虽然也有先进的教育理念，但往往停留在观念层面，缺乏锲而不舍的精神，认真加以落实；我们也讲重视教师教育，但缺乏有力的保障措施；我们也有师范生教育实践，但一般都是“放羊式”，缺乏有效指导而自由放任；我们也有教师资格制度，但入职门槛过低，社会公信度不高；我们也强调教师继续教育，但流于形式，表面热闹而效果欠佳。因此，我们要认真学习和借鉴加拿大安省教师教育的做法和经验，必须深化教师教育改革，切实提高教师培养质量。

1. 坚持质量为本，实施精英教育

教师的工作是培养人教育人，是一项崇高的职业，教师的素质如何关系到亿万青少年的健康成长，关系到国家的前途命运和民族的未来。有好的教师，才有好的教育。加拿大安省教师教育精英化包括三个方面：一是生源质量高，即由优秀学生读师范，优秀人才当教师；二是培养模式好，即精心设计培养方案，由精英来培养，从而培养出精英人才；三是学历层次高，即中小学教师学历都在大学本科以上，并有一定比例的硕士和博士。教师教育精英化是国际教育发展的基本趋势。在当前国际竞争日趋激烈的情况下，每个国家都高度重视教育尤其是教师教育的发展。加拿大安省十分重视教师队伍建设，把教师教育真正摆在优先发展的战略地位。学习加拿大安省教师教育的做法和经验，我们要采取切实有效的措施，坚持政策导向，从根本上提高教师社会地位、经济待遇和职业吸引力，实现教师教育精英化。按照《教育规划纲要》的要求，“积极推进师范生免费教育”，吸引优秀青年读师范，鼓励优秀人才当教师。实施师范生免费教育体现了教师教育精英化的取向。同时要“采取更有力的措施，提高教师地位，维护教师权益，改善教师待遇，加强教师培训，关心教师身心健康，依法保证教师平均工资水平不低于或者高于国家公务员平均工资水平并逐步提高”。[1]只有提高教师地位待遇，才能从根本上增强教师职业的吸引力，进而提高教师的专业地位与整体素质。

2. 坚持政府主导，加强宏观调控

教师培养工作是教师队伍建设的源头，有优质的生源才能培养出优秀的教师。但是，我国近10多年来，随着师范生招生、收费、就业并轨，对师范生的优惠政策相继取消，师范生生源质量总体上下降，优秀学生报考师范院校的很少，教师教育质量令人担忧。教师教育是国家的事业和政府的责任。加拿大安省通过立法专门建立教师学院，行使政府职能，作为全省教师教育的管理机构，对教师教育计划提供支持，增强宏观调控职能，规范教师队伍管理。安省目前的教师职位需求量在各个学段都很少，尤其是英语初低年级职位；尽管教师普遍过剩，法语、法语第二语言、技术培养和原住民教育教师仍然有需求；多数刚获得认证的教师一般都从临时教师做起，因此，加拿大安省严格控制预备教师的招生人数。学习加拿大安省教师教育的做法和经验，需要调控师范招生规模，改善师范生源质量。实行供需匹配、按需培养、渐序发展。实践表明，教师教育不是靠市场机制能够解决问题的，它需要政府进行宏观调控，在调控过程中既要进行教师新岗位需求预测，又要进行师范生供求预测，使中小学教师培养达到一个供需求预测相对平衡的状态。此外，学习借鉴加拿大安省的做法，应加强对教师教育课程、教师认证、教师评价、教师发展等方面的宏观调控，建立一套科学完备的现代教师教育体系。

3. 坚持能力为重，重视教育实践

教育实践是提高未来教师从教能力的重要途径。但是，

---

① 《教育规划纲要》工作小组办公室. 国家中长期教育改革和发展规划纲要(2010—2020)，全国教育工作会议文件汇编[M]. 北京：教育科学出版社，2010：73—154.

近年来在师范教育被“边缘化”的背景下，师范生教育实习被削弱，影响了师范院校毕业生的教育实践能力。学生虽然在学校接受了师范训练，但教学技能依然不高，一旦走向工作岗位，就会出现“师范生不会教学”的场面。教师职业是实践性职业，教师是反思性实践者。教师的专业成长是在教育实践中实现的。加拿大安省在教师教育课程设置中，非常重视教育实践，大学不断创建新的培养模式，特别关注大学与中小学之间伙伴关系的建构，每个学期都有教育实习安排，并循序渐进。在目前1年半的教师教育课程中，安排了18周的教育实践，即第一学年的两个学期中各安排2周教育见习，第2—3学期各安排7周教育实习，并规定实习期间有150小时的独立讲课时间。教育实习中实行实习学校教师和高校教师共同指导实习生的双导师制。在教师聘用时，除关注毕业生学习成绩外，还看重教育实习的评语和实习成绩。学习加拿大安省教师教育的做法和经验，要高度重视教育实习环节，充分发挥高等学校、地方政府（教育行政部门）和中小学教师专业发展学校的积极性，探索“三位一体”合作培养师范生的新机制。在师范生的培养过程中，我们既要重视学科专业知识教学，更要重视职业技能训练。教师职业技能是支撑教师走向专业成功的重要支柱，是教师专业化的重要内容，是师范性的重要体现，因此，我们必须坚持实践取向和能力为重，为基础教育培养基础知识扎实、职业技能过硬、能歌善舞、多才多艺的优秀教师。

4. 坚持综合培养，完善培养模式

目前，我国中学教师基本上是分学科培养，小学教师培养在学科方向上有：综合型、大文大理型、先综合后分方向、分方向（如小学语文、数学、英语、科学、音乐、体育、美术、科学、现代教育技术）等四种，或为综合型、分科型、中间型三种。在实际工作中，由于农村小学一般规模较小，小学教师往往要承担两门以上学科的教学甚至包班制教学，因此，培养模式是全科教育、以综合培养为主；而城市小学的规模相对较大，需要在综合培养的基础上有所侧重，因此，实行的是主辅修制。① 根据小学教师专业知识综合性的特点，学习加拿大安省教师教育的做法和经验以及小班化教学的趋势，需要积极探索本科学历小学教师全科综合培养模式，即由高等师范院校专门培养的、掌握教育教学基本知识和技能、学科知识和能力结构合理、能承担小学阶段国家规定的各门或多门课程教学工作的小学教师。因为，小学教师若要胜任促进小学儿童生命成长的工作，仅有某一学科的知识与技能是远远不够的。小学教师对小学儿童生命潜能发现与培养，必须得凭借自身的综合性素质、综合性知识与综合性能力。我国在小学实施小班化教学的难度就在于缺乏全科师资。为此，教育部在《关于深化教师教育改革的意见》(教师[2012]13 号)中明确提出“完善小学教师全科培养模式”的要求，需要我们在实践中积极探索。

5. 坚持规范管理，严把教师关口

教师资格认证制度是国际通行的教师任用制度。自 1995 年我国根据《教师法》和《教师资格条例》规定实施教师资格制度后，教师入门条件有了法律保障；但还存在制度缺陷，国家教师资格考试办法改革正在试点中，现在主要是对师范专业毕业生教师资格进行程序性认定，对非师范专业毕业生补学教育学、心理学、面试、试讲后认定，教师资格认证制度所规定的入职门槛过低。因此，现实生活中，有些非师范专业毕业生只要用一周左右的时间复习功课，即可通过考试，取得教师资格证书，这要比考驾驶执照容易得多，因而使教师资格证书在

---

① 黄正平.关于小学教师培养模式的思考[J].教师教育研究，2009(4)：7—12.

社会上缺乏公信度。在加拿大申请当教师，需要在大学学完3年或者4年课程后再到大学教育学院学习1—2年的教师教育课程，参加一定时间的教育实习，获得教育学士学位后才可到教师学院申请教师资格。学习加拿大安省教师教育的做法和经验，在教师教育的入口处加以严格的规范，需要政府或相关机构在教师资格认证方面作出明确的规定。根据《教育规划纲要》提出的要求，“完善并严格实施教师准入制度，严把教师入口关”，“国家制定教师资格标准，提高教师任职学历标准和品行要求。建立教师资格证书定期登记制度。省级教育行政部门统一组织中小学教师资格考试和资格认定。”[①]通过建立健全“国标、省考、县聘、校用”的教师职业准入和管理制度，把真正的优秀人才遴选进教师的行列，造就一支高素质专业化的教师队伍。

6. 坚持终身学习，培养培训一体

教师专业发展是一个终身学习的过程。教师教育是指对从事教师工作的人进行职前、入职与职后一体化的专业培养与培训，使其成为一个良好的教育专业工作者。教师教育一体化是基于教师终身学习的理念，有机整合教师职前培养和职后培训，使之成为一个延续不断又相互支持的整体。教师教育一体化的实质是构建教师的终身教育体系，为教师终身学习和专业发展提供制度保障。但目前我们的教师教育还存在职前培养和职后培训相分离的“两张皮”现象，没有形成阶段性与连续性有机结合、相互衔接、终身贯通的教师教育体系。加拿大安省教师学院将预备教师的培养课程与在职教师的培训课程进行一体化设计，对不同级别、不同学段的教师都

① 《教育规划纲要》工作小组办公室.国家中长期教育改革和发展规划纲要(2010—2020)，全国教育工作会议文件汇编[M].北京：教育科学出版社，2010：73—154.

制定了明确的学习课程体系，做到职前培养与职后培训一体化。加拿大安省要求每个教师每 5 年完成 14 门课程的培训任务，课程包括专业知识和教育实践。[①] 完成在职教师教育课程可获得教学专业或教育管理的资格证书。学习加拿大安省教师教育的做法和经验，当前要以《教育规划纲要》《教师教育课程标准》(试行)以及《关于深化教师教育改革的意见》为指导，整体设计职前培养和职后培训一体化的教师教育课程体系，满足教师职业生涯规划和个性化发展的现实需求。在"实行 5 年一周期不少于 360 学时的教师全员培训制度"时，要采取切实有效的措施，对教师培训实行学分管理，并将教师培训学分作为教师资格定期注册、教师考核和职务(职称)聘任的必备条件，推动教师专业发展常态化。

总之，加拿大安省的教师教育除了有先进的教师教育理念外，在实际工作中，措施扎实，求真务实，具有"踏石留印，抓铁有痕"的精神，做事有板有眼，凡事循章依法；在制定规章制度时，高度重视可操作性。这是值得我们认真学习借鉴的。同时，学习加拿大安省教师教育的做法和经验，我们必须结合本国实际，既不妄自菲薄，也不妄自尊大，做到不忘本来，吸收外来，着眼未来。

## 三、俄罗斯师范教育的发展与借鉴意义

俄国师范教育制度始建于 18 世纪 70 年代，至今已有 200 多年的历史，积淀着深厚的历史传统。十月革命后，苏联重视师范教育，经过几十年的发展演变，形成了以师

---

① 周立人.从加拿大教师教育看我国教师教育的发展[J].中国高等教育，2002(17):45—46.

范学院为主体的师范教育体系。俄罗斯独立后，继承和保持了苏联师范教育的主体模式、管理特点以及人才培养等方面的做法。顺应世界教育的总体发展趋势，俄罗斯师范教育也在不断改革发展，转变师范教育指导思想，创建连续师范教育体系，制定高等师范教育国家标准，形成了具有自身特色的师范教育体系。虽然俄罗斯高等师范教育在发展中存在着一些不足和亟待解决的问题，但它的某些做法对我们仍有借鉴意义，我们可以从俄罗斯师范教育的发展中获得有益的启示。

2015 年 2 月，应俄罗斯莫斯科州国立大学的邀请，我随学校代表团赴俄罗斯考察访问。在俄期间，拜会了中国驻俄大使馆教育处相关领导，访问了圣彼得堡教师培训学院，参观了莫斯科大学，举行了我院在莫斯科州国立大学建立“汉语暨中国研究中心”揭牌仪式等活动，听取了该校的情况介绍，并与学校院系主任进行了座谈交流。通过实地考察、交流研讨和查阅文献等，对俄罗斯师范教育有了初步的了解。俄罗斯师范教育制度始建于 18 世纪 70 年代，至今已有 200 多年的历史，积淀着深厚的历史传统和独特的民族色彩（虽然世界上很多国家都采用“教师教育”这一话语，但俄罗斯仍然将培养教师的活动称为“师范教育”）。研究俄罗斯师范教育的改革实践，对我国师范教育改革发展具有重要的借鉴意义。

### （一）俄罗斯师范教育的历史演进

十月革命前，旧俄没有专门的师范教育体系，教师主要是通过大学或中、高级师资训练班培养的。苏联的师范教育有 70 多年的发展历史，积累了很多优良的传统和经验。俄罗斯独立后，继承和保持了苏联师范教育的主体模式、管理特点以及人才培养等方面的做法。

1. 苏联时期的教师培养制度

十月革命后，苏联重视师范教育，经过几十年的发展演变，形成了以师范学院为主体的师范教育体系。它包括师范学院、中等师范学校、综合大学和其他专业院校。在这个体系中，师范学院承担80%的中小学师资的培养任务，综合大学承担15%，其余的5%由其他院校供给。①

第二次世界大战后至苏联解体的这段时间里，苏联的师范教育一直实行两级制：中等师范学校和高等师范院校。

战后世界各国为提高师范教育水平，纷纷取消师范学院建制，将其合并或改建为综合大学。苏联提高师范教育水平不是通过取消师范学校的建制，而是通过延长各级师范学校的年限来实现的。战后，随着科学技术的发展以及中等教育逐步普及，对教师水平的要求也逐步提高。苏联将培养小学教师的师范学校建立在普通中等教育的基础上，在师范学院设立4年制培养小学教师系，使小学教师的培养提高到高等教育水平。

苏联时期的师范教育布局比较合理，全国的师范教育网覆盖率在几十年的不断改革和调整中日益完善。二战前，苏联的高等师范院校多集中在俄罗斯联邦的少数几个大城市，战后这种情况不断改善，每个加盟共和国都设立了自己的师范学校和师范学院。在20世纪80年代的改革中，苏联更进一步明确提出加速西伯利亚、远东地区、中亚地区各共和国、哈萨克及其他地区高等师范教育的发展。

1986年全苏共有中等师范学校481所，在校生42.1万人；师范学院202所，在校生85万多人；培养中学师资的综合

① 顾明远，梁忠义.世界教育大系·师范教育[M].长春：吉林教育出版社，2000：81，216—217.

性大学有68所。[①] 此外,为培养职业技术学校的师资,还成立了工程师范系。为扩大未来教师的知识面和满足实际需要,师范院校的教学内容在不断扩充,许多院校开设了双学科专业。1984年教改的目标之一,是利用5年左右的时间将师范学院的学制全部变成5年制。苏联解体前夕的师范教育结构已经开始向多渠道、多样化的方向发展。

2. 苏联时期的教师培训体系

苏联教师的职前教育和职后培训制度几乎是同时建立的,十月革命后就创建了教师培训体系,创办了一些教师训练班(每年约有10%的教师进入各种训练班进修);二战后逐步建立了比较完善的多层次的教师培训体系,设立了很多专门的教师在职培训机构。

苏联教师的规格与进修制度相对统一,并且计划性很强,其在职教师进修的机构也较多。苏联师范院校都设有专供中小学教师在职进修的机构,如函授部、暑期进修班、夜大、业余进修学校、专题讲座、教学经验交流会与观摩教学、教师中心和教学研究室活动等。[②]

苏联对教师职业的要求十分严格。从事普通教育教师职业的人不但职前必须有相应的学历和由专门实施师范教育及培训机构所颁发的教师任职资格,而且,担任教师职务后必须每5年培训或进修1次。经考核和评定后,将教师分为4类:第1类为优秀教师;第2类为合格教师;第3类为基本称职教师;第4类不称职教师。

苏联的整个教师培训体系是相对独立、自成体系的,但在系统内部,各个组成部分相互联系,每个组成部分都有自己的功能和活动范围,所有组成部分的活动又是为达到整个进修

① 苏真.比较师范教育[M].北京:北京师范大学出版社,1991:252.

② 王承绪,顾明远.比较教育[M].北京:人民教育出版社,2006:246.

系统目标的整体优化服务的。

随着科学技术的发展,新的学科、理论和知识层出不穷,知识更新周期越来越短,教师需要不断地再学习,不断补充新知识,因此,苏联在战后特别是在20世纪80年代不断加强和完善在职教师的进修制度。

3. 苏联时期的师资管理体制

重视发展师范教育是苏联发展国民教育的传统,政府历次教育改革颁布的文件中都有对发展和完善师范教育的专门阐述。培养和造就一支个性品德优秀、职业思想牢固、基础知识扎实、专业技能高超的教师队伍,一直是苏联师范教育所追求的目标。为了保证师范生的素质和地区师资力量的合理布局,苏联教育职能部门不断对师范院校的招生分配工作进行改革,

在实行计划经济的苏联时期,师范院校同其他院校一样,采取竞试办法统一招生、按国家计划统一分配。这样就从根本上保证了普通教育学校师资队伍的结构合理、数量稳定、配置均衡,并保证了较高水平的教学质量。

综上所述,解体前苏联的师范教育主要特点是:国家高度重视,集中统一管理,教育层次多样,院校类型齐全,总体布局合理,城乡均衡发展,师资队伍整体学历水平较高。正因为如此,苏联师范教育体系近几十年来,尤其是战后的40余年来,为国民教育体系的各个环节培养了大批高素质教师,从而保证了苏联的整体教育的高质量和高水平。

但是,历经70年的风雨,尤其是在国际社会风云变幻、科学技术突飞猛进、生产方式急剧变革、生存环境日益恶化的当今时代,苏联的整个国民教育体系,在形式、内容等方面越来越不适应社会发展。其师范教育体系在师资培养的目标、规格、模式等方面多年来变化甚微,暴露出人才培养与社会需求之间的不适应。苏联时期的师范教育体系在进入社会转型后

所遇到的种种问题，成为俄罗斯社会和教育发展过程中不可忽视和迫切需要解决的问题。

### （二）俄罗斯师范教育的改革发展

发展着的社会对教育人才的培养要求是不断变化和提高的，在社会改革时期，对人才培养规格的及时调整和高标准要求具有意义。顺应世界教育的总体发展趋势，俄罗斯师范教育体系也在不断朝着更高水平发展。

1. 俄罗斯师范教育的基本政策

（1）转变师范教育指导思想

1990 年前后提出的教育民主化、个性化、人道化、多元化、非政治化等口号是俄罗斯国家教育政策重点转变的开始，1992 年颁布的《俄联邦教育法》对改革的这些指导思想加以肯定并通过法律形式确定下来，为俄罗斯师范教育改革创造了条件。

1992 年召开的全俄教育管理机关领导会议上提出了俄罗斯师范教育个性化的构想。这一构想实质上是力图改变以往主要把教师的培养目标定位于培养熟练掌握学科教学技能的教师的做法，解决未来教师在掌握学习活动与形成个人自主教育观点之间存在的矛盾。

教育的民主化、人道化、人文化思想在师范教育领域中的贯彻和体现，实际上是教师培养的外在模式和内在规格向个性化要求转变的过程，是将传统的范例教学向个性倾向性教育转化的过程，是使处于“回答者”地位、仅仅是教育作用客体的学生向完成其自我发展、自我实现的教学转化的过程。强调师范教育的个性倾向性的观点，是要明确教育过程的中心任务是实现受教育者的个性发展和兴趣发展，从而培养出真正能够实现自身发展并促进学校发展的新型教师。

（2）创建连续师范教育体系

独立后的俄罗斯延续苏联时期的教育体制，仍将统一的连续师范教育体系作为涵盖各级各类教育的完整系统，但是在发展的过程中增加了新的理念。首先，在实施主体上由高度集权的国家管理转为以社会和个人需求为调节杠杆，推崇民主化、人道化、个性化原则和创新精神；其次，增加各种师范教育形式、实施多级师范教育、增设非师范专业，以及师范教育国家标准下教育内容的可选择性、师范生就业和求职渠道多样性等，都不同程度地反映了俄罗斯建立完整的、开放的连续师范教育体系的改革。

从范畴上看，俄罗斯连续性师范教育体系是指由中等、高等和高等后师范教育之间相互衔接的教师职业大纲共同构成的总和体系，包括中等、高等和高等后师范教育机构，各类学校之间的协作网，国家及地方的师范教育行政管理机构，师资进修及再培训机构（即补充师范教育机构）等组成部分。[①]

2001 年 4 月 24 日，俄罗斯教育部发布第 1818 号命令《俄罗斯 2001—2010 年连续师范教育体系发展纲要》（以下简称《纲要》），为新世纪师范教育的发展确定了明确的目标。《纲要》作为国家政策的体现，指出：师范教育在俄联邦教育系统中处于优先发展的地位，是一个有机的、连续的体系，具有多层次、多水平、多功能性和灵活开放性。

2003 年 4 月 1 日，俄罗斯教育部颁布的第 1313 号指令《师范教育现代化纲要》中指出，师范教育的目的是在实施俄罗斯教育现代化的条件下，创建有效的师范教育动态运转机制，师范教育现代化的最终成果应该是创建一个更新的、符合社会对师资干部要求的教师培养、再培训和业务进修体系。《师范教育现代化纲要》是《俄罗斯 2001—2010 年连续师范教

① 肖甦，世纪之交的俄罗斯师范教育改革——打造连续师范教育的完整体系[J].比较教育研究，2003(4)：38.

育体系发展纲要》的继续与补充。

(3)制定高等师范教育国家标准

实施标准化战略是俄罗斯教育改革的新生事物。1992年颁布的《俄联邦教育法》中首次出现教育标准一词,1994年8月,俄罗斯联邦政府批准颁布《高等职业教育国家教育标准》,为高等教育质量管理提供了法律依据,为在全俄范围内保持和巩固统一的教育空间创造了条件。

制定高等师范教育国家标准的工作主要由俄罗斯联邦教育部领导和协调。制定高等师范教育国家标准遵循的一个基本要求是:必须针对普通学校的教学活动,既要考虑其教育内容变化的因素,又要顾及已开始实施的普通学校国家教育标准。因为在已经形成的基础教学计划和国家教育标准的概念性框架模式中,体现教育教学内容改革及整合的灵活机制的是教育内容的三级构建制,即由联邦、地方和学校三层次按一定比例规定教育内容。这种三段式结构构成的新基础教育计划不仅是选择性教育的基础,也是俄罗斯联邦整体与各地区利益、学校与学生利益之间的平衡点,因此,高等师范教育国家标准的制定必须以此为出发点。

高等师范教育的国家标准是俄罗斯面向市场经济和国际教育大环境实施教育改革的产物,它将各项标准都定位于个性的自我价值和社会价值,在教育内容上体现了固定与选择同时兼备的特点,既确定了联邦级对专家层次人才的要求和教育内容的最低限度,也规定了地区和高校级的标准,保证了划一与灵活的有机结合。[①]

2. 俄罗斯教师的职前培养制度

(1)俄罗斯教师职前培养制度现状

20世纪90年代起,俄罗斯高等教育领域出现了大学化趋

---

① 肖甦.比较教师教育[M].南京:江苏教育出版社,2010:165—169.

向，这是高等教育顺应世界高等教育发展趋势向人文化、综合化方向发展的产物。师范教育领域的大学化自 1992 年开始，当时有 5 所师范学院为师范大学，到 1997 年已有近 60 所师范大学，占高等师范院校总数的 60％左右。[①]

高校大学化的另一种形式是以师范学院为基础，联合本地区某个（数个）其他院校成立传统型综合大学，从而淡化学校的师范性，突出其综合性。

师范专科学校是苏联解体后出现的新型学校，多由师范学校升格而来，比中师稍高，比师范本科略低，修业年限上比前者多 1—1.5 年，比后者少 1.5—2.5 年不等，在俄罗斯多级高等教育体系中属于第一教育层次，相当于我国的大专，但在俄罗斯的师范教育体系中将其划归中等师范教育机构，之所以如此，在很大程度上是因为它只培养初级或中级专门师范人才。这种师专的毕业生成为高等师范院校的重要生源之一。

另外，师范专科学校也可以直接设在高等师范学校各系中，其毕业生有报考本系的优先权。也正是这种定向招收师专生、开设师专班的方式使得师范院校实施多级高等教育成为可能。因为按照多级高等教育体制规定，师专毕业生直接进入师范高校三年级学习；师专班则是高中毕业生进入师范高校学习 2 年，毕业后可就业，也可继续深造。可见，师专的出现不但给师范教育系统的办学带来了灵活多样性，也给学生个人提供了明确选择师范专业的机会。

顺应世界师范教育发展趋势，俄罗斯师范教育也朝着高学历水平发展，中等师范学校逐渐减少，中师升格为师专的数量在增加。

---

① 肖甦，王义高.俄罗斯教育 10 年变迁[M].北京：北京师范大学出版社，2003：118，123.

(2) 俄罗斯师范教育多级结构体系

1992年6月15日，俄罗斯教育部发布《关于建立多级结构师范教育体制第225号令》，俄罗斯多层次师范教育体系包括三个层次：

第一层次：修业年限为3年，招收中学毕业生，培养目标是九年制普通学校的教师。毕业生有权利讲授所学的专业，授予毕业生相当于九年制学校水平的第二阶段的基础教育教师证书(未完成高等基础教育)。

第二层次：在前一层次基础上继续学习，修业年限为2年，培养目标是高中教师，有权讲授所学的专业。在这个层次中加强提高大学生的基础知识和一般文化修养。授予毕业生学士学位(基础高等教育)。

第三层次：在第二层基础上继续学习，修业年限为1—2年。培养目标是高中、私立学校、中等专科学校、古典中学和专业学校教师及大学助教。授予毕业生教师——研究者专门技能证书。第三层次中可以确定职业——研究方向，进行硕士学位论文答辩。

三个层次师范教育体系既是有机联系的整体，又相对独立，每个层次都有相应的证书或学位。新的师范教育体系拓宽招收第一层次的学生，在筹划职业方向的基础上，更加考虑大学生的能力和倾向性。这种新的层次结构能够使所有学生从统一的观念中摆脱出来，充分满足社会对不同层次专业工作者的需求。

与此相适应，俄罗斯高等师范教育的教学内容也分为三个环节：一般文化课程、心理-教育学课程和专业课程。在第一层次，所有三个教学环节都是必要的，三者间的比例为15%∶15%∶60%，但会根据所学专业不同而有所变化；在第二层次，一般文化课程被作为选修课，加强了对学生的外语要求，重视心理-教育学的教学，加强学生研究教育历史和社会教育学问题的能力及实践能力；在第三层次，加重一般文化课程中文化历史和哲学的学习，教学过程中必修课占总课时数的 60%，其余 40%酌情设置。[①]

俄罗斯高等教育层次结构改革最为显著的变化就是在传统的专家型人才培养体系基础上，增设了学士、硕士人才培养两个层次，向多级层次结构过渡。

2. 俄罗斯教师的职后培训制度

注重教师的职业培训和业务提高是苏联时期就形成的良好传统，俄罗斯独立后依然保持了这一传统，并在不断的变化过程中有所创新。目前，俄罗斯的教师进修体制向着多样化和灵活性方向发展，进修内容上逐步与普通学校的标准和新的经济条件下社会对教师的要求相适应。

俄罗斯在职教师培训延续了苏联的传统，各地都设有教师进修学院、教学法研究中心，协助教师熟悉教学大纲和教材，推广先进的教学经验以及运用现代化教学手段进行教学活动等。在师范院校都设有专供中小学教师在职进修的机构。此外，在以教师个性的持续发展原则和教师培养环节的连续性原则为指导的教师系统结构改革实践中，教师的技能提高和职业再培训还要求建立一些创新的综合性教学机构，其中应包括师范高中（即师范性职业中学）、师范专科学校（属第一级高等教育水平，掌握师范教育的一般基础知识，具有在不完全中学教师资格）、师范学院（属第二级高等教育水平，深化师范教育职业和各学科知识、具有在师范职业高中、重点中学和师范教育机构任教的资格）、教育技能大学（属大学后教育阶段，解决师范教学机构毕业生的职业适应性问题，掌握先进的教育经验，提高教学方法论水平，将具有非师范专业高等

---

① 顾明远，梁忠义.世界教育大系・教师教育[M].长春：吉林教育出版社，2000：81，216—217.

教育水平的公民培养成师范类专门人才)。

近年来,这种不同层次类型的综合教学机构随着市场机制的调节和教育改革的不断深化而逐渐形成,教学-科研-师范综合体就是其中之一。这种模式包括了整个地方教育机构体系:学前教育机构、普通教育学校、重点实科中学和古典中学、高等教学机构和教师进修学院。它由传统师范院校的各系与师范类专科、文化艺术、医学、中等职业技术等学校以及各类普通教育学校积极协作,将本科课程压缩至三年,按联合型教学大纲和教学计划施教,培养中小学各科目教师。2003年前后,这类综合性学校已有80多个,莫斯科国立师范大学以及伏尔加格勒等许多传统师范大学都开办了这种类型的学校,而且取得了较好的效果。①

在师范院校和教师进修学院有上百个专门的系,向具有高等教育学历的学员实施各种师范专业(如教育社会学、实用心理学等)的再培训。所有的师范教育机构都开设专业定向的专训班和选修课程班,具体内容和课程由学校根据地方特点自行确定。

1993年,俄罗斯颁布《关于对国立、市立教学机构、组织教学人员及领导进行鉴定的示范条例》,对教师和领导进行授予职称等级的非常规性鉴定。与苏联时期的教师鉴定不同的是,它不只是一种称职鉴定,而且具有职称评定的功能。这种教师鉴定所采用的形式包括面谈、创造性工作报告、答辩、科学-方法或经验-实验研究成果,是一种将教师的职业素质与其物质和精神需要相联系的职称评定制度,提高了教师参加职后培训的主动性和积极性,使之成为教师的内在需要。

新的教师鉴定制度实际上是对一个学校教师集体职业素

① 肖甦,王义高.俄罗斯教育10年变迁[M].北京:北京师范大学出版社,2003:118,123.

质的检验，谁拥有通过鉴定而高一级职称的教师多，就意味着谁的师资力量强大。为此，许多学校都在鉴定前向参加鉴定的教师提供1—2周的短假，以便他们有充足的时间自学或参加短期培训。

根据《俄联邦教育法》的有关规定，中小学校也必须每5年接受1次鉴定，以确定中小学教育教学是否符合联邦及地方教育标准的要求。因为学校鉴定的结果会直接影响到学校的声誉、生存和发展，学校非常支持教师参加培训，除了在时间上提供方便外，还与当地教学法机构一起开展各种教育实验，为教师在本职工作中提高职业素质创造条件。

3. 俄罗斯师范教育的主要特色

俄罗斯在独立之初就明确宣布教育为优先发展的领域，并将这一条规定载入《俄联邦教育法》总则中，作为国家基本的教育政策之一。鉴于师范教育的发展对于提高教育质量、促进社会发展等方面具有重要作用，在提出教育优先发展的政策之后，确保师范教育优先发展也被提上议事日程。因此，在《俄联邦教育法》出台了一系列有关教育的指示与决议后，俄罗斯联邦教育部也先后颁布了与师范教育改革有关的法规，如与稳定师资队伍有关的依靠国家财政的师范生定向-合作培养条例、有关加强师资培养的决定、改革师范教育内容及确定教师职业标准等规定。在此背景下，俄罗斯师范教育在继承优良传统的基础上不断地寻求变化与创新，形成了具有自身特色的师范教育体系。

俄罗斯独立后继承苏联师范教育的优良传统，在师范人才培养渠道方面，坚持定向师范教育与非定向师范教育相结合；在师资培养的管理方面，坚持职前与职后教育相结合，注重教师职后教育水平的提高与技能培训；在师范人才培养特色方面，坚持师范性与学术性相结合的一贯传统。在坚持继承苏联师范教育传统的同时，俄罗斯在师范教育改革中注重不断创新，以适应时代发展需要。

（1）在师范教育的观念上，俄罗斯提倡无论教书还是育人必须坚持以人为本的方针，追求教育的人道化和个性化。以维果斯基关于个性发展的社会历史文化学说取代苏联时期刻板划一的阶级服务学说，建构个性化发展的师范教育观，将原来定位于培养学科技能的师范教育目标转变为培养持续发展个性，并且真正能够实现自身发展、促进学生个性发展的新型教师。

（2）在师范教育结构上，由单一体制转变为多级结构体制，以满足师范生本身以及多样化学校对人才培养的不同需要。多级结构的实施是俄罗斯师范教育改革的重要项目，对俄罗斯教育的发展产生的多方面影响，直接或间接地触及教育教学过程及教育行政的方方面面：教学内容、教学手段、学校类型、未来教师规格、学位授予、资格鉴定等内容。因此实施多级结构是俄罗斯师范教育改革最突出的特征。

（3）在师范教育的内容上，注重人文知识与基础专业知识并重的原则。强调师范生无论日后担任什么学科的教师，首先应当被培养成一个“重笔写就的人”——社会的人、具有个性倾向性的人。教育内容人文化实质上是向学生提供个性自我认识的知识氛围，专业知识的基础化则重在培养学生过硬的职业基础，即给未来教师“打好底子”，两方面的结合与并重有利于教师在终身教育的时代潮流中以良好的素质自如地应对形势变化，顺利完成教书育人、完善自我的任务。

处于转型时期的俄罗斯政府及最高教育管理部门对改革与发展师范教育的意义有着清醒的认识，其在师范教育方面的一系列做法基本上是符合世界发展的普遍趋势及本国现实需要的。当前其最现实的矛盾就是因教育经费不足导致的教育改革整体上缓步前行，使得其师范教育领域的改革无法进入良性循环轨道上，严重影响了改革的实效。但是值得肯定的是，苏联用70多年所建立起来的国民教育体系，不仅为国家的社会主义建设成功培养和输送了大批人才，而且其所构建的完整的师范教育体系培养和造就了一支思想素质、个性修养、业务水平都很高的教师队伍。

### （三）俄罗斯教师教育的存在问题

当前，俄罗斯师范教育正处在体制和范式的转型时期，社会的急剧变化和基础教育的快速发展对未来教师的专业知识和专业能力提出了更高的要求。俄罗斯师范教育存在弱化和边缘化的危机，面临三重困境。

1. 教师职业威望低导致优质生源不足

近年来，由于教师职业声望不佳、工资收入整体水平较低和职业发展空间有限等原因，俄罗斯教师职业的竞争力和吸引力明显下降，出现了教师选拔的“双重消极”趋势，突出表现在师范专业招生和就业两个环节。一方面，师范专业优秀生源不足，绝大多数考生不是出于热爱教师职业而报考。从大学入学分数可以看出，师范专业的平均分明显落后于其他更具社会影响力的专业。另一方面，很多师范大学的优秀毕业生放弃教师职业，通过获取第二专业就业的现象很普遍。有调查显示，仅有10％—20％的师范毕业生到中小学就业。大学生选择师范专业的动力不足，毕业生从事教师职业的意愿不强，势必会降低师范教育的质量。

此外，教师职业定向体系的弱化也是造成优质生源流失的重要因素。苏联时代中学师资班体系全面解体后，俄罗斯基础学校尚未形成为有志从事教师职业的学生提供专门的教育路径，也没有系统的方式吸引学生从事志愿者、助教和服务低年级同学工作，失去了有效的优秀师资再生产的可能性。

2. 传统的知识范式导致师范生职业能力缺失

从近年来国际PISA测验的结果可以看出，俄罗斯中学生知识运用的能力水平不高，说明俄罗斯的教学体系在保障学生大量的知识传授时，没能培养学生走出教学情境解决问题的能力。俄罗斯教科院发布的基础教育质量分析报告也认为，俄罗斯学生用跨学科知识解决生活问题的能力不足是由于课程目标特别僵化、学校课业与现实生活脱节等原因造成的。这也能反映出中小学教师苏联时代学科知识培养至上的思维定式根深蒂固，也凸显出俄罗斯师范教育知识范式向能力范式转型的迫切性。

俄罗斯师范教育大纲中没有将大学生实践环节作为教学活动的最核心要素，大多数作为知识教学和理论检验的副产品。实习基地不是作为教师职业活动及其能力训练的教育空间，而被大学视为"小兄弟、小伙伴"。正如有学者所言，"缺乏实践导向的教学，只能将未来教师培养成语言描述者。"大学生科研训练对未来教师职业活动及个性化教师风格的形成具有重要意义。俄罗斯传统的师范教育大纲将大学生的科研活动作为理论教学活动的组成部分，现行的高等教育国家标准也没对大学生科研做出明确要求。有学者认为，俄罗斯三代师范教育标准都存在一个共同的问题：没有积极地解决教育实践问题，实践的内容和方式方法成为辅助的次要的教学形式。

3. 入职机制不健全导致青年教师流失

近年来，俄罗斯师范生在中小学就业比例偏低的问题已受到社会关注，也是指责师范教育效益低下的重要依据。缺乏师范生入职相应的约束机制和奖惩机制，国家预算体系下的师范生流失，造成教育资源的巨大浪费。有调查显示，部分一年级的师范生就开始找临时性工作，四年级工作人数大幅增加，五年级已有一半多大学生在工作。教师入职审查体系和竞争机制的缺失也是造成教师队伍质量下降的重要原因。俄罗斯教育法规定，师范生在获得毕业证书的同时就具备了职业技能资格，就可以到中小学任职。单一的培养渠道和教师资格认证体系的缺乏，不能建立有效的竞争机制，不能确保中小学选拔到最优秀的教师。青年教师入职指导和支持机制的不健全也是导致新教师流失的重要因素，教龄在2—5年的新教师流失现象也有所加剧。[①]

### （四）俄罗斯师范教育的借鉴意义

虽然俄罗斯高等师范教育在发展中存在着一些不足和亟待解决的问题，但它的某些做法对我们仍有借鉴意义，我们可以从俄罗斯师范教育的发展中获得有益的启示。

1. 值得借鉴的个性化师范教育理念

俄罗斯高等师范教育改革在“构建个性化的师范教育观”的指导下制定了教育内容必须“为个性的自我实现创造条件”；必须“使学生的个性与世界文化及民族文化融为一体”等总体原则，围绕此中心相应的改革措施是：每所大学都在高等学校委员会下设人文教育中心；将师范生应学习的所有科目划分成三大板块，作为基础的普通文化培训板块所占比重较大，且定位于传授社会、人文及生态文化知识，以提高受教育者的认知水平和思维能力以及经济学方面的修养。

俄罗斯高等师范教育关注人的个性发展，这里说的个性是智力、能力、气质、性格等的综合体，个性的健康发展是指使学生成为和谐的人、完整的人、全面发展的人。尊重个性发展，是人本主义教育思想的体现。

目前，在我国全面建成小康社会，进而建成富强民主文明和谐美丽的社会主义现代化国家、实现中华民族伟大复兴的中国梦的新形势下，要求教育领域全面推行素质教育，发展学

① 杜岩岩.俄罗斯师范教育的现实困境及破解路径[J].教育科学，2015(4)：87—88.

生核心素养，作为培养未来教师的师范院校，更要充分尊重师范生的个性，注重能力培养，激发其创造性。在课程设置上，应重视通识教育，增加人文学科比重，开设社会学、经济学、文学、地方历史文化、法律甚至艺术类课程，在掌握专业知识的同时提高文化、艺术修养，培养智商、情商全面和谐发展的新型教育工作者。

2. 值得借鉴的多层次师范教育体系

俄罗斯新的多层次师范教育体系的建立是俄罗斯联邦为了适应市场经济发展对高等教育结构进行改革的重要举措。多层次的师范教育结构能够提高教师的专业质量，学生可根据自己的能力选择专业并确立近期的发展目标。多层次的教育结构不但使培养的对象范围扩大，而且相对缩减了修业年限，尤其在知识结构方面，新调整的课程结构，即一般文化的、心理学—教育学的和专业课程提供了作为市场经济条件下自由选择及和谐发展的教师人格所应具备的知识的、活动的和个性的要素。

我们可以借鉴俄罗斯多层次师范教育体系的做法，进一步理顺我国现行的师范教育体系，实行初中起点“5＋2”、高中起点“3＋2”或“2＋2”模式，培养本科学历层次的小学和幼儿园师资，这样既给师范教育系统的办学带来了灵活多样性，也给学生个人提供明确选择师范专业的机会，对于提高师范生源质量，提高教师学历水平将会起到积极的促进作用。

3. 值得借鉴的坚持师范教育优先发展

今天，世界各国之间的竞争实质上是经济实力的竞争，经济实力的竞争实质上是人才的竞争。教师是基础教育的基础。有好的教师，才有好的教育。在坚持教育优先发展政策的基础上，师范教育也要在整个教育系统中处在优先发展的地位。俄罗斯联邦在经济、政治、安全如此艰难的情况下，都提出师范教育要优先发展的政策，更何况我国正处在全面实现小康社会和社会主义现代化国家的大好形势下，我们要真正落实这一政策，才能实现我国建设社会主义现代化的伟大目标。

习近平总书记在同北京师范大学师生代表座谈时的讲话中指出："要加强教师教育体系建设，加大对师范院校的支持力度，找准教师教育中存在的主要问题，寻求深化教师教育改革的突破口和着力点，不断提高教师培养培训的质量。"改革开放以来，我国在教师教育改革方面出台了一系列的政策和措施，推进了教师教育标准化建设和教师培养大学化进程，开展了教师教育一体化探索，促进了教师教育专业化发展，取得了一定成效。国家还将启动实施教师教育振兴行动计划，师范教育必将得到进一步重视和加强。

4．值得借鉴的师范教育培养模式

培养模式是人才的培养目标、培养规格和基本培养方式。现行的俄罗斯高师培养目标是一个结构完整、内容丰富具体、操作性较强的标准体系。该体系重视一般文化知识修养在培养学生中的重要意义，它和医学—生物及心理—教育目标是师范院校学生学习的共同部分，这三方面目标作为宽泛的基础，为学生未来从事职业活动提供了灵活的、可靠的保证。我们有理由认为，该目标体系确立了俄罗斯现代教育是一种人文教育活动的观念，它不仅培养传统意义上的教师，而且在广泛的人—社会—人的系统中发展学生的个性。教师培养目标决定着师范教育的发展方向和未来教师的质量，具有重要的指导意义。中俄两国在第二次世界大战后，教育发展的历史背景有共同之处，如今都面临着在新的社会经济条件下新型人才的培养问题，因此研究意义十分重要。

俄罗斯师范教育培养模式的转型不仅体现在培养目标和方向上，更重要的是反映在师范院校的教学和实践环节之中。

连续性师范教育构想是将教育实践环节放到了与理论教学同等重要的地位。早在苏联时期师范教育界就十分重视师范生在校期间的教育实习。1985—1986 年,苏联经试验制定了该年度师范学院连贯实习方案并付诸实施。该方案中规定的实习从一年级到五年级贯穿于整个学习过程,师范生一年级下学期开始与基层学校建立固定联系,参与教育教学实习工作。实习期限为四个学期,每周有 4 个小时学校实习课,四个学期共计 256 学时,比原来增加 28%—47%。一至三年级的见习实习活动是教学-教育过程的必要环节,作为培养教师职业准备的初步训练与高年级的实习有机联系起来。这种连续性教育实习模式,并且与师范学院各年级所学的教育理论和学科教学法理论相互配合,使实习的各环节尽量建立在教育理论与学科专业理论指导的基础上,避免了教育理论和实践教学的脱节。教育实习的内容既有阶段性又有连续性,教育性实习与教学性实习相互结合、相互渗透,通过教学实践培养师范生独立工作和创造性思维的能力。

学习借鉴俄罗斯师范教育的做法和经验,要高度重视教育实践环节,认真贯彻教育部《关于加强师范生教育实践的意见》(教师[2016]2 号),采取观摩见习、模拟教学、专项技能训练、集中实习等多种形式,丰富师范生的教育实践体验;要整合教育实践的指导力量,师范院校教师和中小学教师相互配合、取长补短,共同指导师范生的教育见习、实习,提升教育实践的质量和效果。

在当前社会转型时期,学习借鉴其他国家,尤其是曾对我国师范教育产生过巨大影响的俄罗斯师范教育的做法和经验,对于振兴我国教师教育、构建现代教师教育体系具有十分重要的意义。

## 四、美国教师教育发展中存在的问题与理性思考

美国是教师教育发展较早、水平和层次都较高的国家，其教师教育经历了从无到有、逐渐制度化和层次不断提高的发展历程。美国教师教育主要有四种模式：综合性大学模式、文理学院模式、专业发展学校模式、选择性教师教育模式。培养层次主要为本科生与硕士研究生。美国教师教育发展过程中存在专业化与去专业化悖论问题，究其原因既有对教师教育的基本属性认识不清，政策不到位的原因，也有教师社会地位和经济待遇不高，教师职业缺乏吸引力，导致教师数量短缺的因素。当前，我国教师教育正处在转型发展的关键时期，学习与借鉴美国教师教育发展过程中的一些做法和经验具有十分重要意义。我们要坚持师范院校在中小学师资培养中的主体地位，明确政府在教师教育中的主体责任，要开展建立在专业认证基础上的教师资格认证，不断提高教师培养的质量和水平。

2016 年 11 月，本人随江苏省中小学学生管理培训班赴美国学习考察，作为教师教育工作者，我对美国的教师教育尤为关注。通过文献查阅、实地考察、课堂观察和访谈等，对美国教师教育的情况有了初步了解。应当说，美国是教师教育发展较早、水平和层次都较高的国家，其教师教育经历了从无到有、逐渐制度化和层次不断提高的发展历程。自第一批州立师范学校出现并建立教师教育制度以来，美国教师教育已经过近两百年的发展。从教师教育机构及培养层次来讲，美国教师教育的历史沿革可划分为师范学校时期（19 世纪 20 年代

至19世纪末)、师范学院时期(19世纪末20世纪初至20世纪中期)和大学教育院系时期(20世纪中期至今)。① 纵观美国教师教育的发展过程,其中的一些做法和经验值得我们学习与借鉴,但存在的一些问题应当促使我们理性思考,并在教师教育改革发展的实践中加以避免。

### (一) 美国中小学教师培养的基本情况

建国初期,美国并没有专门的教师培养机构,直到19世纪20年代才引入英国的"导生制",逐渐发展形成自己的教师教育体系。1823年,霍尔在佛蒙特州建立了美国第一所私立师范学校,这是美国师范教育的开端。1828年,马萨诸塞州建立了一所州立师范学校,揭开了制度化培养教师的序幕。半个多世纪之后,从1882年起美国的师范学校开始逐步升格为四年制的师范学院。"二战"后,师范学院纷纷"改弦更张":不少师范学院向综合性大学的方向发展,或发展为文理学院;综合性大学也开始设立教育学院,或合并原有的师范学院参与培养师资。美国由此放弃了教师培养的封闭型模式,走上了培养中小学教师的开放型道路。② 这个时期与我国21世纪初教师教育发展的情况相似。

20世纪中叶以来,美国基础教育教师培养机构大致经历了两次转型:第一次转型发生在二战后,具体表现为师范院校扩展为综合性大学或多科性学院,或被合并为综合性大学或多科性大学的教育学院或教育系;第二次转型开始于20世纪80年代,具体表现为综合性大学与中小学合作,建立教师专业发展学校,实现教师职前、职后教育一体化。经历了两次转型

---

① 肖甦.比较教师教育[M].南京:江苏教育出版社,2010:194.

② 宋时春.美国全科型小学教师培养理念与制度设计[J].比较教育研究,2017(2):105—111.

之后，美国基础教育教师培养机构形成了以综合性大学为主、教师专业发展学校为辅的格局，两者相辅相成，既注重保障教师的专业理论素养，又注重强化教师的教学实践技能，意在全方位提升教师素质。就教师培养而言，美国是实行开放性教师培养模式最早的国家，形成了多种培养模式共存的格局，主要有四种：综合性大学模式、文理学院模式、专业发展学校模式、选择性教师教育模式。培养层次主要为本科生与硕士研究生。①

1. 综合性大学

20 世纪 60 年代，美国各州独立师范院校基本上退出了教师培养的舞台，综合性大学成了教师培养的主阵地。在未来教师的培养上，综合性大学既重视普通文理知识及专业知识的学习，也重视学生实际教学能力和实践技能的培养。师范生课程中大约有一个学期的时间集中用于教学实践上。美国各州都规定教育实习活动，通常在教师职前教育结束的最后阶段。

随着基础教育改革的进行，教师创造能力的培养被放在了极其重要的位置。在师范生培养过程中加强对案例教学的探究，鼓励学生积极参与，注重培养学生思维的灵敏性，引导学生积极思考，强调对信息技术的掌握和运用，使师范生及时掌握自己领域前沿的知识，不至于被信息时代淘汰。

总体上来说，美国综合性大学在培养教师过程中，主要采用“大学＋师范”的模式，即新生入学后，先在大学的其他院系接受 3—4 年的通识教育，然后在教育学院或教育系接受 1—2 年的教育专业教育。

与美国传统的师范院校相比，美国综合性大学更侧重于

① 赵华兰.美国教师教育多元化模式研究[J].河南教育学院学报(哲学社会科学版)，2009(5)：35—39.

培养研究生层次的教师，这些优秀教师为美国教师教育理论的发展和教育实践问题的解决提供指导，保证美国教师教育发展的正确性和前瞻性。

综合性大学模式的主要优势在于奠定了学生扎实的知识基础，丰富了学生知识内核，兼重学术性和师范性，使学生能够更好地适应未来社会的需求；同时让学生更多地接触和参与教学现场，实现教育理论与实践的有机结合，使学生将来能够很快地适应教师的角色。但近几年也面临着“未能培养合格教师”“误判教育职能”，甚至“难以培养出适应新变革的教育学者”等方面的诟病。美国中小学教师队伍当下所面临的师资短缺，师资水平偏低，似乎也能局部印证这类观点。

2. 教师专业发展学校

教师专业发展学校（PDS）的概念是霍姆斯小组在1986年发布的报告《明日之教师》中提出的，是指美国综合性大学的教育学院与地方的公立中小学或是学区合作成立的一所师资培养学校，融教师职前培养、在职进修和学校改革为一体。它是应20世纪80年代以来的教师专业化发展运动而生，经过近30年的发展，目前已在全美遍地开花，成为培养中小学教师的主要模式之一。

在美国，教师专业发展学校有四项任务：为美国中小学培养新任教师；教师在职发展；改善中小学教学；促进学生成长。

在美国，PDS常被类比为“教学医院”，其雏形最早创设于20世纪早期。作为专业性较强的实践活动，教学与医疗都需要相应的学术研究，以及“临床”培训。于是，类似于教学医院之于高等医学院，PDS也为高校所培养的师范生提供实习场所。作为一个全新的教师培养模式，PDS打破了大学和中小学之间的围墙，解决了师范生缺乏实际教学经验和一线教师跟不上时代发展需要的问题，实现了大学和中小学在教师发展方面的责任公担，利益共享。

就教师职前培养而言，在教师专业发展学校，在校师范生有一年的时间融入整个学校生活中去，像正式教师一样参与学校全部活动。在指导教师带领下开展教学实习，并参与家访、教师教研会以及教学实验等活动，经过一年的实习，再完成相关课程，最终拿到学位。

PDS作为中小学与大学的合作形式，教师专业发展学校不仅受到大、中小学的欢迎，也得到了许多全国性教育组织和机构的支持。在发展、壮大过程中，《在危机之中：教育改革势在必行》《美国2000年教育目标》促进了PDS的产生并承认了其合法性；卡内基教育与经济论坛、霍姆斯小组、美国教师教育认证委员会（NCATE）、全美教师教育院校联合会（AACTE）、全美教育革新网络（NNER）、全美专业发展学校联合会（NAPDS）等专业组织为PDS的产生与发展提供了方向与指南，基金会的大力支持为PDS推进提供了保障。从各州看，教育厅及相关教育行政机构对PDS高度认可与支持直接影响到PDS在该州推行深度与广度。可以说，PDS的发展是美国社会上下多方合力的结果。PDS办学模式在改善职前教师培养质量、促进在职教师专业发展、提高基础教育质量等方面具有显著的推动作用，并在美国取得了明显的教学效果。

3. 文理学院

文理学院模式是指学制四年，学生完成通识教育、学科教育、专业教育和教学实习后授予学士学位和获得教师资格证书（或申请教师资格证书资格）的本科生水平职前教师培养模式。文理学院模式的培养目标是培养具有学士学位的初等、中等教育教师。

在文理学院模式中，教师教育的课程一般分为三个组成部分，第一是通识教育课程，主要有英语、哲学、文学等；第二是学科专业课程，主要根据师范生将来从事的教学科目设置，与未来教师希望取得的教师资格证书的科目类别以及准备任教的学科相对应;第三是教育专业课程,其主要目的是使未来的教师们把握教学的一般规律、一般原则,包括教育基础理论课程、教育方法与技能课程和教育实践活动。

文理学院主要采用"2＋2"教师培养方式,即前两年是通识教育,通识教育课程名称和内容各州不完全一致,也不要求全部攻读,但任何专业的大学生都要必修大部分的通识课程。后两年进行专业教育(包括任教学科专业教育和教育专业课程教育)。在文理学院,小学同样实施多科教学,不像中学教师那样分学科开展教育培训。文理学院模式的突出特点是重视通识教育和教育实习。文理学院秉承的传统是"未来教师接受良好的普通教育就等于学会教学,有了文法、修辞、逻辑和数学方面的良好教育就能了解教育学的基本规则,就可以成为老师"。而且,教育实习被看作是最有价值的部分,包括田野经验和教学实习,能够让未来教师得到更多的实践机会,可以担当起一名教师的应有责任。

4. 选择性教师教育

选择性教师教育模式是针对 20 世纪 80 年代美国教师严重短缺的问题而实施的,选择性教师教育模式的培养目标是帮助那些已经获得学士或学士以上学位的非教育专业毕业生,通过接受从教知识与技能的培训,进而获得教师资格证书。这种教师教育模式原则上主要在大学或学院里进行,但也有一部分是通过远程教学来完成。

选择性教师教育模式的计划种类繁多,如专门为非师范类学士获得者欲在中小学从教而设计的学士后学位培养计划,为吸引一些特殊人群在中小学教书设计的教师培养计划等。其最大特点是高度灵活,适合不同人群需要。修学时限、学习时间和培养途径都可依情况而定,不像正规的学校教育有严格的规定,照顾了特定人群的特定需求,受到了不少人青睐;同时选择性教师教育模式实行商业化运作,大学把学区视为顾客，根据学区的要求提供个性化的服务，这在很大程度上改变了传统的以大学为本的教师教育模式，呈现了鲜明的以学区、中小学为本的教师教育新特点。

综合性大学模式依托其门类齐全，培养学生牢固的理论知识；文理学院模式强调通识教育，促进学生全面发展；专业发展学校模式主张实现大学和中小学合作，从理论和实践两个层面推动学生进步；选择性教师教育模式是教师紧缺情况下对教师培养模式的有益补充。这四种模式并存有利于提高师范生的理论水平和实践能力，满足社会不同层次的教育需求，提高中小学教师的质量。

### （二）美国教师教育发展中的存在问题

在美国教师教育发展过程中，存在着专业化与去专业化的两种取向。所谓专业化的取向即自师范学校创立以来倡导对教师的专门培养的观点。专门培养不仅包括了学科知识和通识，而且也包括了教育类知识和教学法。专业化的观点坚持在所有上述领域都得到专门的培养。而去专业化的取向则仅仅将学科知识或通识看成是教师必须具备的知识，只要有了学科知识或通识，就能成为合格或高质量的教师。至于教学经验、方法和技能都是可以在教学实践中学到的。这两种观点的交锋也就是“聪明、受过良好教育者”假设论的教师质量观和“专业知识”假设论的教师质量观之间的斗争。去专业化的观点除在美国农村地区和对教学专业缺乏了解的普通公民中广为流传外，另一个广阔的市场就是文理学院的教师和管理者群体。但去专业化的观点并没有能够阻挡住专业化路径下所发生的一切。①

① 洪明.美国教师质量保障体系历史演进研究[M].北京：北京师范大学出版社，2010：162，338—339，342，231.

1. 美国19—20世纪教师教育发展历程是专业化的路径

1966年国际劳工组织、联合国教科文组织发表的《关于教员地位的建议》指出："教育工作应被视为专门职业。这种职业是一种要求教员具备经过严格而持续不断的研究才能获得并维持专业知识及专门技能的公共业务。"由此可见，教师作为一门专业，有赖于专业知识和专业训练，这是教师教育的职责，也是美国教师教育大学化的最终指向。

从专业知识角度而言，19世纪初期的师范学校只是将中小学课程与教学法课程结合起来培育教师，"（教师）不需要接受文理教育，只需要掌握任教所需的学科知识"，当时的教师培育呈现出明显的技术性倾向，教学则被视为一种技艺。19世纪60年代之后，裴斯泰洛齐关于儿童发展和教学过程的概念被引入师范学校，心理学成为教师教育的基础性学科；随后赫尔巴特的科学教育学进入美国的师范院校，随之开设了大量教育专业课程。与此同时，教育教学研究开始借鉴心理学和社会学的定量方法，而不再是具体经验总结和抽象理论思辨，它发展出包括教育心理学、教育统计学、教育测量学等在内的一系列教育分支学科，从而丰富了教师教育的课程，为教师专业化奠定了知识基础。

从专业训练角度而言，由于教育学科的发展，加之能够授予学士和硕士学位，教师教育的学制延长至4年及4年以上，美国教师教育与专业标准委员会（NCTEP）于1958—1960年间组织召开了三次教师教育研讨会，确立了学者型教师的培养目标。教师教育课程由普通教育课程、学科专业课程、专业教育课程和教育实习构成。这一"四元结构"的教师教育课程设计要求较长时间的学习，其中实习课程就需一个学期，因此到20世纪后期，不少教师教育课程都升格为硕士层次，这为教师专业化提供了长期的专业训练基础。

由此可见，美国教师教育的发展过程实际上是一个追寻教师专业化的过程。在这一过程中,美国教师教育从技术型走向专业型,即从目标拟定、课程设置、教师教育者等各方面都体现出了专业化的要求。然而,这一路径似乎在近年来屡屡碰壁,去专业化的阴霾逐渐弥漫于美国的教师教育之中。

2. 美国21世纪教师教育的政策动向是去专业化的路径

2005年7月31日的《纽约时报》发表了题为"谁还需要教育学院?"的文章,透露出当前美国民众对大学化教师教育的不信任:14%的新教师会在任职一年后离职,近一半的教师会在5年后离职;教师所依赖的学科知识基础会因为教育学院更多地关注教育理论的研究和讲授而被忽视;教师未能应对目前的标准化浪潮以及标准化测验的挑战;教师精通理论却对实践一无所知。民众将这一系列的问题归结于教育学院,因为教育学院培养了美国90%的教师,而其中不合格教师占很大比例。他们通常没有所教科目的资格证书或执照,甚至没有所教科目的学科专业学位,这一问题在数学、科学、物理等科目的授课教师中尤为严重。另外,"高需学校"(High-need school)也普遍存在师资缺乏和质量低下等问题。这些问题使联邦政府和州政府对传统大学的教师培养模式产生不信任感,从而另谋他途。因此,选择性教师教育项目应运而生,民间机构和组织参与教师培养受到鼓励,导致"联邦政府和州政府的有关政策弱化了大学教育学院培养教师的功能"。这反映出美国政府对美国教师教育大学化的摇摆心态。

首先,在专业知识方面,布什政府颁布的《不让一个孩子掉队》方案中,将那些掌握了学科知识却不具备传统的大学本位教师教育的人看作是准高素质教师。美国前教育部长罗德·佩吉(RodPaige)曾明确提出,雇佣教师只需要根据其学科知识的掌握和口头表达能力来进行。这就将教师的知识基础定位于学科知识,教师的专业性则难以体现,因为一位生物教师和一名生物技术人员在知识基础上没有区别。事实上,美国学者雷歇纳(Zeichner)就曾指出,这种见解由来已久,其所代表的是美国教师教育的一种基本取向——解制,即认为教师教育并非必需,有足够的学术准备即可成为教师。也有学者指出,这一取向与西方延续千年的博雅教育思想是分不开的,其背后是对专业教育或专业人员的否定,取而代之的是人的教育或全人的概念。

其二,在专业训练方面,解制取向推崇目前美国逐渐盛行的选择性教师教育项目。该项目多采取短期教师培养模式,通过吸收具有某一学科领域学历的人员来保证其有足够的学科知识。教育教学知识和技能只需通过几周或一两个月的时间来集中培训,而且期望学员在入职后通过实践来掌握。因此从培训方式来看,这类项目实际上是把教学工作当成一种技艺,这种技艺的掌握只需通过短期入门培训即可。

所以,当专业知识失去专业色彩,当专业训练退化成为入职短训时,教师作为一种专业人员的两大基石已被解制,在这种去专业化的路径中,教师教育从专业型重返技术型。将目前美国的教师教育路径与19世纪美国的教师教育相比较,似乎是走了一圈又回到原点,因为当时的教师只需要学科知识和技艺训练即可。①

### (三)美国教师教育存在问题的原因分析

美国教师教育发展过程中存在的专业化与去专业化悖论问题,有其多方面因素,既有历史原因,也有现实情况;既有对教师教育的基本属性认识不清,政策不到位的原因,也有教师社会地位和经济待遇不高,教师职业缺乏吸引力,导致教师数量短缺的因素。

① 钟秉林.大学的走向[M].北京:商务印书馆,2015:311—315,317.

1. 没有厘清教师教育的基本属性

自从师范教育产生之日起，对师范学校存在的必要性提出质疑。专业派和常识派或解制派之间的思想纷争由来已久。目前在专业化和去专业化教师教育的路径选择方面，美国教育界并没有达成共识。前者是经过近200年的探索逐渐形成的，却被视为导致美国教育质量下滑的根源；后者是改革的产物，较符合政府官员和家长的需求，却被教育学者视为"洪水猛兽"。两者孰优孰劣，不仅在理论分析层面上未能辨明，在实证研究层面也出现了截然不同的证据。

一方面，不少研究表明，选择性教师教育项目所培养的教师与大学本位教师教育培养的教师在素质上未有显著差异。美国前教育部长罗德·佩吉在其提交的《迎接高质量教师的挑战》的报告中明确指出："几乎没有证据表明，教育学院的课程能够提高学生的成就。"米尔(Miller)等人通过测量教学行为、学生表现和教师知觉，发现传统课程和选择性课程培养教师之间并无巨大差异。戈德哈伯(Gold-Haber)和布鲁尔(Brewer)也发现通过选择性课程培养的教师所教学生的数学表现并不弱于传统师范教育毕业的教师。亚伯基金会(Abell Foundation)资助的研究在回顾了近50年教师教育的发展后发现，教育学的学习对学生的成绩没有影响。另有研究发现，选择性教师教育项目更能吸引男性、少数民族人员和刚毕业的大学生进入教师领域，并且选择性模式培养的教师比传统方式培养的教师的留职时间更长。

另一方面，有学者对1993—1994年通过选择性教师教育项目培养的教师和通过传统方式培养的教师进行比较发现，选择性教师教育项目并没有成功地招募到男性、受过高等教育的个体进入教学领域，而且通过选择性教师教育项目培养出来的教师的学术水平较低，教育教学的专业知识薄弱。还有研究发现，与通过传统方式培养的教师相比，相当多的通过选择性教师教育项目获得认证的教师缺乏对教师职业的长久认同感，且会因为缺少进入课堂教学之前的行为管理和教学策略课程形成不胜任感等。达林·哈蒙德(Darling-Hammond)领导的研究小组进行的大范围追踪研究发现，传统模式培养的教师相比选择性模式培养的教师对五、六年级学生的阅读和数学成绩产生了更有利的影响。

如果将上述研究本身可能带有的倾向性或主观因素悬置不论，两种截然不同的结果同时成立只有一种可能——大学本位教师教育模式和选择性教师教育模式都存在问题，且两者都没有很好地解决目前美国教师短缺的问题。当我们再次审视美国教师教育的发展历程时，我们会思考：为什么美国政府倡导选择性教师教育项目？其主要原因是师资短缺；为什么会出现师资短缺？事实是大学本位教师教育模式没能培养出足够的教师；而最核心的问题在于，为什么大学本位教师教育没能培养出足够的教师？朱姆沃尔特(Zumwalt)教授曾指出，这一问题的原因在于美国没有通过集中管理来实现教师供需平衡，这导致大学教育学院无法根据市场需求培养足够的教师。

因此，目前美国教师教育面临的困境既不是大学本位教师培养模式本身的问题，也不是通过增加选择性教师教育项目就能解决的，而是涉及教师教育一系列本质属性的反思。教师教育事实上是兼具学术性、专业性和公共性三种基本属性于一身的教育。学术性决定了教师教育与其他学科一样，在大学中既具有独立且平等的地位，亦具有自身的学科体系和知识建构；专业性决定了教师教育与传统的文理基础学科不同，具有极强的应用特征，必须紧密联系和服务于教育教学实践；公共性则决定了教师教育与医生、律师等专业不同，不能走完全市场化的道路，国家应为保障发挥基础教育的服务功能，为培养教师提供经费和政策方面的支持。因此，美国教师教育大学化进程中逐渐暴露出的问题，症结在于没有厘清教师教育的三种基本属性。①

2. 教师职业缺乏吸引力

美国教师社会地位和经济待遇不高，教师职业缺乏吸引力，教师数量短缺。20 世纪 90 年代以来，美国的教师数量不仅呈现整体性短缺，而且也存在结构性短缺。结构性短缺主要表现在学科性短缺、地域性短缺、族群性短缺。

美国教师的供需状况很难从培养规模方面加以预测和控制。美国教师职业是一个开放性的市场，教师的培养和就业不存在直线的相关关系，从培养规模是无法预测教师职业的就业前景的。问题的症结在于美国高校培养出来的教师并不一定会走向社会急需的学科和学校。NCTAF 的报告指出从本科教师教育课程开始到第三年教学这段时间，美国全国教师的流失率高达 75%。加利福尼亚未来教学和学习中心调查表明，2000 年该州有 40%—60%的取得教学证书的人并没有去从教。有 30%—50%的教师在工作的 5 年之内，由于薪金、工作环境及缺少专业发展机会等种种原因而离开教学岗位。这种现象被美国人幽默地比喻为"教师培养管道的渗漏"。

总体来看，美国从 20 世纪六七十年代开始教师由注重数量转向了注重质量。但由于市场的波动机制和教学专业缺少职业吸引力，教师短缺始终是美国间歇而又长期存在的现象。②

美国中小学教师收入位于社会中等收入水平。据美国教育部所属的国家教育统计中心（NCES）2012 年数据显示，纽约、马萨诸塞、哥伦比亚特区、加利福尼亚、新泽西等州的中小

---

① 钟秉林.大学的走向[M].北京：商务印书馆，2015：311—315，317.

② 洪明.美国教师质量保障体系历史演进研究[M].北京：北京师范大学出版社，2010：162，338—339，342，231.

学教师平均年收入水平最高，其中纽约州中小学教师平均年收入为 75279 美元，超过 2012 年美国中等收入水平（51759 美元）23520 美元。而密西西比、南达科他、俄克拉荷马等州的中小学教师平均年收入为 39580 美元，少于 2012 年中等收入水平 12179 美元。2012 年，美国有 24 个州的中小学教师平均收入高于中等收入水平，其余 27 个州的中小学教师平均收入低于中等收入水平，各州中小学教师最高年平均收入高出最低平均收入竟达 35699 美元，几近后者的两倍。教师收入偏低也是引起教师流失的一个重要原因。

据美国教育部所属的国家教育统计中心所开展的教师追踪调查（TFS）显示，2012—2013 学年，美国公私立中小学共有 3377900 名教师，其中有 271900 名教师由原先的学校流动到其他学校任教，有 259400 名教师离开教师岗位转向其他职业。其中，职业发展、薪酬待遇和生活水平是促使教师流动和离职的最主要因素。[①] 选择性教师教育项目正是教师数量短缺情况下对教师培养模式的有益补充。

### （四）美国教师教育对我们的启示

改革开放以来，我国在教师教育改革方面出台了一系列的政策和措施，推进了教师教育标准化建设和教师培养大学化进程，开展了教师教育一体化探索，促进了教师教育专业化发展，取得了一定成效。但随着改革进入深水区，一些矛盾和问题也逐步凸现。当前，我国教师教育正处在转型发展的关键时期，学习与借鉴美国教师教育发展过程的一些做法和经验具有十分重要意义。

1. 要坚持师范院校在中小学师资培养中的主体地位

在美国教师培养的多元开放格局中，教育学院在综合性

① 赵章靖.美国基础教育[M].上海：同济大学出版社，2015：179—180.

大学里只是一个专业院系，教师培养也不会成为综合性大学的办学核心和重点。莱文报告统计显示，一所专门培养教育硕士的院校每年仅培养200名教师，而一所研究型大学每年也只培养300多名教师，这必然导致教师供给存在缺口。而从我国当前教育的需要来看，经济社会发展和劳动力市场的二元结构仍将长期存在，教师的社会地位和经济待遇还不高，教师职业还缺乏足够的吸引力和竞争力；尽管在总量上教师供给远大于需求，但结构性短缺依然存在，合格教师特别是农村教师数量不足的问题尚未完全解决。因此，在今后相当长的时期内，高师院校毕业生仍然是中小学教师的主要来源，高师院校还需要继续存在并相对稳定。顾明远先生指出："我们的国情不能跟美国、英国相比，因为我们国家大，我们有1200万名中小学教师，如果没有专门培养教师的学校不行，还是要把师范院校办好。"[①]政府仍需通过公费师范生制度，对教师培养的学段、学科和学历等方面进行总量控制和引导，最终构建以师范院校为主体、综合性大学积极参与的有中国特色的现代教师教育体系。高师院校则要根据社会需求变化和自身优势特色科学定位，各安其位，在教师培养模式改革和课程体系优化上下功夫，充分发挥教师教育的主体作用。

要进一步确立教师教育优先发展的战略地位。习近平总书记在同北京师范大学师生代表座谈时的讲话中指出："要从战略高度来认识教师工作的极端重要性，把加强教师队伍建设作为基础工作来抓"，"要加强教师教育体系建设，加大对师范院校的支持力度，找准教师教育中存在的主要问题，寻求深化教师教育改革的突破口和着力点，不断提高教师培养培训的质量"，这为教师教育改革发展和理论研究提供了政策支持

① 李新玲.顾明远历数师范教育改革犯下的错[N].中国青年报，2015-06-29.

和有力保障。

2. 要明确政府在教师教育中的主体责任

美国教师教育大学化进程中暴露出的问题，症结在于没有厘清教师教育的基本属性，特别是其公共性特征。美国教师教育大学化亦即教师教育市场化。由于美国综合性大学多为私立大学，学费是其运营的重要来源，当教育学院进入综合性大学系统之后，收取高额学费成为它生存的必要前提；相比之下，教育学院培养的毕业生仅为中等工资收入阶层，学生及其家庭的教育收益率并未显现出优势。有学者指出，目前美国大学教育学院面临的一个棘手问题就是资金。但不少学者也指出，教师教育是为基础教育培养教师，应被归入准公共产品的范畴，国家要保障基础教育的稳定运行，必然要向教师教育投入资金。如果教师教育走向全面市场化，必然导致其不能完全按照国家的需求来培育教师，也就造成了目前美国不少位于城区的“高需学校”缺少师资的境况。

中国的师范教育开始于1902年，美国最早的师范学校创立于1823年，这是经济社会发展需要的产物，通过专门的教师培养来提高教师培养质量是人类教育史上的重大创举。但是，师范学校的建立在一开始就不是被所有人所认同的，对师范学校存在的必要性提出质疑。

我国改革开放后，由于师范招生的市场化导向、师范教育一些保护性政策取消后没有相应的政策措施予以配套、开放灵活的教师教育体系尚未形成等原因，师范院校尤其是专科层次师范学校的生源质量普遍下降，直接影响到未来教师的培养质量。这关系到下一代乃至下几代人的健康成长，关系到国家的前途和民族的未来。

教师教育作为准公共产品，国家必然要负担相应的投入责任，并发挥质量监督和科学引导的作用，而不能完全交由市场来决定。尤其是针对目前中国和美国都存在的教师结构性短缺和教师队伍整体素质亟待提升的问题，只有依靠政府进行导向和调节才能得到逐步解决。因此，要充分认识教师职业的重要性和特殊性，明确政府在教师教育改革与发展中应当承担的主体责任。要从“师范教育可以兴邦”的战略高度，从教师教育公共性特征的角度，加大对师范院校的支持力度，振兴教师教育，努力实现教师教育更高质量、更有效率、更可持续的发展。

3. 要开展建立在专业认证基础上的教师资格认证

美国教师教育中的去专业化取向是建立在对教学专业的误读的基础上的，用市场化急功近利的思维方式来考虑教师培养和需求问题，对作为公益事业的教育是具有极大的损害作用的。我们很难想象让所有具有大学文凭的人都去给病人开刀，根据其成功率来判断质量的高低，我们也很难想象让未经过专业训练的人去驾驶飞机，根据其胜航率或误航率来判断其是否胜任。任何专业都应当有自己的知识基础和专业训练，入职考试也应当是对这些知识基础和专业训练成效的考核。让未经专业训练的人进入教学领域虽然不会导致像病人死亡、飞机失事那样外显而具有轰动性后果，但它实际上可能隐含着的对教育事业以及学生、教师乃至国家的隐性损害，其后果是要经过较长的时间才会显现的，而一旦表现出来，却是难以补救的。①

教师资格证书制度是教师入职质量把关的重要关口。完善教师资格制度，实行教师资格制度与教师教育制度在审核标准上的并轨。即通过对教师教育方案的认定来取代教师资格考试。在美国凡是经过了州认定的教师教育方案其毕业生无须参加教师资格考试也可直接获得教师资格证书。过去我

① 洪明.美国教师质量保障体系历史演进研究[M].北京：北京师范大学出版社，2010：162，338—339，342，231.

国师范院校毕业生直接认定教师资格。为什么现在规定师范院校毕业生也要参加教师资格考试(简称"国考")? 这也许是由于这几年教师教育开放化以后师范生源质量总体下降,在这种情况下要求师范毕业生参加"国考"是为了保证教师教育质量,也是不得意而为之。但同时也带来了一个问题,即上不上师范一个样,这对师范院校是一个冲击,这是在强调教师专业化背景下的"去专业化"倾向,因此,教育部最近表示,要开展师范院校专业认证,在此基础上对专业认证优良的师范院校毕业生可免予参加教师资格"国考",这是对教师教育质量保障制度的完善。同时,还应当明确非师范毕业生参加"国考",必须修完教师教育的相关课程规定的学分。因为,"正如其他专业领域一样,除了考试外,专门的培养和从专业现场获得实践经验也都是确保教师质量的重要因素。教师要获得教师资格证书,除了要接受知识、技能、能力和性向等方面的考试外,还要经过专门的培养,包括完成教学实习。"[①]在美国也有选择性路径的教师质量保障制度。那种参加教师资格考试后即可取得证书的做法,其实就是一种非专业化取向,是以资格考试替代专业培养。

## 五、我国教师教育理论的缺失与建构

我国师范教育在一百多年的发展历程中,存在着"理论"缺失的现象,教师教育理论缺乏系统性、完整性。教师专业化的推进和基础教育的改革,需要我们深刻反思走过的历程,分析理论缺失的原因,从得失成败中总结经

① 洪明.美国教师质量保障体系历史演进研究[M].北京:北京师范大学出版社,2010:162,338—339,342,231.

验、吸取教训，努力探索教师教育规律，进一步确立教师教育的战略地位，完善体制机制，加强理论研究，增强理论自觉，坚持在研究教师教育中培养教师，在提高教师培养质量中振兴教师教育。

我国师范教育已经走过一百多年的发展历程。回顾总结一百多年的发展历程，有理想也有失望，有努力也有无奈；理论是行动的先导。由于我国师范教育基本上是模仿或学习发达国家经验、缺乏理论基础，习惯于就事论事、缺乏顶层设计，因而我国师范院校布局结构调整，教师教育体系建构，都存在一些失误和遗憾，对教师教育改革缺乏科学论证，使教师教育的改革走了一段弯路。[①] 究其原因，都与教师教育理论缺失有关。今天要振兴我国的教师教育，就需要我们深刻反思走过的历程，从得失成败中总结经验、吸取教训，努力探索教师教育规律，增强理论自觉，坚持在研究教师教育中培养教师，不忘初心，继续前进。

### （一）我国教师教育理论缺失的主要表征

当前，我国教师教育正处在改革发展的重要时期，素质教育的推进、学生核心素养的培育关键在教师。而教师培养的关键在教师教育，教师教育的改革发展需要理论指导。但由于我们对教师教育理论研究不够，缺乏系统性和完整性，影响了教师教育的改革发展。

1. 我国教师教育理论缺乏系统性、完整性

长期以来，我国教师教育中存在“理论”缺失的现象。在我国教育领域存在着一种不引人注意的现象：教师教育似乎不需要什么理论，表现为“教师教育”一词很少与“理论”一词

① 顾明远.我国教师教育改革的反思[J].教师教育研究，2006(6)：3—6.

连用，绝少有“教师教育理论”的提法。[1]当然，教师教育研究中“理论”一词的缺席，并不意味着长期以来教师教育制度、实践和研究是没有理论指导和支撑的，因为任何一种教师教育制度与实践总是与某种知识范式相关，都不可避免地面临着立足于什么样的知识基础、依据这种知识基础教师教育该如何组织等一系列问题。但问题是我们这些知识基础大多是国外的，而缺少本土化的教师教育理论，不接地气，而且见仁见智、各执一端，众说纷纭、莫衷一是。即使有一些《师范教育学》一类的著述，也主要是介绍师范教育产生与发展的历史，师范教育的性质、特点、地位与作用，培养目标、课程教材、教学科研、教育实践、职后培训等，[2]对教师教育理论的阐述不够全面、深刻和系统。

比如，教师职前教育改革政策就有介绍国外知识本位的教师教育、能力本位的教师教育、实践本位的教师教育、标准本位的教师教育、研究本位的教师教育等内容，使人眼花缭乱。又如，教师教育模式就有介绍国外学者提出的技术理性（也称“工具理性”）、实践理性（或称“反思性实践”）和价值理性等内容，让人无所适从。在实际工作中还存在专业化与去专业化的教师教育改革悖论。因此，需要进行系统梳理，结合中国实际构建本土化的教师教育理论，指导教师教育改革的健康发展。

笔者从事教师教育工作 30 多年，在实际工作中，我们注意到教师教育工作者基本上不关注教师教育理论，因为他们都是各学科的专业教师，其主要任务是搞好学科教学，公共学科教师、学科专业教师和教育专业教师莫不如此，他们“各敲

---

① 洪明.教师教育的理论与实践[M].厦门：福建教育出版社，2007：83—84.

② 刘问岫.当代中国师范教育[M].北京：教育科学出版社，1993.张燕镜.师范教育学[M].厦门：福建教育出版社，1995.

各的锣，各打各的鼓”；而教师教育管理者，不管是主要领导还是分管领导，包括分管教学的领导，主要任务是搞好学校的管理工作。因此，研究教师教育也只是一些老师凭兴趣在进行，与其本身的工作关系并不紧密，即使作一些思考研究，也是比较零散的，缺乏整体性和系统性。

由于教师教育理论研究处于一种自发和无序的状态，因而研究成果碎片化，至今还没有形成系统的、完整的教师教育理论。因此，对相当一部分教师教育工作者来说，当面对“教师教育的理论是什么”“在教育教学工作中以什么样的教师教育理论作指导”等问题时，基本上都是说不清楚的。只有理论上清醒，行动上才能坚定，毋庸讳言，当前教师教育工作存在很大的盲目性和随意性。

2. 不能适应教师教育改革发展的需要

随着教师专业化的推进，教师教育专业化成为必然趋势和要求，成为教师专业化的重要前提和基础。1966 年，国际劳工组织、联合国教科文组织发表的《关于教员地位的建议》中明确指出：“教育工作应被视为专门职业。这种职业是一种要求教员具备经过严格而持续不断的研究才能获得并维持专业知识及专门技能的公共业务。”从中可见，教师要成为一门专业或教师专业化，有赖于教师专业知识和专业训练，这二者是教师教育所应肩负的职责。教师教育专业化表明教师的专业知识、专业能力、专业情意需要教师教育的专业化培养；教师教育专业化要求教师培养目标、课程设置、教学管理和教师教育者自身都要实现专业化。

经济社会的发展、基础教育的改革对教师素质提出了新要求，如何培养高素质专业化的未来教师是教师教育面临的新课题，需要深化教师教育改革，进一步完善培养目标，优化培养模式、课程设置和培养过程，提高教师培养培训的质量，这一切都离不开教师教育的理论指导和支撑。又如，师范教育制度有定向型、非定向型、混合型三种类型，究竟采取哪种培养类型，需要在理论上阐述清楚，而不是简单地归因为计划经济或市场经济。再如，当代教师的专业形象，是技术员型教师、专家型教师，还是反思型教师，这涉及到“培养什么样的教师”“怎样培养教师”的问题，需要从理论上加以分析和说明，需要每一个教师教育工作者思想上清楚明白，行动上自觉践行。总之，教师教育所进行的每一项改革、所采取的每一项举措都应当有其理论基础。“理论上不彻底，就难以服人”。因此，教师教育的改革发展，必须建立在对教师教育理论的深刻理解上，建立在对教师教育规律的准确把握上。

## （二）我国教师教育理论缺失的多重原因

恩格斯指出：“一个民族要想站在科学的最高峰，就一刻也不能没有理论思维。”我国教师教育理论缺失问题的原因是多方面的，既有历史原因也有体制原因，既有客观原因也有主观原因，主要表现为对教师教育重要性的认识不足，理论研究不够。

1. 历史原因

我国一百多年的师范教育演变，基本上是模仿或学习发达国家经验的历程。从清代末期的《奏定学堂章程》照搬日本学制始创近代师范教育以来，模仿对象由日本型师范教育制度（1904）逐渐变为美国型教员养成制（1922），后又转成苏联型社会主义师资培养培训制度（1951），[①]因而在教师教育理论研究方面，存在先天不足，有很多都是介绍国外的，很少有结合中国实际形成的本土化的教师教育理论。[②] 即使是介绍国外的也是比较零散的，在实践中存在盲目学习西方教师教育

① 陈永明，等.教师教育研究[M].上海：华东师范大学出版社，2003：1.

② 洪明.教师教育的理论与实践[M].厦门：福建教育出版社，2007：83—84.

理论的一些做法,有的也不适合中国国情,因而出现水土不服的情况。正如顾明远先生所指出的:“前一段师范教育改革的经验教训,使我们清醒地认识到,在我们这样一个发展中的人口大国,师范教育体系的建设不能照搬发达国家的模式”[①],因此,我国教师教育理论研究总体上是薄弱和滞后的。

此外,人们对教师教育认识上的片面性也影响了教师教育理论的发展。我国师范教育的发展经历了艰难曲折的历程。从师范教育建立之日起,围绕着师范教育要不要独立设置就展开过多次论争,1949 年前就有过 4 次大论争(1904 年前后、1922 年前后、1932 年前后、1947 年前后),虽然每次论争的结果都是师范教育单独设置占了上风,但对师范教育的发展产生了不良影响。中华人民共和国成立后,党和政府高度重视师范教育,确立了实施独立的师范教育体系的方针,但人们的认识也不尽一致,反对师范教育独立设置的呼声从未间断,也曾有过 3 次大论争(1960 年前后、1980 年前后、1999 年前后)[②]。我们仅从时任国务院副总理李岚清的三次讲话就可看出其中的严重性。1994 年 6 月,李岚清副总理强调:“我们必须继续坚持办好各类师范教育,这是我国教育的传统和特点。在这个问题上不要有丝毫的动摇。”(《中国教育报》,1994 年 6 月 17 日)同年 10 月,李岚清副总理又一次强调:“关于师范教育是我要说的一句话。师范教育现在是有一点争论,就是中国需不需要专门办师范教育,我看回答是肯定的,需要。我们中国这么大的一个教育,没有一个专门的师范教育来支撑,中国的教育是不堪设想的,特别是基础教育。所以这是我们中国的特点和传统决定的,我们不能改它。”(《中国

① 顾明远.从裁撤教育学院看师范教育转型[N].光明日报,2016-10-08.

② 刘捷,等.栅栏内外:中国高等师范教育百年省思[M].北京:北京师范大学出版社,2002:177—190.

教育报》,1994 年 10 月 17 日)1995 年 3 月,李岚清副总理强调:"中国的基础教育需要师范教育支持,师范教育的地位绝对不能动摇。"(《中国教育报》,1995 年 3 月 16 日)①

认为师范教育不要独立设置,不需要专门办师范教育的学者,其目的无非是要证明教育本不是什么专门学问,"凡智识阶级人尽可师,教育原理并无秘诀"。然而这种"学者为师""能者为师"的观念至今仍有市场。否则,为什么对非师范毕业生参加教师资格考试不设门槛?为什么非师范毕业生报考教师资格取得证书比"考驾照还容易"?为什么非师范毕业生可以与师范生同台竞争教师岗位?这种制度设计对于教师教育体系无疑是一种致命打击,上不上师范都一样,实际上是摧毁了教师教育体系,师范教育的优势丧失殆尽。② 这也影响着人们对教师教育理论的研究和探索。

2. 体制原因

纵观我国教师教育,至今还没有形成自上而下的研究体系。相比之下,中华人民共和国成立以来,我国的中小学教育研究,形成了比较完备的教研、科研体制机制:国家层面有中国教育科学研究院(原中央教育科学研究所)、课程教材研究所,省级层面有教研室和教科所(现在有的省将其整合为教育科学研究院),地市级层面也有教研室和教科所(现在有的市将其整合成教育科研中心或教育科学研究院),县(区)级层面有教研室和教科室(现在有的县将其与教师进修学校等机构合并,整合为教师发展中心)。可见,从体制上讲,我国很重视中小学教育的教研和科研,并有人财物等条件保障。而教师教育研究没有体制保障,只有比较重视一点的高师院校设置

① 王建军.中国师范教育百年简论[J].河北师范大学学报(教育科学版),2002(4):5—12.

② 黄正平.当前我国教师教育的困惑与出路[J].河北师范大学学报(教育科学版),2016(5):5—10.

了教师教育研究所(如东北师范大学成立了教师教育研究院)。这样,教师教育研究就给人一种可有可无的感觉,而且即使开展一些理论研究,其成果也很难转化为教育行政部门的决策。目前,国家层面仅有一个教师教育研究机构:教育部普通高校人文社会科学重点研究基地北京师范大学教师教育研究中心。在教师教育的专业研究期刊方面,进入新世纪之前只有 1989 年北京师范大学和华东师范大学联合创办的《教师教育研究》(原名《高等师范教育研究》);虽然近年来西南大学创办了《教师教育学报》(2014 年)、陕西师范大学创办了《当代教师教育》(2008 年)等,但总体而言,有影响的教师教育研究的专门刊物尚属稀缺。

3. 主体原因

长期以来,我们对师范教育的认识也相当肤浅,以为师范生只要掌握一门学科知识,再学一点教育学、心理学、教学论方面的知识,便足以为师了。因而将学科课程与教育课程作简单拼凑,便构成了教师教育模式。这种模式只求外在的课程形式,缺乏内在的教师教育理念,学科课程与教育课程成了互不相干的两张皮。

教师教育者是从事教师教育工作的主体,他们都是学科专业教师或教育管理人员,对教师教育缺乏整体思考,对教师教育理论缺少系统研究,多忙于各自具体的教学或管理事务,既很少研究教师教育,更鲜于关注基础教育;即便开展研究,也多限于自己的学科教学业务或管理工作的某一方面。久而久之,让人感觉教师教育工作似乎不需要理论指导,也就没有研究的必要。这样,教师教育的质量也就难以得到切实提高,因而出现了师范毕业生与非师范毕业生没有多大区别的现象,出现了"正规军"未必赢得了"杂牌军"的现象,[①]这也是人

① 姜澎.师范生未必赢得了"杂牌军"[N].文汇报,2012-03-15.

们一直质疑教师教育效果不佳和教师教育为人们所诟病的一个重要原因。[①]

需要指出的是，长期以来，我国一些学者习惯采用西方教师教育的理念、经验开展教师教育研究，存在“言必称希腊”现象，这种状况不仅造成对基本现实国情、民族传统文化、本土教育资源等的“集体遗忘”，还造成研究者在价值选择上的思维单一和认识片面，对教师教育改革发展产生误导。“文化自信是更基础、更广泛、更深厚的自信”。因此，我国教师教育研究必须要有“主体重建”和“克服民族化与西方化二元对立”的思维观念，“摆脱文化帝国主义束缚”、尽快走出一条具有中国特色教师教育研究的“文化自信”之路。

## （三）构建教师教育理论及改革展望

教师教育要振兴，理论研究须先行。加强理论学习与研究，是一项系统工程，需要统一思想形成共识，进一步确立教师教育的战略地位，完善体制机制，增强理论自觉，在落实上下功夫。

### 1. 确立教师教育作为工作母机的战略地位

我国教师教育理论缺失的原因，关键是对教师教育在整个教育发展中以及在国家和民族发展中重要战略地位的认识不够清楚，因而重视不够，在实际工作中将教师教育的战略地位变成了“略占地位”。教师教育是基础教育的工作母机，应当被摆在重要的战略地位，这也是发达国家的普遍做法。然而，随着我国教师教育的开放化，综合大学也可以举办教师教育，非师范毕业生也可以和师范毕业生同台竞争教师岗位，教师来源呈多元化态势；而一些师范院校又纷纷转向“综合化”，绝大多数师范院校中教师教育专业师范生所占的比例不足

① 王树洲.教师教育效果不佳原因何在[N].中国教育报，2016-01-04.

20%，在师范院校综合化的过程中教师教育被边缘化，教师教育受到不同程度的削弱(应当说教师职后培训，这些年得到了重视和加强，但如果不从源头抓起，不重视教师职前培养，那是本末倒置，只能收到事倍功半的效果)。人们普遍反映现在的中小学教师学历层次提升了，但专业化水平并未得到提高，这说明不伴随专业化的高等教育化并不等于教师教育质量的提升。在这样的背景下，教师教育理论研究总体上是得不到重视的，处于贫瘠状态。因此，要重新确立教师教育的战略地位。顾明远先生指出："我们的国情不能跟美国、英国相比，因为我们国家大，我们有 1200 万名中小学教师，如果没有专门培养教师的学校不行，还是要把师范院校办好。"①

习近平总书记在同北京师范大学师生代表座谈时的讲话中指出："要从战略高度来认识教师工作的极端重要性，把加强教师队伍建设作为基础工作来抓"，"要加强教师教育体系建设，加大对师范院校的支持力度，找准教师教育中存在的主要问题，寻求深化教师教育改革的突破口和着力点，不断提高教师培养培训的质量"。这为教师教育改革发展和理论研究提供了政策支持和有力保障。

2. 完善学术机构中教师教育研究的体制机制

我国师范教育从建立之初就有重视学术研究的传统和机制。1911 年 8 月 11 日成立了中国教育会，同日张謇即在北京发起并成立全国师范教育联合会，为中国教育会下属的第一个专门教育分会。1915 年 6 月 2 日，北京高等师范学校校长陈宝泉又在北京创办全国师范教育研究会，并报教育部批准立案，成为中国第一个师范专门教育的学术性研究机构。师范教育联合会侧重谋求全国师范学堂办法和行政管理的协调

① 李新玲.顾明远历数师范教育改革犯下的错[N].中国青年报，2015-06-29.

统一，商讨与交流师范教育中共性的方针、制度等重大问题，重在交流经验，为决策机构提供参考意见；而师范教育研究会专致力于师范教育的研究工作，从理论上求得对师范教育规律的统一认识。①

中华人民共和国成立后，我国也成立了中国教育学会等学术性研究机构，改革开放后还建立了中国教育学会教师教育专业委员会。专业委员会虽然在教师教育研究方面发挥了一些作用，但与当年的学会相比，不可同日而语。因此，要在进一步发挥专业学会作用的同时，完善体制机制，在各级教育科学研究机构中增设教师教育研究部门，其中国家和省级层面重点研究教师教育改革发展的方针政策，地市级和县（市、区）级层面重点研究在职教师专业发展，同时参与“三位一体”协同创新职前教师培养，即高等学校与地方政府、中小学（幼儿园）联合（简称“U-G-S”模式）培养教师的新机制，促进教师培养、培训、研究和服务一体化，从而形成自上而下、相互联系的教师教育研究网络，同时加强相应的智库建设，既为党和国家决策服务，又对教师教育工作加强实践指导，发挥理论的引领作用。

3. 加强教师教育改革实践的理论研究

“时代是思想之母，实践是理论之源”。要根据我国经济社会发展的新形势、基础教育改革的新要求、教师教育发展的新趋势，鼓励师范院校和教师教育工作者，开展教师教育理论研究与实践探索。比如：教师教育的基本特点与主要规律，未来教师的专业素养，教师培养模式及其理论依据，教师教育课程设置及其科学依据，不同类型与层次教师培养的联系与区别，当代教师的专业形象，中外教师教育比较研究，教师教育供给侧结构性改革，等等。我们要坚持问题导向和实践取向，

① 张燕镜.师范教育学[M].厦门：福建教育出版社，1995：64—65.

对教师教育进行全面总结和系统反思，从而形成具有中国特色的、科学而系统的教师教育理论，并指导教师教育的改革实践。可喜的是，近年来一些学者正在致力于探索建立一门独立学科"教师教育学"，作为教师教育学科群中的一门支撑学科，值得点赞。①

4. 增强教师教育改革发展的理论自觉

教师专业素养结构由专业知识(应知)、专业技能(会做)和专业品质(愿持)组成，②据此，师范院校的课程设置应包括：公共基础课程(普通文化课程)、学科专业课程、教育专业课程和教育实践课程。舒尔曼认为，教师教育的知识基础在于如何将学科知识和教学法知识植根于新手教师的心灵。使新手教师既要懂得"教什么的知识"，又要懂得"怎么教的知识"，即既要掌握本体性知识，又要掌握条件性知识和实践性知识。在教育专业课程中，师范院校应开设"教师教育学"等课程，使师范生掌握教师教育基本理论，为将来从事教育工作奠定坚实基础。

理论自觉是一种责任担当。我国教师教育要从跟跑者、并跑者变为领跑者，必须增强理论自觉和文化自信。在师范教育初创时期我们是跟跑者，跟着日本、美国、苏联跑，学习他们师范教育的做法和经验。改革开放以来我们是追赶者，学习借鉴世界发达国家教师教育的经验，努力推进教师教育大学化、专业化、标准化和一体化，取得了显著成效，逐渐成为教师教育的并跑者。并跑者可以吸收借鉴，而领跑者必须创新发展、勇往直前。理论的原创来源于实践。近年来，英国政府多次派教师赴上海学习基础教育经验，充分说明我国基础教

① 陈永明，等."教师教育学"学科建立之思考[J].教育研究，2009(1)：53—59.杨跃."教师教育学"刍议[J].南京师大学报(社会科学版)，2015(3)：75—82.

② 教育部教师工作司组编.教师教育课程标准解读[M].北京：北京师范大学出版社，2013：13.

育已成为领跑者。有好的教师才有好的教育,发展人民满意的教育要以加强教师队伍建设为基础,基础教育的发展需要教师教育为其培养和输送高素质专业化的师资。因此,加强教师队伍建设必须以教师教育为保证,办好教师教育必须以先进的教师教育理论为指导。我们应当认真总结我国教师教育的经验教训,弘扬中华民族优秀传统文化和尊师重教的优良传统,紧密结合中国改革开放的伟大实践,建设具有中国特色、世界一流的教师教育,为实现"两个一百年"的奋斗目标、实现中华民族伟大复兴的中国梦和全面现代化奉献智慧和力量。

总之,建构我国教师教育理论不仅是对教师教育改革发展的一种适应,也是繁荣教师教育的一种担当,更是建设高素质专业化创新型教师队伍、加快实现教育现代化的时代呼唤和迫切需要。

# 结语：培养高素质教师队伍 加快推进教育现代化

党的十九大报告指出："建设教育强国是中华民族伟大复兴的基础工程，必须把教育事业放在优先位置，加快教育现代化，办好人民满意的教育。"近日，十九届中央全面深化改革领导小组第一次会议审议通过了《全面深化新时代教师队伍建设改革的意见》，指出：要全面贯彻党的教育方针，坚持社会主义办学方向，遵循教育规律和教师成长发展规律，全面提升教师素质能力，深入推进教师管理体制机制改革，形成优秀人才争相从教、教师人人尽展其才、好老师不断涌现的良好局面。这是以习近平总书记为核心的党中央在新时代加强教师队伍建设的战略举措，标志着教师队伍建设的"极端重要性"战略地位正在深入落实。这充分表明，建设社会主义现代化强国要以教育现代化为支撑，而加快推进教育现代化要以培养高素质教师队伍为保障。

## （一）社会现代化要以人的现代化为核心

党的十九大报告强调，"必须坚持以人民为中心的发展思想"，这是"以人为本"执政理念的具体体现。人是社会的主体，社会发展的一切最终都是为了人。人的现代化是社会现代化的根本目标和重要标志。这就是英格尔斯说的："一个国家只有当它的人民是现代人，它的国民从心理和行为上都转变为现代的人格，它的现代政治、经济和文化管理机构中的工作人员都获得了某种与现代化发展相适应的现代性,这样的国家才可能真正称之为现代化的国家。"①

人的现代化,不只是现代化的目标,人也是现代化的建设者、推动者。人的现代化主要涉及两个方面:一是人自身的发展,即人的身体素质、文化素质和道德素质达到现代化水准,人的文明程度和能力达到现代化水平,从而人成为现代人。二是人的生活方式达到现代化水平,人民不仅在物质上富裕,还在精神上富有,其中包括受教育机会增多,享受政治上的民主,法制完备的环境,现代文化和教育方面的熏陶,等等。这两个方面已成为社会主义现代化的明确目标。党的十九大报告明确提出:到建党一百年时建成经济更加发展、民主更加健全、科教更加进步、文化更加繁荣、社会更加和谐、人民生活更加殷实的小康社会,然后再奋斗三十年,到新中国成立一百年时,基本实现现代化,把我国建成社会主义现代化国家。

人的全面发展既是现代化的目标归宿,又是经济社会发展的重要条件。社会主义现代化尤其重视人的全面发展。现代化最终是由人来推动的,人的素质没有达到现代水准,也就不可能有现代化。人的素质和能力主要包括品质、体质、智能和潜能。马克思当年所设想的未来社会人的全面发展,就是指人的知识全面发展,人的能力全面发展,人的才能全面发挥等方面。正因为如此,党的十九大报告提出:要"不断促进人的全面发展、全体人民共同富裕",到 21 世纪中叶,我们要全面建成富强民主文明和谐美丽的社会主义现代化强国。

### (二)人的现代化要以教育现代化为支撑

每个人的社会化和个性化都离不开教育,人的现代化与人的受教育程度相关。发展教育,提高全民族的文化水平,是

① 洪银兴.社会主义现代化读本[M].南京:江苏人民出版社,2014:107.

推动人的现代化的必要过程，现代化教育是决定一个人现代化水平和现代性品质的重要因素。基于人的现代化目标及教育在现代化中的地位和作用，教育要先于其他方面率先实现现代化。正因为如此，党的十九大报告指出："建设教育强国是中华民族伟大复兴的基础工程，必须把教育事业放在优先位置"。

对于发展中国家来说，现代化就是学习和直接利用国际先进技术和知识的过程，需要为受过高等教育的人所掌握。对发展中国家来说，经济发展的初期以减少文盲为目标，而推进现代化则要以普及高等教育为目标。我国 2016 年高等教育毛入学率达 42.7%，已经进入高等教育大众化阶段，相比先行现代化国家，这个比例还需要有较大幅度提高。

教育现代化不仅表现在接受教育的年限尤其是高等教育的普及，同时也表现为教育质量的提高。现代化的第一资源是人才，高素质人才培养靠教育质量。因此教育现代化要落实到提高教育质量上。对我国这样的发展中大国来说，教育现代化还需要推进优质教育资源的均衡配置，从而实现教育公平。我国的地区差别和城乡差别突出表现在优质教育资源配置不均衡。中西部的许多地区、农村缺乏优质教育资源，即使是在同一地区教育资源配置也不公平。教育属于基本公共服务，公民有平等享有的权利。因此，社会主义的公平正义也就要求教育资源尤其是优质教育资源在地区之间、城乡之间均等化，这也是教育现代化的基本目标。正因为如此，党的十九大报告提出：要"努力让每个孩子都能享有公平而有质量的教育"。

### （三）教育现代化要以教师队伍现代化为基础

要培养现代化的人，实现教育现代化，首先要求教师队伍现代化。正因为如此，党的十九大之后，新一届党中央深改小组通过的第一个教育文件就是《全面深化新时代教师队伍建设改革的意见》，把教师队伍建设作为教育事业最基础、最重要的工作来抓。习近平总书记指出："教师重要，就在于教师的工作是塑造灵魂、塑造生命、塑造人的工作。一个人遇到好老师是人生的幸运，一个学校拥有好老师是学校的光荣，一个民族源源不断涌现出一批又一批好老师则是民族的希望。"因此，在教育现代化的诸多因素（包括教育思想、教学体系、办学条件、教育管理、社区教育等）中，最关键也是最重要的因素是教师队伍的现代化。只有教师队伍现代化，才会有教育对象的现代化，才会有真正意义上的教育现代化。

当前，办好人民满意教育的主题是教育的公平和质量。党的十九大报告提出，要努力让每个孩子都能享有公平而有质量的教育，这也是教育现代化的价值取向和目标要求。中国特色社会主义进入新时代，我国社会主要矛盾已经转化为人民日益增长的美好生活需要和不平衡不充分的发展之间的矛盾。随着教育事业的改革发展，特别是近 5 年来的跨越式全面发展，我国教育领域的主要矛盾也发生了转变，回应人民群众对更高质量、更加公平的教育追求，解决好教育发展的新任务、新目标和新追求。教育大计，教师为本。提高教育质量的关键在教师，解决教育发展不平衡不充分的许多深层次矛盾，根本的举措是培养更多优秀教师，并优化配置教师资源。教育公平是社会公平的重要基础。教育公平的根本措施是合理配置教育资源，向农村地区、边远贫困地区和民族地区倾斜，加快缩小教育差距。而缩小教育的校际差距、区域差距以及国际差距，根本上是缩小教师差距。优质教育资源的实质是高质量的教师。总之，解决教育的公平和质量问题以及解决教育发展的不平衡、不充分问题都离不开教师队伍建设，离不开教师质量的提高。而教师的质量在很大程度上取决于教师教育的质量。重视教育的公平和质量，必须重视教师质量，必须重视培养培训教师的师范院校的办学质量。因此，必须确立教师教育优先发展的战略地位。

改革开放以来，党和政府高度重视教师教育，出台了一系列的政策和措施，推进了教师培养大学化进程和教师教育标准化建设，开展了教师教育一体化探索，促进了教师教育专业化发展，取得了显著成效。最近，在法国巴黎举行的联合国教科文组织（UNESCO）第39届全体大会上，100多个国家和地区会员代表以"无辩论"通过方式，决议在中国上海设立联合国教科文组织教师教育中心，这是对我国优质教师队伍，以及优质教师教育的充分肯定。但随着改革进入深水区，一些矛盾和问题也逐步凸现，如由于教师的地位和待遇不高、教师职业的吸引力不强，优秀学生不愿报考师范、优秀人才不愿当教师，师范生源质量总体下降；教师培养的适应性和针对性不够等，不能适应教育现代化发展的需要，成为教育进一步改革发展的瓶颈，成为教师教育发展不平衡、不充分的突出问题。

### （四）教师队伍现代化要以教师教育现代化为保障

习近平总书记指出："要加强教师教育体系建设，加大对师范院校的支持力度，找准教师教育中存在的主要问题，寻求深化教师教育改革的突破口和着力点，不断提高教师培养培训的质量。"[①]我们必须以新发展理念为指导，遵循教育规律和教师成长发展规律，全面提升教师素质能力，深入推进教师管理体制机制改革，在实现教育现代化的征程中，把加强教师队伍建设作为实现教育现代化的基础工程来抓。

贯彻习近平总书记的要求，加大对师范院校的支持力度。必须坚持师范院校在中小学师资培养中的主体地位。顾明远

① 习近平.做党和人民满意的好老师——同北京师范大学师生代表座谈时的讲话[N].人民日报，2014-09-10.

先生指出："我们的国情不能跟美国、英国相比，因为我们国家大，我们有1200万名中小学教师，如果没有专门培养教师的学校不行，还是要把师范院校办好。"①教师教育是国家的事业、政府的责任。教师教育具有公共属性，作为准公共产品，国家必然要负担相应的投入责任，并发挥质量监督和科学引导的作用，而不能完全交由市场来决定。要从"师范教育可以兴邦"和实现"两个一百年"奋斗目标、实现中华民族伟大复兴中国梦的战略高度来认识教师工作的极端重要性，明确政府在教师教育改革与发展中应当承担的主体责任，加大对师范院校的支持力度，贯彻好国家即将出台的《教师教育振兴行动计划》，努力实现新时代教师教育在更高质量、更有效率、更可持续的发展。在构建新时代教师教育体系中，必须结合中国实际，既不妄自菲薄，也不妄自尊大，做到不忘本来，吸收外来，面向未来，坚持中国特色，坚定教育自信。

贯彻党的十九大精神，倡导全社会尊师重教。教师质量与教师职业的社会声望和经济待遇有着重要的关联，教师职业声望和经济待遇对教师的质量具有重要的影响。我们要从源头上加强教师队伍建设，切实提高教师社会地位和工资待遇，依法保证教师平均工资水平不低于或者高于国家公务员平均工资水平并逐步提高，增强教师职业吸引力，改进师范生生源质量，吸引优秀学生读师范，鼓励优秀人才当教师。通过采取一系列的政策措施，让广大教师在岗位上有幸福感、事业上有成就感、社会上有荣誉感，使教师成为令人羡慕的职业，从而形成优秀人才争相从教的良好局面。

贯彻党的十九大精神，培养高素质教师队伍。教育是一项以人育人的工作，教师素养决定着教育的质量。办好新时代人民满意的教育，需要我们大力培养造就一支师德高尚、业

① 李莉玲.顾明远历数师范教育改革犯下的错[N].中国青年报，2015-06-29.

务精湛、结构合理、充满活力的高素质专业化创新型教师队伍。

培养高素质教师队伍，必须加强师德师风建设。教师职业既普通又特殊，教师职业的特殊性决定了教师必须是道德高尚的人群。在师德师风建设上，要注重通过精神倡导与制度规范引导教师以德立教，使师德师风建设既有榜样引领又有监督规范。教师是学生道德修养的镜子，师德是深厚的知识修养和文化品位的体现，因此，要将社会主义核心价值观融入教师教育的全过程，激励和引导教师争做“四有”好老师，当好学生引路人。

培养高素质教师队伍，必须深化师范院校教育教学改革。根据当前师范院校职前培养中的存在问题，深化教师教育改革，提高培养质量，创出特色，办出水平。要坚持师范性与学术性相结合，技术理性与反思理性相统一，切实改进培养模式，优化培养过程，完善政府—高校—中小学(G-U-S)协同育人机制，促进教师培养、培训、研究和服务一体化。教师是一种实践性职业。要认真贯彻教育部《关于加强师范生教育实践的意见》精神，采取多种形式，切实提高教育实践质量。要创新教师教育的体制机制，整体规划教师的职业生涯，制订各个阶段教师专业发展的标准和要求，实现教师职前培养与职后培训一体化。

培养高素质教师队伍，必须建立教师质量保障体系。教师质量保障体系是一项系统工程。教师教育的主要目标是培养优质教师，要充分考虑标准导向、政策保障、各方参与、评价测量的作用，以实现教师教育目标，满足社会对优秀师资、优质教育的需求。要坚持质量标准，完善教师资格考试制度。2017年10月，教育部出台了《普通高等学校师范类专业认证实施办法》，作为我国教师教育质量保障体系建设的重要政策。通过专业认证标准规范教师培养工作，引领教师教育专业建设和内涵发展，提高师范类专业人才培养质量，促进教师培养的规范化和专业化，为培养高素质教师队伍，加快推进教育现代化提供有力保障。

# 参考文献


[1] 吴定初,等.中国师范教育简论[M].成都:四川教育出版社,1990.

[2] 苏真.比较师范教育[M].北京:北京师范大学出版社,1991.

[3] 刘问岫.当代中国师范教育[M].北京:教育科学出版社,1993.

[4] 张燕镜.师范教育学[M].福州:福建教育出版社,1995.

[5] 陈永明.国际师范教育改革比较研究[M].北京:人民教育出版社,1999.

[6] 顾明远,梁忠义.世界教育大系·教师教育[M].长春:吉林教育出版社,2000.

[7] 刘捷,等.栅栏内外:中国高等师范教育百年省思[M].北京:北京师范大学出版社,2002.

[8] 教育部师范教育司.教师专业化的理论与实践[M].北京:人民教育出版社,2003.

[9] 陈永明,等.教师教育研究[M].上海:华东师范大学出版社,2003.

[10] 徐辉.教师教育研究与评论[M].杭州:浙江大学出版社,2006.

[11] 洪明.教师教育的理论与实践[M].福州:福建教育

出版社，2007.

［12］贺祖斌.教师教育：从自为走向自觉［M］.桂林：广西师范大学出版社，2007.

［13］唐德荣.教师素质：自在的教师［M］.桂林：广西师范大学出版社，2007.

［14］王丹.教师发展：从自在走向自为［M］.桂林：广西师范大学出版社，2007.

［15］唐玉光.教师专业发展与教师教育［M］.合肥：安徽教育出版社，2008.

［16］李进.教师教育概论［M］.北京：北京大学出版社，2009.

［17］姜勇，洪秀敏，庞丽娟.教师自主发展及其内在机制［M］.北京：北京师范大学出版社，2009.

［18］林樟杰.教师教育体制机制问题研究［M］.北京：中国人民大学出版社，2009.

［19］胡艳.当代教师教育问题研究［M］.郑州：大象出版社，2010.

［20］周洪宇.教师教育论［M］.北京：北京师范大学出版社，2010.

［21］洪明.美国教师质量保障体系历史演进研究［M］.北京：北京师范大学出版社，2010.

［22］肖甦：比较教师教育［M］.南京：江苏教育出版社，2010.

［23］王艳玲.教师教育课程论［M］.上海：华东师范大学出版社，2011.

［24］课题组.中国教师教育改革与发展报告［M］.北京：高等教育出版社，2011.

［25］朱旭东.教师专业发展理论研究［M］.北京：北京师范大学出版社，2011.

[26] 朱旭东，李琼.教师教育标准体系研究[M].北京：北京师范大学出版社，2011.

[27] 管培俊.中国教师队伍建设研究[M].北京：北京师范大学出版社，2012.

[28] 龙宝新.当代教师教育变革的文化路径[M].北京：北京师范大学出版社，2012.

[29] 陈永明，等.教师教育学[M].北京：北京大学出版社，2012.

[30] 骆争.中美教师教育实践课程比较研究[M].北京：中国社会科学出版社，2012.

[31] 潘裕民.教师专业发展的理论取向与实现路径[M].桂林：广西师范大学出版社，2013.

[32] 丁钢，等.中国高等师范院校师范生培养状况调查与政策分析报告[M].上海：华东师范大学出版社，2014.

[33] 李学农.教师教育世纪转型与发展[M].南京：南京师范大学出版社，2014.

[34] 钟秉林.大学的走向[M].北京：商务印书馆，2015.

[35] 赵章靖.美国基础教育[M].上海：同济大学出版社，2015.

[36] 杨跃.教师教育学[M].北京：北京师范大学出版社，2016.

[37] 王建军.中国师范教育百年简论[J].河北师范大学学报(教育科学版)，2002(4).

[38] 顾明远.关于提升我国中小学教师质量的思考[J].比较教育研究，2004(1).

[39] 顾明远.我国教师教育改革的反思[J].教师教育研究，2006(6).

[40] 刘小强，等.走向独立分离前提下的融合：教师教育发展的方向选择——教师教育中专业教育和学科教育关系的

新视角[J].外国中小学教育,2007(2).

[41] 李学农.论教师教育者的专业发展[J].教育学(人大复印报刊资料),2012(11).

[42] 朱旭东.论当前我国教师教育存在的十大问题及其解决途径[J].当代教师教育,2012(3).

[43] 余莲.教师教育一体化的现状、问题与对策[J].教师教育论坛,2013(3).

[44] 刘建银.转型后卓越中小学教师职前培养模式改革的政策思考[J].黑龙江高教研究,2013(5).

[45] 谌启标.新世纪美国教师教育改革政策述评[J].比较教育研究,2013(9).

[46] 洪明.教师教育是否会退出大学专业教育行列——美国大学教育学院的“危机”及其警示[J].高等教育研究,2014(1).

[47] 陈静静,姜美玲.论教师实践性知识形成与发展的内在机制[J].全球教育展望,2014(5).

[48] 蒋喜锋,等.专业化还是去专业化:关于教师教育改革的反思——来自美国 TFA 的启示[J].教育理论与实践,2014(8).

[49] 关松林.发达国家教师教育改革的经验与思考[J].教育研究,2014(12).

[50] 刘小强,蒋喜锋.教师教育改革走向何方[J].高等教育研究,2015(1).

[51] 李梁.师范生实践性知识养成研究:基于小学教育专业师范生的叙事[J].教育发展研究,2015(4).

[52] 戴伟芬,等.论西方技术理性主义教师教育思想[J].外国教育研究,2015(11).

[53] 顾明远.从裁撤教育学院看师范教育转型[N].光明日报,2016-10-08.

# 后　记

一个人一生中能坚持专心做好一件事，即使平凡，也是一种执着，一种自我价值的实现，一种新时代倡导的“工匠精神”。正如我家乡的清末状元，近代著名实业家、教育家张謇先生所说：“天之生人也，与草木无异。若遗留一二有用事业，与草木同生，即不与草木同腐。”本人自参加工作以来，经历了两个单位，从事着一项事业，即师范教育。其中，1980 年 2 月至 2005 年 2 月，在江苏省海门师范学校工作，曾担任学校党委书记；2005 年 3 月，调江苏教育学院(2013 年 5 月改制更名为江苏第二师范学院)，任分院管理办公室主任。2014 年 8 月，任院党委办公室、院长办公室主任，发展规划办办公室主任、国际合作与交流处处长，同时继续担任分院管理办公室主任。2016 年 8 月，任省重点培育智库教育现代化研究院办公室主任。尽管办公室工作头绪较多，事情繁杂，但我仍坚持参加教师教育方面的学术交流活动，了解信息、拓宽视野。在 30 多年的师范教育工作中，亲身经历了师范学校办学层次从三年制中师到五年制高师的发展变化，师范教育从三级向两级的转型发展，以及进入新世纪以来我国教师教育标准化建设、教师培养大学化推进和教师教育一体化探索，因此，对教师教育转型发展有体验、有感情、有思考。

2005 年 3 月，根据江苏省教育厅的规划部署，在评估验收的基础上，将江苏 14 所中等师范学校整合成 12 所高等师范院校，并挂靠江苏教育学院作为分院。这样，既保存了中师教育的优质资源，又完成了三级师范向两级师范的过渡，同时也为两级师范向一级师范过渡和实施“5＋2”模式培养本科学历的小学教师奠定了基础。按照省教育厅《关于江苏教育学院五年制高等师范教育有关管理工作的通知》(苏教发〔2005〕88号)精神，成立了分院管理办公室，我负责五年制高等师范教育的业务管理。

在分院管理办公室工作的10年中，我与全省各分院的同志们结下了深厚的友谊，组织开展的很多活动至今仍记忆犹新，感人至深，忘不了各级领导和分院的同仁对我工作的关心、支持和帮助。习近平总书记要求我们做工作“踏石留印、抓铁有痕”。在这10年中，自己对五年制师范的改革发展进行了探索，对小学、幼儿园教师的培养进行了思考，在用心用情用力做好工作的同时，结合课题研究和工作实际撰写了数十篇教师教育转型发展方面的文章，分别在《教师教育研究》《河北师范大学学报(教育科学版)》《南京社会科学》《教育发展研究》《教育学术月刊》《人民教育》等刊物上发表，有的被人大复印报刊资料《教育学》全文转载。这些文章，既是自己从事师范教育工作的体会，也是与同行进行交流分享的材料，同时也是自己这一段工作所留下的痕迹。

顾颉刚先生说过：“为笔记既多，以之汇入论文，则论文充实矣；作文既多，以之灌于著作，则著作不朽矣。”本人将之作为目标追求。这次将自己2005年以来在教师教育转型发展方面发表的文章进行整理、集文成书，既是为了变零散为系统，也是为了更好地得到大家的批评指教！需要说明的是，由于文章是在不同时间完成的，前后跨度10多年，尽管在出版前对书稿内容进行了整理和补充，对有些提法的表述进行了修改和完善，但难免还有一些不足和缺憾，敬请读者谅解。

本书的出版得到了南京大学出版社的大力支持和胡豪编

审的悉心指导，得到了江苏第二师范学院学术著作出版基金的资助；江苏省教育学会会长，江苏省教育科学研究院、江苏第二师范学院原副院长，研究员、著名特级教师杨九俊先生拨冗为本书作序，在此一并深表谢意！

黄正平

2017 年 11 月于南京